国家出版基金项目
NATIONAL PUBLICATION FOUNDATION

国之重器出版工程

网络强国建设

物联网在中国

物联网与城乡建设

Internet of Things and Municipal and Rural Construction

王 毅 主编

马 虹 副主编

電子工業出版社
Publishing House of Electronics Industry
北京 · BEIJING

内 容 简 介

本书对住房和城乡建设事业信息化与物联网的关系做了较为全面的介绍，系统梳理了物联网相关技术在居住区、城乡建设、建筑工程、住房保障与房地产领域的应用现状、体系架构和应用案例，从关键技术、系统产品、发展趋势及标准化等角度深入分析了住房和城乡建设领域物联网应用面临的机遇与挑战。

本书旨在引导住房和城乡建设领域物联网技术应用、巩固物联网应用示范成果、促进城乡建设信息化的发展与服务创新，推动相关产业转型升级和标准、规范建设，力求让从事城乡建设领域信息化技术与管理人员提高认识、树立目标、与时俱进，适应住房和城乡建设发展的新形势、新要求，同时让关注城乡建设信息化发展的群体增加对住房和城乡建设信息化建设的了解，共同谋划、共同建设、共同管理、共同享有城乡建设现代化带给我们的美好生活，为实现全面建成小康社会的建设目标而共同努力。

图书在版编目（CIP）数据
物联网与城乡建设 / 王毅主编. —北京：电子工业出版社，2021.5（2022.6 重印）
（物联网在中国）
ISBN 978-7-121-41134-2

Ⅰ. ①物… Ⅱ. ①王… Ⅲ. ①物联网－应用－城乡建设－研究－中国 Ⅳ. ①F299.21-39

中国版本图书馆 CIP 数据核字（2021）第 081634 号

责任编辑：李　敏　　　　文字编辑：李筱雅
印　　刷：固安县铭成印刷有限公司
装　　订：固安县铭成印刷有限公司
出版发行：电子工业出版社
　　　　　北京市海淀区万寿路 173 信箱　　邮编：100036
开　　本：720×1 000　1/16　印张：13.5　字数：210 千字
版　　次：2021 年 5 月第 1 版
印　　次：2022 年 6 月第 2 次印刷
定　　价：99.00 元

凡所购买电子工业出版社图书有缺损问题，请向购买书店调换。若书店售缺，请与本社发行部联系，联系及邮购电话：（010）88254888，88258888。

质量投诉请发邮件至 zlts@phei.com.cn，盗版侵权举报请发邮件至 dbqq@phei.com.cn。

本书咨询联系方式：limin@phei.com.cn 或（010）88254753。

《物联网在中国》(二期)
编委会

《国之重器出版工程》
编 辑 委 员 会

专家委员会委员（按姓氏笔画排列）：

于　全　中国工程院院士
王　越　中国科学院院士、中国工程院院士
王小谟　中国工程院院士
王少萍　“长江学者奖励计划”特聘教授
王建民　清华大学软件学院院长
王哲荣　中国工程院院士
尤肖虎　“长江学者奖励计划”特聘教授
邓玉林　国际宇航科学院院士
邓宗全　中国工程院院士
甘晓华　中国工程院院士
叶培建　人民科学家、中国科学院院士
朱英富　中国工程院院士
朵英贤　中国工程院院士
邬贺铨　中国工程院院士
刘大响　中国工程院院士
刘辛军　“长江学者奖励计划”特聘教授
刘怡昕　中国工程院院士
刘韵洁　中国工程院院士
孙逢春　中国工程院院士
苏东林　中国工程院院士
苏彦庆　“长江学者奖励计划”特聘教授
苏哲子　中国工程院院士
李寿平　国际宇航科学院院士

郑纬民　中国工程院院士
郑建华　中国科学院院士
屈贤明　国家制造强国建设战略咨询委员会委员、工业和信息化部智能制造专家咨询委员会副主任
项昌乐　中国工程院院士
赵沁平　中国工程院院士
郝　跃　中国科学院院士
柳百成　中国工程院院士
段海滨　“长江学者奖励计划”特聘教授
侯增广　国家杰出青年科学基金获得者
闻雪友　中国工程院院士
姜会林　中国工程院院士
徐德民　中国工程院院士
唐长红　中国工程院院士
黄　维　中国科学院院士
黄卫东　“长江学者奖励计划”特聘教授
黄先祥　中国工程院院士
康　锐　“长江学者奖励计划”特聘教授
董景辰　工业和信息化部智能制造专家咨询委员会委员
焦宗夏　“长江学者奖励计划”特聘教授
谭春林　航天系统开发总师

本书编写组

主　　　编：王　毅

副　主　编：马　虹

主要编写人员：张永刚　谢跃文　车黎刚　蒋海琴　薛学轩

参与编写人员：郁建生　徐啸峰　林　珂　黄志华　周　斌
朱　亮　娄　欢　杨天开　任　杰　张　萍
刘　志　李　强　尚治宇　刘路慧　王丹蕾

前言

物联网是在互联网基础上延伸与扩展的网络，是通过信息传感设备按照约定的协议进行信息交换和通信，以实现智能化识别、跟踪、定位、监控和管理的一种网络。当前，物联网应用高速增长，可穿戴设备、医疗卫生、家居等消费市场遍地开花，工业物联网将成为新一轮焦点。一大批物联网企业在交通、健康、安全、节能等领域涌现，物联网第三方运营服务平台崛起，产业发展模式逐渐清晰。

住房和城乡建设领域是我国经济建设的重要战场、经济转型升级的主载体、依法治国的主抓手、民生改善的主渠道、生态文明建设的主力军。结合住房和城乡建设事业的主要发展目标和任务，依托物联网相关技术，可以大力提升城市基础设施建设水平、提高城市承载力和系统化水平。

本书结合物联网与住房和城乡建设相关领域的理论研究和实践，从关键技术、系统产品、发展趋势及标准化等角度，全方位阐述了物联网与住房和城乡建设的发展现状、应用成果，以及面临的机遇和挑战。本书共 6 章，具体内容如下。

第 1 章介绍了物联网的概念、标准体系、应用领域和物联网产业现状，阐述了住房和城乡建设事业的主要发展目标和任务，以及住房和城乡建设领域物联网的应用。

第 2 章对物联网在城乡建设领域常用的几种关键技术进行了介绍，包括感知技术、GIS 技术、低功耗广域网络技术、云计算、大数据、物联网安全、城市信息模型技术的概念和发展趋势。

第 3 章介绍了房地产监管、保障房管理、住房公积金管理等住房监管和保障领域的物联网架构与应用案例。

第 4 章重点介绍了城市管理监督、道路桥梁管理、给水排水管理等城乡建设与管理领域物联网架构与应用案例。

第 5 章主要围绕建筑环境与节能管理、智能建筑与建筑信息模型、工程质量检测、工地监管 4 个场景，介绍物联网技术在工程全生命周期管理中的应用。

第 6 章系统梳理了物联网在智慧城市、智慧住区等领域的标准化情况。

在这里，编者要感谢所有参加编写的作者，以及参加合稿的各位编辑！

感谢江苏省建设信息中心副主任／研究员级高级工程师车黎刚、住房和城乡建设部信息中心处长谢跃文对本书的评审，他们仔细阅读了初稿，提出了很多中肯的意见。

希望本书能够让从事住房和城乡建设领域信息化的技术人员和管理人员提高认识、树立目标、与时俱进，同时对关注住房和城乡建设信息化发展的各级领导、高校师生、产业链相关领域的工作人员有所裨益，能够为我国住房和城乡建设事业发展添砖加瓦。

由于编者水平有限，书中难免有不足之处，欢迎广大专家和读者不吝指正。

编　者

2021 年 3 月

目录

第1章

物联网与城乡建设概述

1.1 物联网

1.1.1 物联网概述

物联网（Internet of Things，IoT）的概念最早于1999年由美国麻省理工学院提出，早期的物联网是指依托射频识别（Radio Frequency Identification，RFID）技术和设备，按约定的通信协议与互联网相结合，实现物品信息的智能化识别和管理，实现物品信息互联的网络。随着技术和应用的发展，物联网的内涵不断扩展。现代意义的物联网可以实现对物的感知识别控制、网络化互联和智能处理有机统一，从而形成高智能决策。

2005年11月17日，在突尼斯举行的信息社会世界峰会（World Summit on the Information Society，WSIS）上，国际电信联盟（International Telecommunication Union，ITU）发布了《ITU互联网报告2005：物联网》，正式提出了“物联网”的概念。报告指出，无处不在的“物联网”通信时代即将开启，世界上所有的物体，大到房屋、汽车，小到牙刷、纸巾，都可以通过互联网主动进行交换。射频识别（RFID）技术、传感器技术、纳米技术、智能嵌入技术将赋能各个行业应用加速落地。物联网概念的兴起，在很大程度上获益于国际电信联盟（ITU）2005年以物联网为标题的年度互联网报告。然而，ITU的报告对物联网缺乏一个清晰的定义[1]。

众多国内外机构与专家就物联网是“物物相连的智能互联网”这一观点达成共识。这包含3个意思：①物联网是在互联网基础上延伸与扩展的网络，其核心和基础仍然是互联网；②用户端不再局限为桌面计算机或手机，而是扩展到任何物品，且任何物品之间可以通过物联网进行信息交换和通信；③物联网具有智能属性，可进行自动监测、自动操作与智能控制。因此形成了现在公认的定义：物联网是通过射频识别（RFID）、红外感应器、全球定位系统（Global Positioning System，GPS）、激光扫描器等信息传感设备，按约定的协议，把任何物品与互联网连接起来，进行信息交换和通信，以实现智能化识别、跟踪、定位、监控和管理的一种网络。

时任国务院总理温家宝于 2009 年 11 月 3 日在人民大会堂向首都科技界发表了题为《让科技引领中国可持续发展》的重要讲话。他提出："要着力突破传感网、物联网的关键技术，及早部署后 IP 时代相关技术研发，使信息网络产业成为推动产业升级、迈向信息社会的'发动机'。"这篇讲话明确了中国物联网发展的目标要求，推动物联网概念的研究掀起了新高潮。在中国，"物联网"一词随即成为炙手可热的名词。许多专家预言"物联网"将是继计算机、互联网之后，世界信息产业的第三次浪潮，它将彻底改变人们的生活方式，带动万亿级的产业发展，成为信息化发展新的推动力量。

1.1.2 物联网的标准体系

1. 标准化组织

物联网涉及的标准组织繁多复杂，既有国际和国内标准化组织，也有行业协会和联盟组织。依据物联网的技术框架和参考体系结构，不同标准组织侧重的技术领域也不同，有些标准组织的工作覆盖多个层次，不同标准组织之间错综交互。

1）国际标准化组织

从射频识别（Radio Frequency Identification，RFID）、机器类通信（Machine to Machine，M2M）、传感网（Sensor Network，SN）、物联网（IoT）到泛在网（Ubiquitous Networking，UN），国外标准组织开展了大量的物联网相关标准工作。国际标准化组织包括美国电子和电气工程师协会（Institute of Electrical and Electronics Engineers，IEEE）、国际标准化组织（International Organization for Standardization，ISO）、欧洲电信标准协会（European Telecommunications Standards Institute，ETSI）、国际电信联盟—电信标准部（ITU Telecommunication Standardization Sector，ITU-T）、第三代合作伙伴计划（3rd Generation Partnership Project，3GPP）、第三代合作伙伴计划 2（3rd Generation Partnership Project 2，

3GPP2）等，如图 1-1 所示。

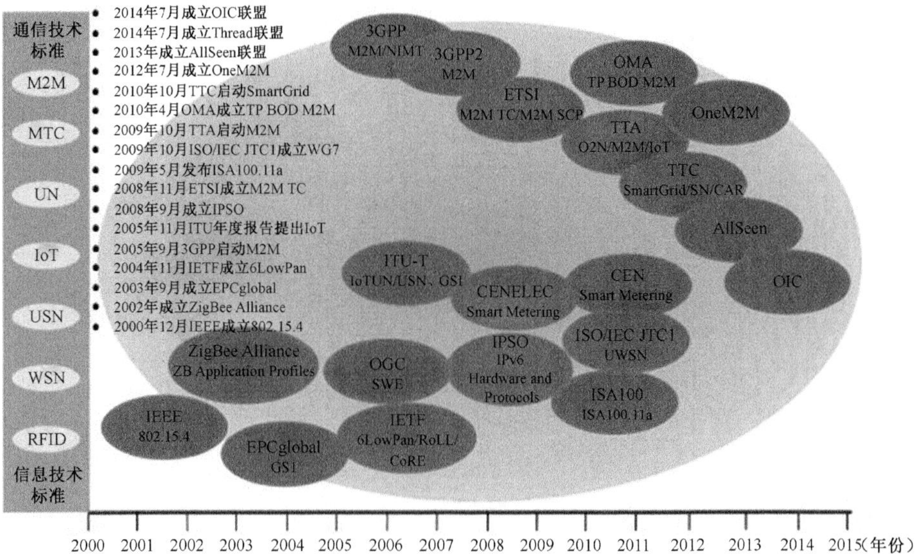

图 1-1　国际标准化组织

ISO 主要侧重于传感网、物联网的体系结构及安全的研究；ITU-T 与 ETSI 主要针对泛在网总体技术的研究，二者注重的角度不同，ITU-T 是从泛在网的角度出发的，而 ETSI 则是从 M2M 的角度对总体架构开展研究的；3GPP 和 3GPP2 针对通信网络技术方面进行研究，IEEE 针对设备底层通信协议开展研究。自 2009 年至今，物联网标准研究已成为国外标准化组织工作热点。

2）国内标准化组织

我国高度重视物联网产业的发展，将物联网标准作为物联网产业发展的基础予以重点关注和推进。2009 年以来，在国家发展和改革委员会、国家标准化管理委员会、工业和信息化部的指导下，物联网标准相关工作取得了很大的进展。我国主要的物联网相关标准化组织如图 1-2 所示。

作为物联网相关技术的重要应用领域，智慧城市、智慧住/社区、智能建筑得到越来越广泛的重视。2008 年，国家标准化管理委员会批准成立全国智能建筑及居住区数字化标准化技术委员会（简称“全国智标委”）（SAC/TC 426）（国标委综合〔2008〕108 号）。它是由住房和城乡建设部负责业务指导的技术标准组织，秘书处承担单位为住房和城乡建设部信息中心和机械工业仪器仪表综合技术经济研究所。全国智标委主要负责智能建筑及居住区数字化领域国家标准的制修订工作，其工作领域与国际标准化组织建筑物环境设计技术委员会建筑物控制系统设计工作组相关联（ISO/TC 205/WG3）。归口管理涉及智慧城市、智能建筑、智慧住区、智能家居、数字城管、智能卡等领域的国家标准 30 余项，现有成员单位 210 余家。

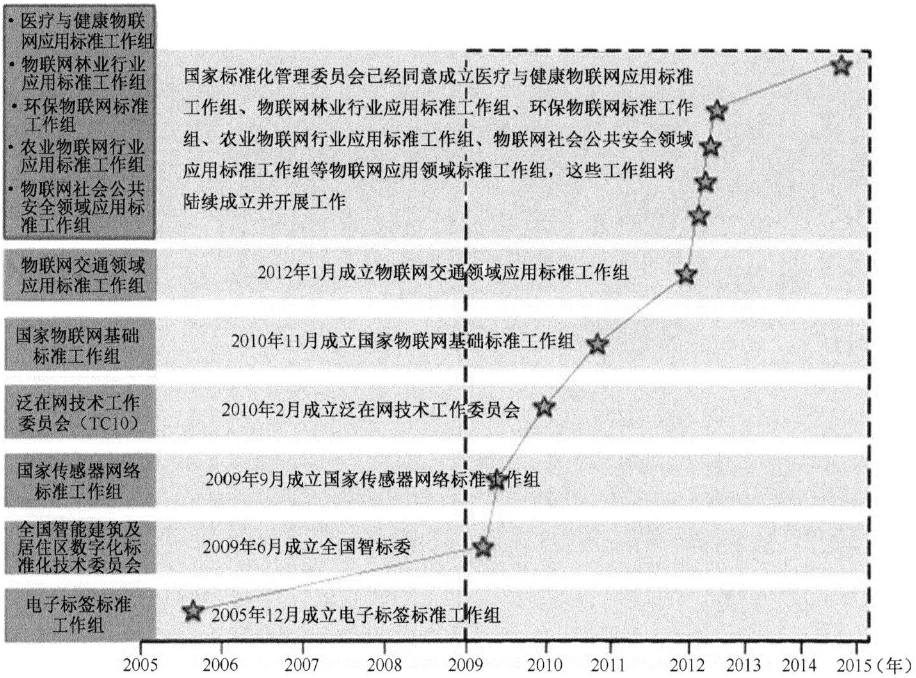

图 1-2　我国主要的物联网相关标准化组织

为了引导和规范智慧住区及智能建筑的技术发展，全国智标委组建了“智慧居住区分技术委员会”“全国信息技术标准化技术委员会”“全国公共安全基础标准化技术委员会”“智能楼宇控制标准工作组”“智能门锁标准工作组”“绿色智慧社区标准推广中心”“智能物业应用推广中心”七个分支机构。

（1）智慧居住区分技术委员会（SAC/TC 426/SC1）。

全国智标委智慧居住区分技术委员会（简称“智慧居住区分技术委员会”）于 2018 年由国家标准化管理委员会批准成立，由住房和城乡建设部负责日常管理和业务指导，秘书处承担单位为中关村乐家智慧居住区产业技术联盟。

智慧居住区分技术委员会主要围绕智慧住区、智能家居方向，制定完备的智慧住区和智能家居标准体系，为行业企业提供标准化服务，开展相关的试点示范工作，积极探索研究智慧住区、智能家居综合服务模式。第一届智慧居住区分技术委员会由 42 名委员组成。

智慧居住区分技术委员会现已完成《物联网智能家居 用户界面描述方法》等国家标准，《智慧住区建设评价标准》《智慧社区及家庭网络平台建设标准》《国家智能化养老基地建设标准》团体标准的制修订任务，正在开展《既有建筑节能改造智能化技术要求》等国家标准编制工作。

（2）全国信息技术标准化技术委员会（SAC/TC 28）。

全国信息技术标准化技术委员会（简称“全国信标委”），原全国计算机与信息技术处理标准化技术委员会，于 1983 年成立，是在国家标准化委员会和工业和信息化部的共同领导下，从事全国信息技术领域标准化工作的技术组织，对口 ISO/IEC JTC 1（除 ISO/IEC JTC 1/SC 27 外）。

全国信息技术标准化技术委员会主要负责全国信息采集、表示、处理、传输、交换、描述、管理、组织、存储和检索的系统和工具的规范、设计和研制等专业领域标准化工作。

全国信息技术标准化技术委员现已制定了《建筑及居住区数字化技术应用》（系列标准）、《社区信息化》（系列标准），并制定了软件工程、识别卡、数据通信、电子政务、大字符集、家庭网络平台、RFID 等信息技术国家标准。

（3）全国公共安全基础标准化技术委员会（SAC/TC 351）。

全国公共安全基础标准化技术委员会于 2008 年成立，主要负责公共安全基础性、通用性和综合性要求（不涉及公安等行业）等领域的标准化工作。

全国公共安全基础标准化技术委员会围绕公共安全基础和应急管理的标准制定，规范了我国公共安全和应急管理工作，促进了公共安全和应急管理的科学发展，已完成了《城乡社区网格化服务管理规范》标准的制定。

（4）智能楼宇控制标准工作组（SAC/TC 426/WG1）。

智能楼宇控制标准工作组于 2016 年由全国智标委批准成立，组长单位由复旦大学信息科学与工程学院承担，主要围绕智能楼宇物联网应用设计、智能楼宇控制信息安全、新一代智能楼宇控制数据通信协议及信息互联互通、智能楼宇控制溯源管理等方面开展国际标准化、国家标准制修订、标准宣贯等工作。

智能楼宇控制标准工作组现已完成《中国智能建筑标准体系研究报告》《建筑自动化和控制系统 第 6 部分：数据通信协议一致性测试》国家标准编制工作及《建筑自动化和控制系统 数据通信协议》国际标准转化工作等。

此外，智能楼宇控制标准工作组协助全国智标委开展了智能楼宇控制领域标准制修订、课题申报、技术研讨及智能楼宇控制的技术开发等工作。其中主要参与了住房和城乡建设部建筑节能与科技司“以问题为导向，推动安全、节能技术在我国智能建筑领域的应用”课题。

（5）智能门锁标准工作组。

智能门锁标准工作组是全国智标委下属分支机构，是由国内企、事业单位自愿联合组织，经全国智标委批准成立，用于组织开展智能门锁领域标准制定和研究活动的非营利性技术工作组织。

智能门锁标准工作组汇集了芯片企业、系统集成商、门锁企业、互联网企业等，主要围绕智能门锁领域，开展国家标准的研制，以及产品认证、应用推广、试点示范工程建设等工作，有效推动了智能门锁行业健康有序发展。

主要工作内容包括：①提出针对智能门锁领域相关标准制定、项目修订和相关标准研究课题的建议；②开展相关标准的起草、意见征求和审查协调等标准的制修订工作；③开展相关标准在国内外的研讨、宣贯、咨询、服务、培训及第三方认证等活动，推动相关标准的有力实施；④开展与对口的国际标准化组织的交流与合作，推荐、提交相关国际标准的提案；⑤受全国智标委委托，办理有关事务。

（6）绿色智慧社区标准推广中心。

绿色智慧社区标准推广中心是全国智标委下属分支机构，秘书处单位由青岛海纳云科技控股有限公司承担，致力于为全国智标委在绿色智慧社区领域提供标准、技术和应用支撑，围绕市场应用开展需求调查、技术研究、参与标准制定和推广、平台建设、社区平安和谐机制共建、试点和示范工程建设等促进行业发展的基础性工作。以论坛、研讨会、标杆示范社区落地等建设及推广形式，促进全国开发商、物业企业及美好生活产业集群共同推进绿色智慧社区国家标准的实施和建设。

主要工作内容包括：①研究符合中国国情的绿色智慧社区领域技术架构和标准体系的建议；②参与绿色智慧社区领域技术标准制定和推广；③与各标准推广中心进行沟通衔接并做好平台建设、社区平安和谐机制共建、试点和示范工程建设等促进行业发展的基础性工作；④负责相应全国标准推进工作。

（7）智慧物业应用推广中心。

智慧物业应用推广中心是全国智标委下属分支机构，秘书处单位由深圳住房和城市建设发展研究中心承担，支撑建筑及居住区信息化标准研制工作，探索智慧物业运营新模式，引导行业健康有序发展。

智慧物业应用推广中心将广泛吸收智慧社区、智能物业管理、智能家居等领域成员单位，充分发挥成员单位的力量和专家智慧，共同推进我国智慧物业的发展。通过调研、分析和总结全国各地物业管理行业、物业服务企业和生态链相关产业的现状及发展趋势，形成具有行业影响力的、权威性的综合报告。以推进智能建筑及智慧住区示范项目为突破口，开展智能门锁信息安全等应用推广，推进智慧物业试点示范项目的实施。发挥物业服务相关行业组织的优势，组织成员单位面向相关行业领域进行标准宣贯和经验交流研讨会，对我国智慧物业工作及相关标准进行宣贯及应用推广。

通过研讨会、论坛、试点示范项目参观交流等活动，在全国智标委、试点项目和相关产业链之间发挥桥梁纽带作用，提升全国智标委智慧物业应用推广中心的社会影响力和行业凝聚力。

2. 物联网标准体系

物联网标准体系的建立遵照全面、明确、兼容、可扩展的原则。在综合分析物联网应用生态系统设计、运行涵盖领域的基础上，将物联网标准体系划分为六大类，分别为基础类、感知类、网络传输类、服务支撑类、业务应用类、共性技术类。物联网标准体系总体框图如图 1-3 所示。

1）基础类标准进展

一般基础类标准属于物联网标准体系的指导性文件，负责规范指导物联网通用系统体系结构、数据体系结构设计、技术参考模型等。一般基础类标准也是物联网标准体系的顶层设计，包含了体系结构和参考模型标准、术语和需求分析标准等。

在物联网的总体架构方面，国际电信联盟（ITU）提出了泛在网（USN/UN）的概念，并成立了 SG20 工作组专门从事物联网标准工作，ETSI 对 M2M 体系架构进行分析，ISO/IEC 对物联网、传感网相关的术语和架构进行了研究。不同的标准组织针对不同的概念和对象进行了研究，从不同的角度规范了物联网术语和框架。物联网基础类标准如表 1-1 所示。

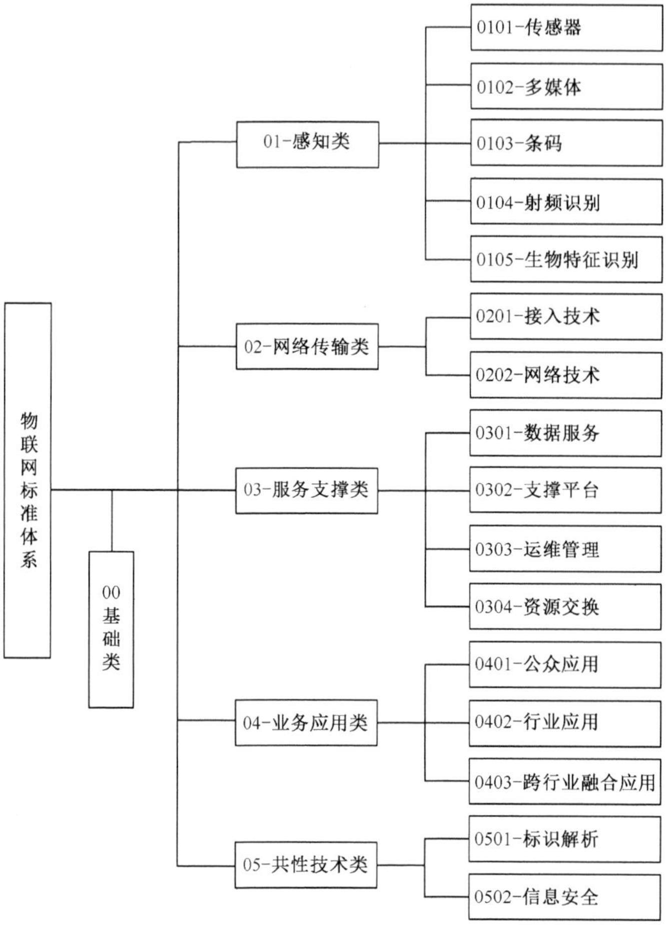

图 1-3　物联网标准体系总体框图

表 1-1　物联网基础类标准

标准组织	术语、需求及架构等标准工作
ISO/IEC	JTC1/WG10 启动 ISO/IEC 30141 项目，开始制定物联网的参考体系结构标准。JTC1/WG7 启动 ISO/IEC 29182 项目，完成传感器网络的架构和需求等标准制定
ITU-T	ITU-T SG13 制定了 Y.2002、Y.2221 和 Y.2060 标准，分别研究了 NGN 环境支撑的泛在网、泛在传感器网和物联网架构。2015 年 10 月在日内瓦 ITU 总部，ITU-T 物联网及智慧城市研究组 SG20 成立，并在会上成立了 2 个工作组和 5 个问题组讨论物联网和智慧城市相关标准
国际通信学会	技术工作组研究工业互联网的参考架构、术语、连接性参考架构、数据管理及开放框架等

续表

标准组织	术语、需求及架构等标准工作
ETSI	成立 M2M TC，开展应用无关的统一 M2M 解决方案的业务需求分析，网络体系架构定义和数据模型、接口和过程设计等工作
IEEE	IEEE P2413 启动研究物联网参考架构框架方面的研究
OneM2M	需求工作组研究 M2M 业务需求，架构工作组研究 M2M 的功能架构，已经发布 release1 版本
中国通信标准化协会	系统规范泛在网术语、泛在网需求、泛在网总体框架与技术要求等标准
国家物联网基础标准工作组	国家物联网基础工作组下成立“总体项目组”，研制我国物联网术语、架构、物联网测试评价体系等标准

2）感知类标准进展

感知类标准是物联网标准工作的重点和难点，它是物联网的基础和特有的一类标准，感知类标准要面对各类被感知的对象，涉及信息技术之外的多种技术，由于复杂性、多样性、边缘性、多领域性造成的难度是很突出的，其核心标准亟待突破。感知技术是物联网产业发展的核心，目前感知类标准呈现小、杂、散的特征，严重制约物联网产业化和规模化发展。感知类标准主要包括传感器、多媒体、条码、射频识别、生物特征识别等技术标准，涉及信息技术之外的物理、化学专业，涉及广泛的非电技术。当前主要相关的标准组织包括 ISO、国际电工委员会（International Electrotechnical Commission，IEC）、EPCglobal、IEEE、电子标签工作组等。物联网感知类标准如表 1-2 所示。

表 1-2 物联网感知类标准

标准组织	感知类标准工作情况
ISO/IEC	JTC 1/SC31 制定条形码、二维码、RFID 技术标准、应用标准；JTC1/WG7 定义了传感器数据采集接口标准；JTC 1/SC37 制定生物特征识别标准
ISO	TC 122 制定条形码、RFID 在包装领域的技术、应用、检测标准
IEC	TC 104 制定电工仪器仪表标准；TC 23 制定电器附件标准，包括插头、插座、开关、电缆、家用断路器等
IEEE	IEEE 1451 定义的是智能传感器内部的智能变送器接口模块 SMT 和网络适配处理器模块 NCAP 之间的软硬件接口

续表

标准组织	感知类标准工作情况
ITU-T	ITU-T 启动关于标识系统（包括 RFID）的网络特性的、面向全球的标准，利用存储在 RFID、一维条码和二维条码中的 ID 号触发相关的网络信息服务
ETSI	欧洲电信标准学会负责通信技术与工程领域的标准化工作，TG34 负责制定欧洲 RFID 相关频谱、兼容性等标准，负责 RFID 产品及服务需求分析，协调 RFID 产业利益
EPCglobal	EPCglobal 致力于建立一个向全球电子标签用户提供标准化服务的 EPCglobal 网络
IEC	SC65B（测量和控制装置）针对智能传感器、执行器方面已经开展了相关标准制修订工作。SC65E 定义设备属性和功能的数字化表示
电子标签标准工作组	建立一套基本完备的、能为我国 RFID 产业提供支撑的 RFID 标准体系，完成 RFID 基础技术标准、主要行业的应用标准等工作，积极推动我国 RFID 技术的发展与应用
传感器网络标准工作	制定传感器的接口标准，定义数据采集信号接口和数据接口
全国信标委生物特征识别分技术委员会	制定生物特征识别的公共文档框架、数据交换格式、性能测试等标准
多媒体语音视频编码	制定音频、图像、多媒体和超媒体信息编码标准

3）网络传输类标准进展

物联网网络传输类标准包括接入技术和网络技术两大类标准，接入技术包括短距离无线接入、广域无线接入、工业总线等，网络技术包括互联网、移动通信网、异构网等组网和路由技术。网络传输类标准相对比较成熟和完善，在物联网发展的早期阶段基本能够满足应用需求。为了适应在特定场景下的物联网需求，国内外主要标准组织展开了针对物联网应用的新型接入技术和优化的网络技术研究，并取得了一定的成果。物联网网络传输类标准如表 1-3 所示。

表 1-3　物联网网络传输类标准

标准组织		针对物联网网络传输类标准工作
ITU-T	SG13	研究下一代网络（NGN）支持泛在网络、泛在传感器网络的需求，网络架构等标准工作
ISO/IEC	JTC 1/SC6、JTC 1/WG7	SC6 研究电信与系统间信息交换，包括无线局域网、时间敏感性网络、泛在网络等；WG7 全面启动传感网国际标准的制定工作

续表

标准组织		针对物联网网络传输类标准工作
ETSI	TC M2M	ETSI 专门成立技术委员会，开展应用无关的统一 M2M 解决方案的业务需求分析，网络体系架构定义和数据模型、接口和过程设计等工作。重点研究为 M2M 应用提供 M2M 服务的网络功能体系结构，包括定义新的功能实体等
互联网工程任务组	RoLL WG	RoLL（Routing over Low Power and Lossy Networks，低功耗有损网络路由）工作组，是互联网工程任务组（Internet Engineering Task Force，IETF）成立的进行低功耗 IPv6 网络路由方面的工作组
	DetNet WG	解决跨子网情况下的实时性问题，可在多个实时性网络互联时，提供端到端的时间确定性
	LWIG WG	为 IETF 相关协议，如 TCP/IP、CoAP（Constrained Application Protocol）、IKEv2 等协议在小型受限设备中的实现提供指引
	6TiSCH WG	在 IEEE 802.15.4e TSCH 模式［即支持一定实时性的无线个域网（Wireless Personal Area Network，WPAN）］下承载 IPv6 的传输机制
	6lo WG	在资源受限网络中使用 IPv6 的传输机制，包括 IEEE 802.15.4 链路、低功率蓝牙，ITU-TG.9959 等接入技术
3GPP	SA1、SA2、SA3	SA 各工作组分别研究 MTC 优化需求、3GPP 网络的影响及网络实现 MTC 通信的优化方案和 MTC 安全方面的需求
	G2、R1、R2、R3	GERAN 和 RAN 各工作组研究无线接入网络 MTC 增强技术，基于 UTRA 和 EUTRA 系统现有特性以最小代价实现对 M2M 应用的支持。RAN 工作组立项的 RP-151621 研究窄带物联网，GERAN 工作组立项的扩展 GSM 支撑蜂窝物联网
	CT1、CT3、CT4	CT 各工作组对现有 3GPP 网络 NAS 协议、MAP 协议、S6a/d 协议、GTP-C 协议、MBMS/CBC 协议及外部网络交互协议产生的影响进行评估，并对受到影响的协议进行更新及维护
3GPP2	TSG-S	3GPP2 启动 Study for Machine-to-Machine（M2M）Communication for CDMA2000 Networks 项目，研究 M2M 对 CDMA 网络带来的影响
LoRa		LoRa（Long Range）联盟发布了针对远距离低功耗的 LoRaWAN 规范 1.0，适用于传感器、基站和网络服务提供商
OGC		开放的地理空间联盟（Open Geospatial Consortium，OGC）正式提出了传感器 Web 网络框架协议（Sensor Web Enablement，SWE），为传感器定义网络层接口标准
Thread		智能家居标准联盟 Thread Group 希望通过统一底层传输标准打造 Thread 生态圈。Thread 本身是一种新的低功耗物联网连接协议。2015 年 7 月，Thread 标准协议（*Thread Specification V1.0*）发布

续表

标准组织		针对物联网网络传输类标准工作
IEEE		IEEE 802.1 对传统以太网的竞争接入技术进行优化，以满足时间敏感性场景需求。IEEE 802.3 针对工业场景的需求，在实时性、数据线供电、单根双绞线传输等方面对传统的以太网技术进行增强。IEEE 802.15.4 定义设备间的低速率个域网中物理层和 MAC 层通信规范。IEEE 802.3 制定无线局域网接入标准，IEEE 802.11ah 定义 1GHz 以下频段操作，针对物联网应用场景的低功率广域无线传输技术。IEEE P1901 对于电力行业需求直接的电力线通信 PLC 技术进行标准化，发布了宽带高速率和窄带低速率两套标准
信标委电力线通信标准工作组		开展电力线通信相关标准的制定。在研标准包括《低压电力线通信物理层规范》《低压电力线通信数据链路层规范》
IEC		IEC/SC65C 制定工业测量与控制过程中的数字通信子系统，其中 MT9 负责制定与维护各种现场总线通信技术、工业以太网通信技术标准；WG16 负责制定工业无线相关标准，如 WIA-PA、无线 HART 和 ISA100.11a
ZigBee		ZigBee 联盟在 IEEE 802.15.4 的基础上定义了高层通信协议，用于指导厂商开发可靠安全、低速低功耗的短距离无线传输芯片设备
HART 通信基金会		无线 HART（可寻址远程传感器高速通道）标准在物理层上基于 IEEE 802.15.4，对 MAC 层进行了修改，以提高跳频的可靠性，实现完全的 MESH 网络拓扑
ISA-100.11a		ISA-100.11a 标准（工业级无线传感器网络国际标准之一）是第一个开放的、面向多种工业应用的标准，定义了无线网络的架构、共存性、稳健性及与有线网络的互操作性，主要针对传感器、执行器、无线手持设备等工业现场自动化设备
CCSA	TC10	开展感知层性能评价体系研究、物联网终端及通信模块数据通信接口标准化研究、基于泛在网的智能卡研究等标准项目。设置了网络工作组（WG3）负责研究支持 M2M 通信的移动网络技术研究、下一代网络（Next Generation Network，NGN）支持泛在网络需求、泛在网 IPv6 相关技术等标准
WGSN		开展通信与信息交互、协同信息处理、标识、安全、接口、网关、无线频谱研究与测试、传感器网络设备技术要求等工作

4）服务支撑类标准进展

物联网服务支撑类标准包括数据服务、支撑平台、运维管理、资源交换标准。数据服务标准是指数据接入、数据存储、数据融合、数据处理、服务管理等标准。支撑平台标准是指设备管理、用户管理、配置管理、计费管理等标准。运维管理标准是指物联网系统的运行监控、故障诊断和优化管理等相关标准，也涉及系统相关的技术、安全等合规性管理的标准。资源交换标准是指物联网系统与外部系统信息共享与交换方面的标准。

目前，海量存储、云计算、大数据、机器学习、面向服务架构（Service-Oriented Architecture，SOA）等技术标准可为物联网应用支撑提供帮助，但针对物联网应用的支撑标准需求分析及现有标准评估工作尚处于探索阶段。现有的标准组织对数据接入、设备管理、运行监控方面有相关的研究，但缺乏对系统合规性，以及除上述管理外的管理研究。在我国，为了推动物联网信息资源共享和交换，已经开始进行物联网资源交换标准的相关研究。服务支撑类标准如表 1-4 所示。

表 1-4　服务支撑类标准

标准组织	服务支撑类标准工作
ISO/IEC	ISO/IEC JTC 1 开展了中间件、接口、集装箱货运和物流供应链等应用支撑领域的标准工作
信标委 SOA	面向服务的体系结构分技术委员会主要开展我国 SOA、Web 服务、中间件的国家标准制修订工作；信息技术和可持续发展分技术委员会主要负责信息技术相关的资源利用效率和支持可持续发展等领域的国家标准制修订工作
IEC	SC65E 定义了电子设备描述语言（Electronic Device Description Language，EDDL）、工程数据交换格式［自动化标记语言（Automation ML）］等；SC3D 定义了用于描述电子设备属性及标识符的通用数据字典（Common Data Dictionary，CDD）
ITU-T	ITU-TF.744 研究泛在传感器网络中间件的服务描述和需求，Y.2234 研究 NGN 开放业务环境能力，Y.2234 为 NGN 描述了一个开放的服务环境（Offshore Software Engineering，OSE）。成立智能电网焦点组和云计算焦点组，研究物联网相关应用需求。ITU-TSG20 研究组开展物联网及其应用，其中问题组 Q4 研究应用物联网的应用和服务
ZigBee	ZigBee 制定了 11 个行业应用相关的 Profiles，包括智慧能源、健康监测、智能家居和照明控制等
ETSI	ETSI 对应用实例进行研究，分析通信网络为支持 M2M 服务在功能和能力方面的增强，具体包括 eHealth、用户互联、城市自动化、汽车应用和智能电网等
OASIS	结构化信息标准促进组织（Organization for the Advancement of Structured Information Standards，OASIS）并未针对物联网成立专门的标准组，但其在 XML、Web Service、SOA、MQTT、云计算和安全方面的标准，对物联网应用服务产生了很大的影响
W3C	万维网联盟（World Wide Web Consortium，W3C）制定 Web 相关的标准，包括 HTML、XML、RDF、OWL 等数据描述标准

续表

标准组织	服务支撑类标准工作
IETF	CORE 工作组定义了针对受限网络的轻量级应用层协议 CoAP，以替代 Http，解决 Http 开销大、不适应物联网场景的问题。JSON 工作组定义了用于描述结构化数据的格式规则。CBOR 工作组定义了一种类似于 JSON，但针对受限设备，采用二进制的对象描述语言，以节省开销
OIC	开放互联联盟正组织撰写一系列开源标准。促进各类联网设备能寻找、识别、完成数据交换。目前已经发布了核心框架规范、安全、智能家居设备、资源类型、远程访问的规范
OMA	开放移动联盟（Open Mobile Alliance，OMA）定义与系统无关的、开放的，使各种应用和业务能够在全球范围内的各种终端上实现互联互通的标准。相关 M2M 规范包括融合的个人网络服务（CPNS）、设备管理协议（Open Mobile Alliance Device Management，OMADM）、轻量级 M2M 协议（Lightweight Machine to Machine，LWM2M）、开放连接管理 API 和客户端 API 框架
OneM2M	由 7 个地区性电信标准组织共同创建的国际物联网标准化组织，目标是制定物联网业务层标准，下设需求 REQ、体系架构 ARC、协议 PRO 等工作组。已经发布的标准包括数据通信、设备管理和服务层协议等相关标准
AllSeeN	AllSeen 联盟是国际上最具影响力、非营利的家庭设备互联标准联盟，基于高通公司的近距离 P2P 通信技术 AllJoyn，建立互操作的通用软件框架和系统服务核心集
OPC 基金会	定义的 OPC UA 协议，为工业自动化的应用开发提供了一致、统一的地址空间和服务模型，避免了由于设备种类和通信标准众多给系统集成带来的巨大开发负担
CCSA	TC 5/WG7 完成了移动 M2M 业务研究报告，描述了 M2M 的典型应用，分析了 M2M 的商业模式、业务特征及流量模型，给出了 M2M 业务标准化的建议
	TC 10/WG2 负责物流信息 M2M 技术、煤矿安全生产与监控、汽车信息化、智能环境预警系统、医疗健康监测系统、无线城市、智能交通系统、智能家居系统等应用场景分析
物联网基础标准工作组	开展物联网信息共享和交换系列标准、协同信息处理、感知对象信息融合模型的研究。负责物联网信息共享和交换总体要求、总体架构、数据格式、数据接口等系列标准的制定
WGSN	传感器网络标准工作组开展了面向大型建筑节能监控的传感器网络系统技术要求和机场围界传感器网络防入侵系统技术要求

5）业务应用类标准

物联网业务应用标准具有鲜明的行业属性，需要按照行业需求和配置推进。由于物联网涉及的行业众多、行业发展不平衡，现在缺失多的是行业应用标准，导致物联网建设达不到最终应用的要求，这也是直接影响物联网发展的主要因素。由于缺失标准，物联网面临竖井式应用、重复建设等问题。当前的物联网应用呈现小、杂、散的特点，迫切需要规范与标准化。发展物联网业务应用标准采取从国情出发，兼顾国际适用的方针。国家非常重视物联网业务应用标准的建设，已经在公安、医疗、环保、农业、林业、交通 6 个行业开展先行的标准建设试点，有望在不久的将来取得显著的突破。物联网业务应用类标准如表 1-5 所示。

表 1-5 物联网业务应用类标准

应用领域	业务应用标准总体工作
公共安全	2011 年 3 月，我国成立了公共安全行业物联网应用标准工作组，并将标准化项目列为发展和改革委员会支持的公共安全国家物联网示范工程组成部分。公共安全物联网领域主要开展了基础标准（如术语）、安全类标准（如感知层安全导则、物联网等级保护、终端防护）和应用类标准。应用类标准主要有图像联网深度智能应用、汽车电子标识及警用物资监管类
健康医疗	2014 年，国家卫计委申请筹建医疗健康物联网应用标准工作组，并正在推进医疗健康物联网应用系统体系结构与通用技术要求等 11 项医疗健康物联网国标制定工作。我国医疗信息化相关的标准主要包括 GB/T 17006.10—2003（医用成像部门的评价及例行试验）、GB/T 21715—2008（患者健康卡数据）、GB/Z 24464—2009（电子健康记录定义、范围与语境）、GB/T 24466—2009（电子健康记录体系架构需求）、GB/T 25514—2010（健康受控词表结构和高层指标）、GB/T 24465—2009（健康指标概念框架）等；国际上医疗信息化领域主流的标准有 ISO/IEEE 11073 系列标准、DICOM、HL7 等
智能交通	2003 年 9 月，经国家标准化管理委员会批准成立了全国智能运输系统标准化技术委员会（SAC/TC 268，简称“ITS 标委会”），对口国际标准化组织智能运输系统技术委员会（ISO/TC 204），ITS 标委会秘书处设在交通运输部公路科学研究院。ITS 标委会从事全国性智能运输系统标准化的技术工作组织，负责智能运输系统领域的标准化技术归口工作。主要工作范围定为：地面交通和运输领域的先进交通管理系统、先进交通信息服务系统、先进公共运输系统、电子收费与支付系统、货运车辆和车队管理系统、智能公路及先进的车辆控制系统、双向和多模式的交通短程通信和信息交换，以及交通基础设施管理信息系统中的技术和设备标准化
智能家居	我国相继成立了数字电视接收设备与家庭网络平台接口标准工作组、资源共享、协同服务标准工作组（IGRS）和家庭网络标准工作组，开展相关标准化工作；IEEE 1888 开展了泛在绿色社区相关标准化工作。ITU-T SG20 开展了物联网和智能社区的相关标准化工作

续表

应用领域	业务应用标准总体工作
智能电网	IEEE 1588 网络测控系统精确时钟同步协议。ISA SP100 非紧急监控、报警和控制应用提供可靠和安全操作的无线通信标准，可应用于智能电网的工业级电表上。IEEE P2030 制定一套智能电网的标准和互通原则，并推广为全球标准的计划。IEC 61850 标准是电力系统自动化领域的全球通用标准。它是由国际电工委员会第 57 技术委员会（International Electrotechnical Committee 57th Technical Committee，IEC TC57）的 3 个工作组 WG10、WG11、WG12 负责制定的。IEC 61850 建模了智能变电站领域的大多数公共实际设备和设备组件，包括传感设备等
智能制造	2015 年 12 月 29 日，工业和信息化部、国家标准委联合发布了《国家智能制造标准体系建设指南》，全国信标委开展面向智能制造的新一代信息技术标准化工作；SAC/TC 124 全国工业过程测量和控制标准化技术委员会针对工控领域应用开展了相关标准化工作；IEC SG8 制定了工业 4.0 的参考架构标准
林业	我国成立了物联网林业行业应用标准工作组，开展了林业物联网术语等林业物联网相关标准化工作
农业	我国成立了农业物联网行业应用标准工作组，开展了大田种植物联网数据传输标准等 13 项农业物联网相关标准化工作
环保	我国成立了环保物联网标准工作组，开展了环保物联网术语等 9 项环保物联网标准研制工作

1.1.3 物联网的应用领域

1. M2M 物联网应用高速增长

作为物联网行业应用标志的 M2M 连接数量迅速增长，从应用市场来看，公共安全、交通运输、工业控制、智能建筑等万亿级垂直行业市场正在全面兴起，可穿戴设备、医疗卫生、家居等消费市场遍地开花。

2. 工业物联网成为新一轮焦点

物联网是实现制造业智能化改革和国家竞争优势转换的关键技术基础，以德国工业 4.0 所确立的信息物理系统（Cyber-Physical Systems，CPS）和美国工业互联网为代表，正在加快全球生态构建，加速展开产业布局。在政府层面，美国和德国推动了 CPS 体系的发展，大力推动行业中相关标准、通用技术和产品在该领域的研发及推广应用，成立指导小组、改善基础设施、建立研究和创新机构。在企业层面，工业和信息通信技术领域的领先企业正在加速工业数据云平台、工业数据连接和管理、工业网络和新型工业软件等方面的技术、标准、测试和解决方案的研发和使用，重点推进工业物联网应用实施，并扩大到能源、医疗、交通等多个领域。

3. 智能可穿戴设备出现爆发式增长

移动物联网与互联网形成从芯片到终端、操作系统的全方位融合，并依托于开源的软件和硬件，掀起了全球性的智能硬件创新浪潮，可穿戴设备成为物联网发展最快和最具创新性的领域之一。可穿戴设备按照佩戴的身体部位可以分为头部设备、腕部设备、腰部及以下的辅助类设备；按照主要应用领域分为医疗领域，如监测血糖、血压和心率的可穿戴设备；健康保健领域，如运动监测的可穿戴设备。

4. 智能家居成为竞争的重点

谷歌、苹果等互联网企业，高通、英特尔、思科、三星等信息通信技术企业，以及 ABB、博世等工业企业均加快推进智能家居的布局，推出了智能家电、智能家居等一系列创新产品。创新产品可与智能手机、可穿戴设备等智能终端和移动 App 应用进行充分互联和集成，实现协同化、服务化、智能化和个性化发展。

5. 全面支撑智慧城市

物联网成为各国智慧城市发展的核心要素，广泛应用于城市管理、节能减排、能源管理、智能交通等领域，“前端设备智能化 + 后端服务平台化 + 大数据分析”成为一种普遍模式。智慧城市中物联网应用呈现两大特点。

第一，智慧城市通过物联网应用采集汇聚海量感知数据，依托城市综合管理运营平台进行大数据分析，实现对城市运行态势的精确掌握和智能管理。国际智慧城市建设的一个重要方向就是打破传统物联网应用小而分散的特点，构建多种应用互联互通、海量数据采集汇聚共享的智慧城市综合性管理平台。西班牙巴塞罗那智慧城市平台，可将环境和生活质量、水资源管理、能源、交通等多个领域的传感数据进行综合分析处理；西班牙桑坦德“城市脉搏”项目智慧城市平台的搭建，采集汇聚“人体传感器”和遍布全城的传感器数据，各类应用程序通过 API 调用平台的大数据处理能力，利用移动 App 提供生活服务和城市管理。

第二，国际智慧城市建设重点推进物联网技术在城市重要基础设施管理方面的应用，如提升交通、能源等重点领域服务能力，促进城市绿色、低碳发展。在电力领域，物联网感知与国家电网、分布式电源等基础设施深度融合，实现能源生产消费全流程实时监测及预测预警，如英国布里斯托的 3e 住宅项目通过物联网对家庭能源消耗的实时监管与控制，集成了太阳能等可再生能源，实现二氧化碳排放减少、能源节省；在交通领域，利用物联网建设“人—车—路”高效协同的互动型基础设施，利用网络互通的控制中心、充电桩、收费点等基础设施，为使用者提供随时随地缴费、交互式地图导引等服务。如德国法兰克福正在开发多场景交通导航系统，基于对各种交通设施地上地下全面立体的感知和定位，实现行人、公共汽车、出租车、私家车、火车等交通工具的协同高效出行。

1.1.4 物联网产业现状

近几年，在国家政策有力扶持和产业技术创新推动下，物联网发展势头强劲，围绕着北京—天津、上海—无锡、深圳—广州、重庆—成都各具特色的四大核心产业集聚区，在交通、健康、安全、节能等领域涌现出一大批龙头企业，物联网第三方运营服务平台崛起，产业发展模式逐渐清晰。

1. 物联网产业链

从元器件到设备、软件产品到信息服务，物联网产业链结构是非常完善的。物联网每个功能层都涉及从元器件产品和硬件设备，再到软件产品和系统方案及行业系统的运维服务。一般认为，较为完整的物联网产业链主要包括芯片与技术提供商、应用设备提供商、软件与应用开发商、运营及服务提供商、网络提供商、系统集成商六大环节。

1）芯片与技术提供商

芯片与技术是物联网产业发展的基础上游市场，主要包括核心芯片设计和生产商，如 RFID 芯片（包括电子标签、二维码等技术应用）、传感器芯片、系统芯片等。目前，在该领域我国的技术水平与发达国家还存在差距，尤其在高端市场差距较大。

2）应用设备提供商

物联网应用设备主要是感知层的末端设备，并具有一定的独立功能。物联网应用设备类型众多，如传感节点设备、传感器网关等典型的末端网络产品设备，以及传感系统及设备、射频识别设备、智能控制系统及设备等。我国物联网产业发展的关键取决于感知层末端设备的制造和广泛应用。

3）网络提供商

在物联网数据传输方面提供技术支撑和服务，包括互联网、广电网、电信网、电力通信网及其他网络等。

4）软件与应用开发商

物联网的核心软件如下。

（1）感知层相关的主要软件产品包括微操作系统、实时数据库、嵌入式操作系统、信息安全软件、运行集成环境、组网通信软件等。

（2）处理层相关的软件产品包括网络操作系统、数据库、中间件、信息安全软件等。其中，中间件是物联网应用中较为关键的软件，它是相关硬件设备和业务应用相连接的纽带，通过初步加工传感层采集来的数据，使得来自众多采集设备的数据能够统一。数据的统一便于信息处理与表达、使语义具有互操作性、实现共享，便于后续处理应用。传感网中间件普遍分为两类：一类是传感数据采集中间件，主要完成传感数据在硬件设备的采集、过滤与合并；一类是传感数据管理中间件，主要完成传感数据的存储、访问、聚合与维护。目前，IBM、Oracle、EPCglobal、SAP 等厂商和研究机构都在传感器中间件方面加大投入，中间件研究成为竞争的焦点。

（3）行业解决方案提供商是应用和服务于各领域、各行业的系统软件企业，并用于提供各种解决方案。目前，围绕智能电网、智能物流、智能交通、智能家具、智能环保、金融服务、公共安全、医疗卫生、国防军事等领域的物联网应用，根据不同行业应用特点，需要提出个性化的解决方案。

（4）系统集成商是围绕客户需求，集成物联网的软、硬件及网络，为客户呈现一个完整解决方案的厂商。部分系统集成商除了提供行业解决方案，还提供软件产品。

（5）运营及服务提供商是指各领域、各行业物联网应用系统的专业运营服务商，为客户提供统一的终端设备鉴权管理、计费等服务，实现终端接入控制、终端管理、业务运营管理、行业应用管理、平台管理等服务。

2. 物联网产业现状

1）各级政府大力支持

国务院和各部委持续推进物联网相关工作，从顶层设计、机制体制等多个方面持续完善政策环境。为强化决策支撑和统筹协调能力，国家建立了物联网发展部际联席会议制度及物联网发展专家咨询委员会。先后出台了物联网“十三五”发展规划、《关于推进物联网有序健康发展的指导意见》，进一步明确了物联网的发展目标和思路，提出了物联网发展十项专项行动计划及具体任务。除此之外，在国家发布的《关于促进信息消费扩大内需的若干意见》（国发〔2013〕32 号）中也提到要推动物联网产业发展，重点支持智能传感器等新兴产业发展。在《关于促进智慧城市健康发展的指导意见》（发改高技〔2014〕1770 号）中要求重视物联网在智慧城市发展中的重要作用。国家出台的多项政策均有助于提高产业信心、推动产业发展。

地方政府积极推出人才优待、税收优惠、土地优惠、专项资金扶持、政府购买、产业联盟协调等各种政策措施，营造物联网产业发展环境，推动产业发展。如近年来上海仅市级财政支持金额超过 3 亿元，物联网相关项目超过 150 个，主要涉及技术研发、应用示范、产业化、公共服务平台等领域，带动社会资金投入高达 50 亿元。重庆政府对物联网产业发展高度重视，多措并举，打造具有国际竞争力的重庆物联网产业高地。

2）传统领域拥抱物联网

当前，物联网以泛在感知、精益控制、数据决策等能力要素集的形式向传统行业的上下游各个环节加速渗透、多维融合，促进产业升级和结构优化，推动新兴业态不断涌现。在工业制造领域，物联网在产品设备监控管理、生产过程工艺优化、供应链管理、工业安全生产管理、环保监测及能源管理等环节得到广泛应用。例如，工程机械行业通过使用 GPS、传感技术和 M2M，实现了数百万台重工设备的在线状态监控、故障诊断及后台大数据分析，使传统的机械制造智能化。在油田单井野外输送原油过程中，利用无线传感器技术实时监测温度、压力、温控系统等，摒弃了传统的人工监控方式，大量降低能耗。在农业领域，物联网从田间地头的耕种、施肥、灌溉，再到农产品的收割、晾晒、储存等各个环节得到了广泛的应用，如应用于农机定位耕种、测土配方施肥和智能节水灌溉等。物联网的应用推动了田地耕种精准化、畜禽养殖高效化、园艺种植智能化，推进了现代农业经营方式和组织形态的形成。根据统计测算，有效应用物联网系统后，可使总体经济效益提高约 10%，种植人员成本降低约

50%；利用传感技术自调节功能高精度地控制设施内环境，培育出高品质农产品，可使单位产品增值 10 倍左右。在能源领域，借助能源管理虚拟化，有效利用大数据建立动态能效模型，精确定位峰谷电力消耗量，实现错峰调谷，此项技术应用在大型工业园区，单照明能耗优化这一项便可节省 30%左右。

3）智慧城市全面依托物联网

《关于促进智慧城市健康发展的指导意见》（发改高技〔2014〕1770 号）指出智慧城市在规划、建设、管理及服务等环节要善于运用物联网、大数据、空间地理信息集成、云计算等新兴技术，从而促进了城市管理精细化、生活环境宜居化。近年来，我国智慧城市的建设如火如荼，项目建设的重点领域主要有公共安全、交通、医疗、社区、环保、地下管网监测、水务、教育等，项目多是依托于物联网及其他新兴技术的融合应用，以自动感知为基础、数据采集为手段、智能控制为核心、精细化管理和精准化服务为目标，实现城市智慧化可持续的高质量发展。

物联网被广泛应用于公共安全、医疗、交通、教育、社区等领域，使民生服务在时间和空间上得到了延伸，极大地提升了服务的便捷性。在医疗方面，物联网本着打造惠民可及的健康服务，疏通信息脉络，活化医卫资源，让使用者通过网络智能地连接医疗设备，方便快捷地获取各种医疗健康服务；在智慧住区建设方面，物联网助力住区服务模式创新，各地涌现“智慧民安”住区智慧养老、“服务零距离”“一刻钟社区服务圈”等多种便捷式服务，有效提高了居民生活质量，提升了幸福感；在公共安全方面，利用物联网技术实现动态实时的监测、预警和管控，时刻保障民众生活环境的安全。物联网应用示范工程——电梯运行安全监测信息平台就是利用物联感知技术有机整合了电梯监察、安全预警、应急处置与维保管理，重塑了电梯安全管理理念。

物联网在数字城管、智慧交通、管网监测领域的应用极大地丰富了城市管理手段、强化了城市管理能力。在数字城管方面，规模化部署的物联网设备大幅提升了城市运行监测能力。如北京市已实现了对城市运行的 12 个方面、316 项指标（水、电、燃气消耗等）进行监测和数据分析，大幅提升了城市管理精细化水平。在设施管理方面，物联网感知采集城市部件的运行状态，实时提供准确全面的信息，支撑着城市的规划和管理。如太原全面整合通信、给水、排水、路灯、煤气等地下管线资源，使用传感器监测管线的物理量、化学量，减小事故发生概率，提升城市安全。在交通领域，利用物联网技术实现对运营车辆全程跟踪定位，有力支撑路况实时播报、拥堵预警预测和交通指挥调度。北京市在营运车辆上大面积安装部署卫星定位设备，涵盖了65%的公交车、近7万辆出租车、客运车及危化品运输车，实现了各类交通营运车辆的智能管理。

4）物联网与移动互联网融合

移动互联网业务的快速发展带动物联网驶入规模化发展新阶段。我国移动互联网市场的繁荣和产业优势，带动物联网发展势头强劲。物联网通过移动互联网应用开放的接口进行连接，借助移动互联网的用户优势及接口开放的入口优势，打造国民级物联网应用。微信公众号可通过开放的硬件接口连接各类智能设备，常见的有家居设备、儿童玩具、路由器、运动设备、可穿戴设备等，实现了广大的微信使用者与智能设备之间的连接。在不到一年的时间里，微信平台已接入硬件厂商达到2400多个，设备激活量达到2500万台。开通“微信运动”功能的用户数已超过1000万人，推动了运动手环规模化发展。

融合应用广泛涉足养老、安全、家居、医疗健康等领域。在养老方面，移动App结合可穿戴式设备融合应用，可实现老人所在位置定位、异常情况报警、日常健康检测及大数据分析等功能，协助养老机构解决老人走失找人难、老人遇险报警难、遇到问题追溯难等问题，并在部分养老机构开展示范项目。在安全方面，推出的儿童防丢设备受到家长们的欢迎，如360儿童卫士3个月销售50万台，已更新到第三代产品。设备具有防走散、定位、安全区域报警等功能。孩子佩戴后，家长可通过手机App随时了解孩子动态、确定孩子的位置。在家居方面，移动App发挥控制中心与数据汇聚中心的作用，一方面获取通过各类传感设备监测到的信息（温度、湿度等），一方面作为遥控器反向控制各种家用电器（灯光、窗帘等），华为、小米等众多企业已推出以智能手机为核心的智能家居解决方案。此外，个人健康管理、运动统计等与可穿戴设备的融合应用引发的流量占比越来越大。

5）产业多样化、高速化发展

我国物联网产业持续快速发展。我国的移动M2M连接数已超过2.49亿个，占全球M2M连接数的45%，市场地位持续保持全球第一；我国M2M规模还将继续扩展，预计到2022年达到29亿个。当前，国家政策引导、行业应用示范、企业创新为物联网发展创造了良好的环境，各类企业加快物联网发展的布局和资源配置。

物联网产业中，涌现出一批具有实力的领军企业。深圳先施科技和远望谷两家企业在超高频RFID、RFID读写器领域占国内1/3以上的市场份额，远望谷和海恒在图书馆领域占国内80%的市场份额；海格电子推出的北斗导航GPS

定位系统已在广州实现了公务车的全面部署；南京联创科技集团的汽车生活服务平台已实现 1000 万名车主的业务覆盖；上海万达信息公司推出基于物联网的居民健康管理服务，在已部署区域的使用效果显著，慢性病识别率提升了 20%以上；上海仪电物联技术股份有限公司计划面向青浦产业园区 600 家工业企业提供合同能源管理服务，电力节能效果显著；重庆城投金卡信息产业股份有限公司专注于在电子车牌领域的发展，已有 17 年的积累；成都鼎安华物联网工程应用有限公司通过安全生产综合监管信息平台接入 200 家危险源企业。

第三方运营平台崭露头角，物联网即服务渐成主流。经过多年的发展，物联网第三方运营平台持续不断地整合各类要素形成健康有序的发展局面，平台化、服务化的发展模式逐渐清晰，初步形成“政府公共服务+市场增值服务”的可持续运营模式。交通、节能、安全、健康等领域的运营平台发展迅猛，平台相关的建设者、运营者也因市场发展需要成长为龙头企业。如成都的重大危险源安全监管信息平台、重庆的车辆信息管理平台、重庆南岸区的“两客一危”车辆一级管理与服务平台、南京的车联网平台、上海的物联网健康公共服务平台和居家养老公共服务平台等。

互联网企业成为物联网发展的重要新兴力量。我国互联网巨头纷纷以投资、战略合作、产品、服务等多种手段进驻物联网市场，在多个领域积极布局和拓展业务，成为我国物联网发展的一大特色。如在智能家居领域，阿里巴巴与美的合作，致力于实现智能家电的远程控制管理；小米、百度、360、迅雷等互联网企业，围绕智能路由器打造智能家居的生态圈，并推出了智能摄像头、智能插座、智能灯泡等智能家居周边设备。在车联网领域，百度推出了车联网产品 CarNet，完美结合车载系统与用户智能手机；阿里巴巴与上汽集团合作，依托电商平台和大数据处理技术，梳理车主价值链，打通物流、资金流和信息流；腾讯与中国人保、壳牌达成战略合作，成立了“i 车生活平台”，共同打造一站式汽车生活服务。国内百度、阿里巴巴、腾讯三大互联网企业均在智慧医疗领域投入大量资金，以多种形式开展互联网医疗服务。此外，在智能可穿戴设备领域，小米以 20%市场份额位居全球第二，360 推出的儿童安全类可穿戴产品也取得了不错的反响。

公共服务平台和创新载体开始发挥支撑作用。面向产业，科研机构、产业联盟、龙头企业纷纷搭建公共服务平台，提供设备管理、共性技术研发、标识管理等公共服务。由中国科学院计算机网络信息中心、工业和信息化部电子科学技术情报研究所、工业和信息化部电信研究院和中国物品编码中心联合建设的国家物联网标识管理公共服务平台，已经为食品溯源、农业、交通、家居、林业等多个重点行业的上百家企业提供服务。由上海物联网中心建立的物联网共性技术研发公共服务平台已初具规模，包括微机电系统（Micro-Electro-Mechanical System，MEMS）集成制造技术平台、无线通信节点极低功耗共性技术开发平台、短距离无线通信关键技术测试平台等。中国移动自主开发了物联网设备云OneNET和业务管理平台，对外开放接口，提供设备管理、客户卡管理等服务。

6）形成四大产业聚集区

从空间分布来看，我国已初步形成分别以北京—天津、上海—无锡、深圳—广州、重庆—成都为核心的环渤海、长三角、珠三角、西部地区四大区域集聚发展的总体产业空间格局。各产业集聚区相互独立、各有特色，产业领域和公共服务基本保持协调发展，集聚区域研发机构、公共服务等配套体系完备。

（1）渤海区域。

渤海区域以北京为核心发展，由于经济、位置、科技等优势明显，产业研究资源丰富，形成我国物联网产业研发、设计、运营、公共服务平台等领域的龙头。

（2）长三角区域。

长三角区域以上海—无锡双核心发展，属于我国物联网最早起步的区域，其产业规模在国内也是最大的，尤其是在无锡建设的“感知中国”中心，集聚了大批物联龙头企业。

（3）珠三角区域。

珠三角区域以深圳为核心，发挥传统电子产品制造优势，形成以物联网产业制造、软件、系统集成等引领的重要基地。

（4）中西部区域。

以重庆—武汉为代表的中西部区域，紧抓物联网产业发展的窗口期，在传感器、软件、信息服务等领域发展迅猛，成为第四大产业基地。

产业集聚各有特色。长三角区域是我国经济发展最活跃、创新能力最强、开放程度最高的区域之一，其物联网产业在全国也处于领先地位，在传感器、芯片等基础环节具有较强的产业积淀，特别是在新型MEMS力敏传感器的研发和产业化方面一枝独秀，依托高铁城市群联动效应，整体产业汇集力较强；珠三角区域市场化程度最高、产业链条衔接最为紧密，各环节对市场的感应程度较为明显，市场转向灵活。深圳汇集了远望谷、国民技术、先施科技等一批龙头企业，在传感器、无线传感网络和微机电领域，发展了近600家企业；在国内超声波传感市场，广州奥迪威成功取代了国外品牌；在工控、汽车电子等领域受到市场的高度认可。西部地区发展平稳，重庆通过地方立法以保障推行电子车牌试点工作，全市车辆全部实现了标签安装；成都集聚了一批研发机构、企业，以新区为基点出台优惠政策，以中移物联为核心形成产业聚集，开展基于 RFID 的区域行业应用，效果突出。北京地区则主要依靠资源优势与京津冀区位优势，以集成和模式创新为主发展物联网产业。

东、中、西部及沿海地区均根据自身优势、市场环境和产业基础发展相应的物联网典型示范应用，其中，长三角地区在节能环保领域与区域智能交通应用方面较为突出，如上海浦东软件园、上海中心大厦等建筑节能管理项目相继落成，分期国产化已提上日程；西部地区 RFID 应用成熟并广泛推广；重庆市智能交通物联网大数据服务平台、成都重大危险源安全监管信息平台已平稳运行；我国无源超高频 RFID 的涉车应用规模较大，在全球处于领先地位，其中重庆无源超高频 RFID 的涉车综合应用规模为全球最大。

沿海地区面向港口物流等区位特征的应用效果明显，我国已建成跨国进出境货物质量管理、溯源服务、第三方进出口商品溯源鉴别、智能电子标签免检通关等物联网应用平台。此外，沿海地区的企业资本运作、创新更为活跃，应用市场化程度优于中西部地区，对市场的信心普遍较强，技术和应用更易于贴近市场需求。

1.2 住房和城乡建设事业

住房和城乡建设工作直接关系到我国经济社会发展大局，关系到广大人民群众的切身利益。在新时代、新形势下，随着大力实施创新驱动发展战略、推动新型城镇化建设、加速现代化经济体系建设和实现高质量发展，住房和城乡建设系统各项工作在稳增长、促改革、调结构、惠民生、防风险、美环境中的作用越来越凸显。

住房和城乡建设领域已经成为经济建设的重要战场。推动城镇化提速提质发展，可释放出巨大的投资和消费需求。建筑业作为支柱产业的支撑作用日益凸显，建筑业的增加带动了 GDP 增长，经统计，2018 年建筑业占 GDP 的比重为 6.9%（数据来源于国家统计局）。房地产和市政服务业在促进经济发展和改善群众住房条件方面发挥着重要作用，房地产投资在民间投资中占很大比例，统计 2019 年 1—6 月的数据，其占比达到 34.17%（数据来源于国家统计局）。城市老旧小区改造和农村人居环境改善是当前和今后城市经济发展新的增长点。

住房和城乡建设领域已经成为经济转型升级的主载体。近年来，我国大力实施城乡基础设施和基本公共服务均等化、新型城镇化和城乡一体化等，有力助推了经济转型升级。同时，推动了 BIM 技术、物联网、人工智能在工程建设项目设计、施工、运维、装配式建筑、绿色施工等方面的应用。

住房和城乡建设领域已经成为改善民生的主渠道。党的十九大报告提出，要在发展中补齐民生短板，在幼有所育、学有所教、劳有所得、病有所医、老有所养、住有所居、弱有所扶上不断取得新进展。其中，实现“住有所居”是最大的民生问题。

住房和城乡建设领域已经成为依法治国的主抓手。深化法治政府的建设，扎实推进城市执法体制改革，特别是在住房和城乡建设、环境保护管理、市场监督管理、交通管理，以及水务管理方面依法设定的、与城市管理密切相关的行政处罚权，由城市管理综合执法机构集中统一行使后，住房和城乡建设部门承担的任务更重、责任更大。

住房和城乡建设领域已经成为生态文明建设的主力军。从处理垃圾污水、改善人居环境、发展绿色建筑、治理施工扬尘，到综合治理城市、建设美丽乡村、防治大气水土壤污染、推行垃圾分类和厕所革命等，住房和城乡建设部门职能已涉及生态文明建设的方方面面。

党的十九大对党和国家事业发展做出了顶层设计，住房和城乡建设事业是党和国家事业的重要组成部分，因此，住房和城乡建设领域不能只停留在各企业信息化项目建设的自发层面，需要从全局的角度出发，对城乡建设事业在新型城镇高质量发展、生态建设、民生保障与改善等各方面统筹规划，从国家层面出台纲领性文件，形成统一的目标和路径。

1.2.1 主要发展目标和任务

改革开放 40 年来，城镇化进程波澜壮阔，城乡面貌发生了翻天覆地的变化。住房制度、建筑业体制、城乡规划建设管理体制等改革深入推进，住房和城乡建设事业在改革大潮中不断发展前进，群众居住条件显著改善，城乡建设成就斐然，建筑业快速发展，规模明显扩大。

建筑业信息化是建筑业发展战略的重要组成部分，也是建筑业转变发展方式、提质增效、节能减排的必然要求，对建筑业绿色发展、提高人民生活品质具有重要意义。

住房和城乡建设部于 2016 年发布的《2016—2020 年建筑业信息化发展纲要》中提出了要全面提升建筑业信息化水平，加强大数据、云计算、物联网、智能化、移动通信等信息技术的集成应用能力，建筑业网络化、数字化、智能化取得突破性进展，初步完成一体化行业监管和服务平台建设，数据资源利用水平和信息服务能力得到显著提升，形成一批具有较强信息技术创新能力和信息化应用达到国际领先水平的建筑企业，以及具备关键自主知识产权的建筑业信息技术企业。

住房和城乡建设部于 2016 年 7 月发布了《住房城乡建设事业“十三五”规划纲要》(以下简称《规划纲要》)，明确了“十三五”时期全面推进住房城乡建设事业持续健康发展的总体要求和主要目标，从 13 个方面提出了五年规划的重点任务和重大举措，内涵丰富，精心谋划，行稳致远，为“十三五”时期住房城乡建设事业做出全面安排部署[2]。

《规划纲要》是全面建成小康社会、实现第一个百年目标的收官规划，也是我国经济发展进入新常态下的首个五年规划。与“十二五”专项规划相比，《规划纲要》是依据党的十八大和十八届三中、四中、五中全会精神，根据中央城市工作会议对住房和城乡建设工作提出的新的目标和要求编制的五年规划，包含了住房和城乡建设事业的各项工作，综合性更强、含金量更高，是指导住房和城乡建设事业改革与发展的全局性、综合性、战略性规划。

综上所述，城乡建设应结合住房和城乡建设发展目标规划，依托物联网相关技术，提升城市基础设施建设水平，提升城市承载力和系统化水平，用统筹的方式、系统的方法加强城市基础设施建设。

1.2.2　住房和城乡建设领域物联网应用

1. 小网连家庭

在过去，个人计算机和手机是人们和数字世界连接的最主要方式。但现在以至未来，人们不再只依靠它们来连接，而是可以依靠冰箱、电视、手表等和数据世界发生联系。下班到家，门开的时候，房间灯已经打开，空调或取暖设备将自动调整房间温度，而音箱里已经开始播放温馨的音乐。房间很干净，因为扫地机器人已经将房间打扫了一遍。随着物联网的进一步发展，家庭的智能，也不仅是完成指定任务，而是更充分地与人互动。冰箱可以告知牛奶已喝完，智能洗衣机可以告知该补充洗衣液。智能家居系统，通过家庭电器的相连实现了房间的智能化。

物联网正在以多样化的形式渗透到人们的生活当中。2017 年全球共有 840 万个物联网（IoT）在全球范围内使用，比 2016 年增长了 31%，2020 年达到 204 亿个。这是通过互联网传播的大量智能设备，它对人们的家庭生活产生了影响，人们的生活和世界将会发生巨大的变化。下面通过一些现实案例说明物联网技术给人们生活带来的改变。

1）智能家居

清晨，在舒缓的音乐中慢慢苏醒。智慧家电动窗帘缓缓开启，温暖的阳光洒满卧室。智能系统为我们提示今日的天气情况，并分享晨间新闻资讯。穿戴整齐后，准备出门，便用手机一键开启离家模式。灯光渐渐关闭，电视、空调等家电设备开始休息，安防系统（水浸传感器、燃气传感器等）进入戒备状态，时刻监测家中的状况，一有情况便会汇报到我们的手机上。天气总是阴晴不定，上午还是晴天，这会儿却暴雨骤降，衣服和鞋子还晾在阳台，人却还在公司开会。不用担心，风雨传感器感知到风雨后，会联动开窗器把窗户关闭，毫不费力地解决此类突发状况。回家途中用手机将智能系统开启回家模式，空调自动运行调节室内温度，热水器自动加热，窗帘徐徐拉开。到家后智能门锁开启，可实现一秒入户，门厅感应灯自动打开。在看电视时，客厅智能照明设备轻轻松松营造出电影院的观影氛围，灯光亮度自适应慢慢降低，窗帘自动缓缓拉下。夜深了，躺在床上倦意袭来，如果不想起身，只要说句“我睡觉了”，智能系统就能立马开启睡眠模式，将卧室里的所有灯光关闭，同时将电视关闭。人们在安心睡觉的同时，安防系统默默地守护着家庭的安全。就这样，轻松度过了舒适的一天。

智能家居可为人们提供一个舒适、安全、方便和高效的生活环境，这是在互联网环境里物物相连的体现，即通过物联网技术将家中的各种设备（如音视频设备、照明系统、空调控制系统、安防系统、窗帘控制系统、影音服务器、影柜系统、数字影院系统、网络家电等）连接到一起，提供家电控制、环境监测、防盗报警，以及可编程定时控制等多种功能。智能家居与普通家居相比，除传统家具的居住功能外，还具备全方位的信息交互功能，甚至可以节约各种能源费用[1]。

2）家庭安全

“高大上”的企业级应用通过物联网技术逐渐走进普通家庭，安全监控系统的引入则进一步保障了家庭安全。现在，不论房子有多大，通过安装几个家庭监控摄像头，就可以完成家庭监控系统的搭建。这些摄像头通常配置广角镜头，并内置移动传感器和夜视仪等先进功能，可拍摄 720P 或 1080P 画面的视频，还可以通过手机应用随时随地查看室内的状态。

物联网门锁是家庭安防的第一道防线，具备强大的功能，如多种开锁方式、防盗警报、亲情提醒、家居联动等功能，适用于家庭的每一个成员。

除了家庭监控系统用到的摄像头，家庭安全设备还包括智能门铃（内置摄像头）、窗户传感器、烟雾探测器等。这些设备与监控摄像头配合使用，可以增强家庭的安全防护，减轻安全隐患。

3）家庭医生

物联网技术不单应用在运动和健身监测方面，也已经涉及个人健康与护理领域。

清晨，一支牙刷也可以通过蓝牙与智能手机连接，智能系统可以根据用户刷牙的数据生成分析图表，估算口腔健康情况。夜里，随着困意来袭，灯光自适应由亮变暗，空调调至合适的温度；睡眠监测器开始记录睡眠状态并生成健康报告发送至手机 App，让人们能够随时掌握自己的健康状况。

对于有老人的家庭来说，可以在卧室装一个紧急按钮。当老人半夜身体不舒服的时候可以按下紧急按钮求助，子女便可以及时赶到老人身边进行处理。另外，血糖分析仪等家用自检设备也可以实现基础的自我护理及保健应用功能。

科技改变生活，物联网技术已悄然应用在人们的生活中，通过对物联网家居设备的使用，各种看似烦琐的事情都变得轻松与舒适。我们相信，未来的家庭生活会因物联网不断地应用开发而变得更加美好。

2. 中网连社区

目前，我们正处于一个技术日新月异、消费不断升级的时代。大数据、物联网、区块链、5G、人工智能等概念不断涌现，让“好社区”不断被重新定义。“互联网+”背景下的“智慧社区”之所以受到人们的广泛关注，是由于其能够为人们的生活带来很多的愉悦和便利，改善人们的生活质量，提高人们的生活幸福感。

然而，人们对“智慧社区”的认识还存在一些分歧。一些“智慧社区”项目缺乏大数据管理平台的支撑和售后服务，只是简单地在智能产品上安装应用；还有一些“智慧社区”项目仅针对单一场景应用，因此可控性较差，缺少产业链上下游融合与延伸服务。究竟什么样的社区才能叫作“智慧社区”？真正意义上的“智慧社区”不是简单地安装智能单品，而是为满足人们的智能化需求提供一个系统的解决方案。

首先，坚持以问题为导向，优先解决人民群众日常生活中迫切需要解决的痛点和难点，提出合理的解决方案。如居民用水、电、气的安全。其次，要网络互通，“智慧社区”不是简单地通过宽带网络建设控制家居设备，而是要构建“以人为本”的系统工程，通过信息化技术手段预判生活中潜在的安全风险，涉及人们日常生活的方方面面，如监控燃气、水、电的安全风险，让住户能够通过自动监控及时采取防范措施，或在风险刚发生时就让住户知晓，这比自动窗帘、自动关灯、自动开关空调等功能更重要。只有充分考虑社区居民的实际生活需求，才能使相关系统更好地实现互联互通、惠民利民。

围绕“便民、惠民、利民”的原则，打造“智慧社区”的基础设施与网络、高效便民的智能服务体系、安全可靠的社区管理服务体系，实现社区居民“吃、住、行、健、购、娱”生活六大要素的网络化、数字化、智能化、互动化和协同化。一方面，能够显著提升社区安全管理的能力和水平，夯实智慧城市建设的基础；另一方面，也可以大大提高社区居民公共服务的质量和效率，给居民带来更多的获得感和幸福感。

1）构建智慧社区布控的三道防线

通过在社区出入口、公共区域，以及单元门布设监控终端和人脸自助核验门禁智能终端，构建“前端安防设备+人工智能+大数据”的立体化治安防控体系，形成“智慧社区”的三道防线，做到“人过留像、车过留牌”，不仅对社区安全进行了全方位监控保障，而且为公安部门开展缉查布控等相关业务提供数据支撑。智慧社区布控图如图 1-4 所示。

出入口：智慧社区的第一道防线是出入口的安全防控，由出入口车辆卡口、人脸自助核验闸机组成，可以实现陌生人提醒、尾随告警及重点目标布控告警。

公共区域：在社区内固定安装一些监控摄像机，全覆盖社区公共区域，进行 24 小时监控值守，可随时掌握人员车辆的活动情况，并对危险区域发出警告。

单元门：为每栋社区楼宇单元门安装人脸自助核验门禁、半球摄像机与烟感探测器，提升安全防护，杜绝消防隐患。

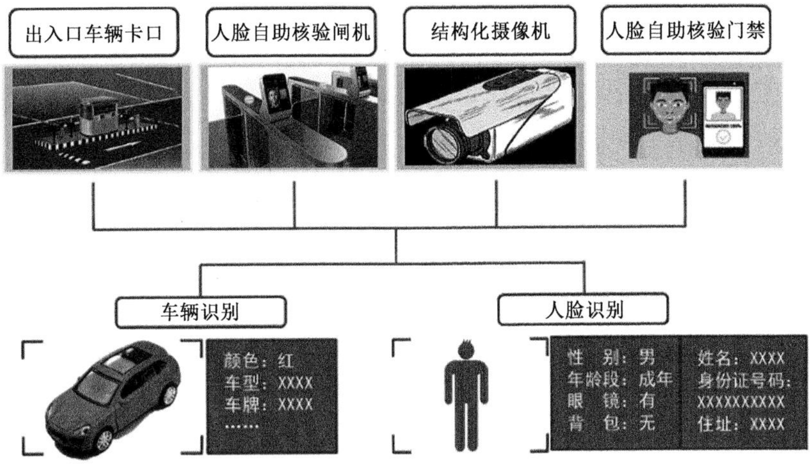

图 1-4　智慧社区布控图

2）打造智慧社区管理的三类应用

（1）对于社区工作人员。

充分利用信息化手段，建设云平台、视频监控平台、视图库平台，搭建基于电子地图的“智慧社区”房屋、人口、车辆、动态人像及事件的可视化数据库，实现“智慧社区”在人口管理、车辆管理及治安防范等方面的效率和质量的提升。

实有人口管理：采用多种登记方式，督促社区居民主动登记个人信息。如物业上门登记、手机 App 自助登记、手机 App 开门功能自助开通、“刷脸开门”登记等。通过多种信息化手段完成人员数据的动态管理，形成社区工作人员人口登记工作闭环。利用平台对前端门禁设备、监控设备等数据的采集与分析，实现社区人物轨迹跟踪、人员性质分析，并将分析结果推送到辖区工作人员的手机 App 中，完成居民信息核查。

通过社区人员登记信息、社区出入情况，以及房屋信息的关联关系，分析得出房屋性质是属于自住还是出租，租户形式是群租还是合租等，协助工作人员进行房屋信息采集与核查，提升人口数据、房屋数据的准确性，优化人员管理模式，整治群租乱象。

机动车管理：通过出入口车辆卡口设置，实现不停车通行、社区车辆信息采集与管控、空余车位统计等功能。针对外来车辆，可使用空余车位感知设备，对外来车辆进行停车引导，缓解社区、老旧小区“停车难”的问题。

非机动车管理：通过搭建智能电动车棚，可实现出入口“刷脸开门”、非机动车充电保护及消防联动等功能。同时，针对非机动车失窃问题，一方面，闸机“刷脸开门”的功能限定了社区出入人员的范围，实现无人值守的同时也降低了电动车偷盗事件的发生概率；另一方面，“GPS/北斗+LBS”的定位模式可以对车辆进行轨迹跟踪，上锁双保险。

（2）对于社区居民。

全新的社区管理模式不仅为社区竖立起一道牢固的安全防护体系，而且“智能车棚”“刷脸开门”也为社区居民的出行、居住带来了极大的便利，社区品质也得到了提升。

（3）对于住区/街道、物业。

利用各种智能技术和方式，整合社区现有的各类服务资源，能够更精准地了解社区居民信息，及时开展孤寡老人关怀、健康讲座、儿童放学通知等活动，为社区居民提供更多人性化、定制化服务。

智慧社区是“智慧城市”的一个“细胞”，智慧社区的建造将“智慧城市”的概念引入了社区，以社区大众的幸福感为起点，通过打造智慧社区为大众提供便利，加速和谐社区的建造，推动区域社会进步。智慧社区将是一个以人为本的智能服务体系，能够让居民充分享受社会现代化发展的成果，引领社会发展进步。

3. 大网连城乡

当前，全球正在兴起新科技革命和产业变革，以互联网、云计算、大数据、物联网、5G、区块链为代表的新一代信息技术，正快速向装备制造、建筑家居、物流交通、环保节能、农业食品、电子消费、文化教育、生活服务等领域广泛渗透。中国正处于城镇化加速发展的时期，一些地区“城市病”日益严重。为更好地解决城市发展中遇到的问题，实现城市可持续、高质量发展，建设智慧城市已成为中国城市发展的必然趋势。

智慧城市的概念源自 IBM 公司 2008 年提出的智慧地球的理念，是在数字城市基础上结合物联网技术的产物，被认为是信息时代城市发展的方向，是新的城市发展建设模式，其实质是充分运用云计算、大数据、物联网、空间地理信息、5G 集成等新一代信息技术，打造集城市规划、设计、建设、管理和运营服务于一体的智慧化体系，推动城市运行系统的网络化、高效化、智能化，为城市居民创造更加美好的生活，使城市发展更加和谐、充满活力[3]。

2008 年为智慧城市的起步阶段，其建设的重心是通过政府内部系统改造来实现政府管理效率的提升。第二阶段，智慧城市建设的重心则是面向自然人、法人和城市管理者的不同需求搭建多样化的融合服务平台。今天，城市变得越来越复杂，面对这样一个复杂的体系，智慧城市发展到第三阶段。第三阶段在第二阶段的基础上，围绕城乡建设的重点、痛点与难点，助力智慧城市建设，让城市成为智慧的有机体。

以深圳为例，这个迅速崛起的城市面临最严重的“城市病”是交通堵塞。为此，政府“对症下药”，引入中国平安的“智慧交通”平台，并将其应用在城市道路拥堵预测、道路违法识别、现场事故远程定责及信息共享等多个场景，有效引导市民错峰出行，缓解了一定的交通压力。据监测数据显示，在“五一”深圳大鹏半岛试点期间，车速整体提升 51.5%。

以北京为例，奥运会对北京经济的带动作用明显，城市面貌发生了翻天覆地的变化，城市发展正处在一个新的历史起点上。为应对首都“大城市病”的治理需要，强化城市精细化管理，北京积极探索物联感知、数据驱动、众创共治的城市治理新路子，创新了智慧城市建设和社会管理方法，提出了建设基于感知、分析、服务、指挥、监察“五位一体”的城管物联网平台，开启了基于创新 2.0 的公共服务模式、感知数据驱动的高峰勤务模式和“巡查即监察、巡查即录入”的工作模式，加强服务能力建设，增强与公众的互动和与社会的协同，提高快速响应群众诉求的能力和处理突发事件的能力，提高城市管理的精细化、智能化、社会化水平，实现从数字城管向智慧城管的跨越。

第 2 章

物联网在城乡建设领域的关键技术

2.1 感知技术

2.1.1 基本概念

物联网的感知层，主要研究的是关于从物理世界获取环境信息，并对其进行识别和处置的一门多学科交叉的现代科学与工程技术。

感知功能是构建整个物联网的基础，感知层由基本的感应器件（如 RFID、传感器、摄像头、GPS 等基本标识和传感器件组成）及感应器组成的网络（如传感器网络，包括 NB-IoT、Wi-Fi、ZigBee 等）两大部分组成。

感知层的关键技术和设备包括传感器和 RFID[4]。

1. 传感器

1）传感器的作用

传感器是物联网中获取信息的核心设备，它利用各种机制把被测信号按照一定规律转换为电信号，然后使用相应的信号处理装置进行处理。常见的传感器包括光敏传感器、声敏传感器、气敏传感器、化学传感器、温敏传感器等。

2）传感器的分类

传感器的种类众多，不同类型的传感器往往可以用来测量同一种被测体，而同一原理的传感器又可测量多种物理量，因此传感器有多种分类方法。

按被测量分类，可以分为机械量传感器（测量位移、力、速度、加速度等）、热工量传感器（测量温度、热量、压力、液位等）、物性参量传感器（测量酸碱度、浓度、黏度等）和状态参量传感器（测量裂纹、磨损等）。

按测量原理分类，可以分为电阻式、电容式、电感式、光电式、压电式、磁电式、激光、光纤、超声波等传感器。

按信号变换特征分类，可以分为结构型传感器和物性型传感器。结构型传感器通过改变传感器结构参量来实现信号的变换，如电容式传感器的容量随电极间距的变化而变化；物性型传感器是通过改变传感器原材料本身的物理性质来实现信号的变换的，如生活中常见的水银温度计，通过水银热胀冷缩的物理特性来测量温度。

按能量关系分类，可以分为能量转换型传感器和能量控制型传感器。能量转换型传感器直接由被测对象输入能量推动其工作，又称为有源传感器，如光电池、热电偶等；能量控制型传感器利用外部获取的能量推动其工作，又称为无源传感器，由外部提供激励源，如电感式、电阻式传感器等。

按工作原理分类，可以分为多种传感器，如电学式传感器、磁学式传感器、光电式传感器、电势型传感器、电荷传感器、半导体传感器、谐振式传感器、电化学式传感器。电学式传感器常用的有电阻式传感器、电容式传感器、电感式传感器、磁电式传感器及电涡流式传感器等，是应用范围较广的一种传感器；磁学式传感器主要是利用磁铁物质的一些物理效应制成的，适用于位移、转矩等参数的测量；光电式传感器利用光电器件的光学原理和光电效应制成，在非电量电测及自动控制技术中占有重要的地位，适用于位移、光强、浓度、光通量等参数的测量；电势型传感器利用光电效应、热电效应、霍尔效应等原理制成，适用于温度、速度、光强、热辐射等参数的测量；电荷传感器基于压电效应原理制成，适用于力及加速度的测量；半导体传感器基于半导体的压阻效应、磁电效应、内光电效应、半导体与气体接触产生物质变化等原理制成，适用于温度、压力、湿度、磁场、加速度和有害气体的测量；谐振式传感器基于改变机械或电的固定参数来改变谐振频率的原理制成，适用于压力测量；电化学式传感器是在离子导电基础上制成的，按照其电特性的形成不同，电化学传感器可分为电位式传感器、电量式传感器、电导式传感器、电解式传感器和极谱式传感器等。

3）常用传感器

物联网在不同行业应用中有不同的需求，需要采集不同类型的参数，以农业物联网中常用的传感器为例，主要有以下几种。

监测大气环境的温湿度传感器、光照度传感器、CO_2 传感器、O_2 传感器、降雨量传感器、风力风向传感器；监测土壤环境的土壤湿度传感器、土壤 pH 值传感器、土壤墒情传感器；监测水环境的 pH 值传感器、浊度传感器、氨氮传感器、液压仪传感器、液位仪传感器、流速计传感器等。

2. RFID

RFID 的全称是无线射频识别，又称为电子标签。RFID 技术由雷达技术衍生而来，是一种非接触式的自动识别技术，可以通过射频电信号识别目标对象并获取相关数据，该技术主要用来为物联网中各物品建立唯一的身份标志。

20 世纪 90 年代，RFID 技术在多个领域得到了广泛发展，其基本原理是利用射频信号和空间耦合（电感耦合或电磁反向散射耦合）或雷达反射的传输特性，实现被识别物体的自动识别。RFID 是一种基于无线电波的非接触式信息快速交换与存储技术，通过无线通信结合数据访问技术，实现了非接触式的双向通信，从而达到识别的目的，识别工作适应于各种恶劣环境，无须人工干预。RFID 技术可识别高速移动的物体，也可同时识别多个标签，操作和使用便捷。RFID 技术从诞生到落地，为各类产品提供了技术支持，如感应式电子晶片、感应卡、非接触卡、电子标签、条形码等。

电子标签（RFID）网络系统由标签、RFID 阅读器、数据传输和处理系统 3 个部分组成[6]。

1）标签（Tag/Electric Signature）

标签也被称为智能标签或电子标签，由耦合元件和芯片组成，芯片中存有可以识别目标的信息。标签具有持久性、信息接收与传播穿透性强、存储容量大、种类繁多等特点。有些标签支持读与写功能，目标物体的信息可以随时被更新。

2）RFID 阅读器

在射频识别系统中，根据标签是否可以无线改写数据，RFID 阅读器又被称为读出装置、通信器、扫描器、阅读器。

RFID 阅读器通过天线与标签进行无线通信，可以实现对标签识别码和内存数据的读出或写入操作。

3）数据传输和处理系统

阅读器和应答器耦合的方式有多种，应用较为广泛的是电感耦合，阅读器和应答器天线部分的电感线圈通过电磁场进行信息传输[7]。

2.1.2　技术发展及应用发展趋势

近年来，感知领域的技术及应用发展呈现趋势如下。

1. 传感技术不断取得进步

当前传感器与新型电子技术、集成技术，如 MEMS（微机电系统）的结合，已成为当前传感器领域关注的新趋势。利用这种结合，可以在极小的空间中实现电源、通信、信号收集处理等复杂的功能，如 iPhone 手机中同时装有麦克风、电子快门、陀螺仪等多个 MEMS 传感器。

除了与微机电系统结合，传感器还结合仿生信息学创新出诸多应用，如法国研制出的视觉晶片，可以模仿人类眼睛的视觉能力，具有快速、灵活、高效的图像处理能力。奔腾处理器每秒可以处理数百万项指令，而这种视觉晶片每秒可以处理约 200 亿项指令。这种仿生视觉晶片将带来感测与成像的革命，将在国防领域得到广泛的应用。

随着 CAD 技术、MEMS 技术、信息理论及数据分析算法的发展，新一代的传感器系统必将朝着微小型化、多功能化、智能化和高带宽无线网络化的方向发展。

2. 行业领域应用取得突破

当前，传感器广泛应用在资源探测、环境监测、医疗诊断、家用电器、安全保卫、农业现代化、军事等领域。

例如，在军事领域，美国为 F-22 战机装备了新型的多谱传感器，实现了全被动式搜索与跟踪，提高了战机的性能与作战能力，可在各种恶劣天气（如大雾、烟、暴雨等）下使用，不仅可以全天候作战，还提高了隐身能力。英国在航天飞机上使用了上百种传感器，装配总数达到 4000 多个，用于航天器的信息监测，验证设计的正确性，并可以及时地诊断遇到的问题。日本通过“雷达 4 号”卫星传感器，24 小时对地面目标进行拍摄。

在民用领域，汽车行业是物联传感技术应用最为广泛和成熟的行业之一，以奥迪、特斯拉为代表的汽车企业，其传感器应用数量、水平和能力都达到了很高的水平，而随着车联网的需求，谷歌等公司对于无人驾驶技术的研究必将产生新的突破。在汽车行业之外，其他行业对于传感器的使用也日渐普及。

在工业领域，工业 4.0 等概念的提出，为工业互联网、工业大数据、智能制造指明了方向，而传感技术就是这些发展方向的内容和基础。

2.2 GIS 技术

2.2.1 基本概念

1. 定义

地理信息系统（Geographic Information System，GIS）是一种专业的计算机系统，主要应用于空间数据的处理，并集采集、存储、管理、分析和表达于一体，它不仅是一个分析工具，同时也是一门科学技术，能表示、模拟现实空间世界，并进行空间数据处理分析。简而言之，GIS 可以理解为将现实世界微缩为计算机信息模型，供各种条件下的查询、分析及决策等。

地理信息是表征地理环境中固有要素或实体的数量、质量、分布、联系，以及规律的数字、文字、图形和图像等的总称。

2. 主要组成部分

从应用的角度，GIS 主要由硬件、软件、数据、人员、应用模型组成。其中，软硬件为地理信息系统的建设提供基础环境；数据是 GIS 的核心内容；人员是系统建设中的关键因素，对其他几个组成部分有直接的影响；应用模型则为 GIS 建设提供可靠的解决方案。

1）硬件方面

硬件是指能够运行 GIS 软件的整体环境。如今，硬件环境也在不断地发展，从中央计算机服务器到桌面计算机，从单机到网络环境，GIS 软件可实现在不同类型的硬件上运行。

硬件组成部分主要包括处理设备、输入设备、输出设备、存储设备等内容（见图 2-1）。

2）软件方面

GIS 软件能够实现地理信息的存储、分析和显示等功能。GIS 软件组成部分主要包括操作系统、系统库、标准软件、GIS 基本功能软件、GIS 应用软件等（见图 2-2）。

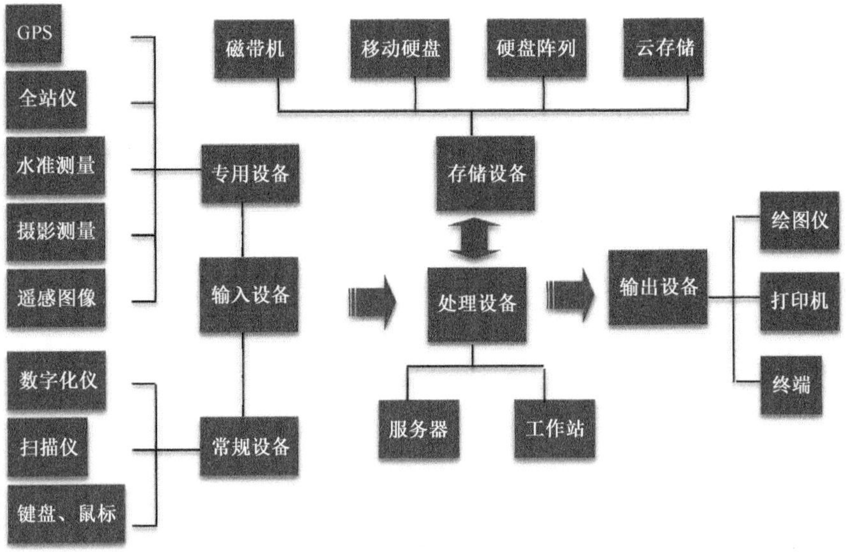

图 2-1 硬件组成部分

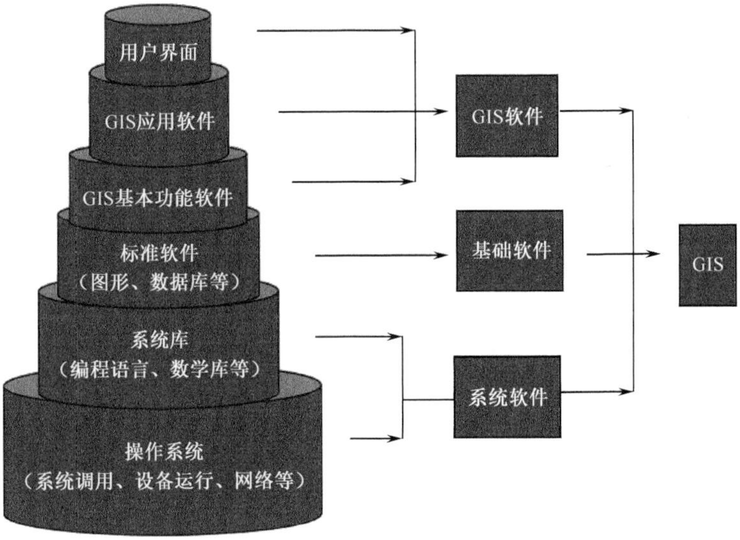

图 2-2 GIS 软件组成部分

3）数据方面

GIS 系统中最核心的部件为数据。地理空间数据、相关的属性数据可以通过采集的方式获取，也可在合法合规的商业数据提供者处购买。GIS 可将空间数据及其他数据源的数据集成在一起，而且可以使用空间数据库管理系统来管理空间数据。

GIS 数据是一个地理信息的空间数据集，其特征主要包括几何、属性、时间等，主要采用矢量数据、栅格数据进行数据组织。

（1）在直角坐标系中，矢量数据是通过 *X* 坐标和 *Y* 坐标来表示地理实体的位置或地图图形的数据。一般来说，矢量数据可以通过记录坐标的方式尽可能准确地表达地理实体的空间位置。矢量数据是计算机中以矢量结构存储的内部数据，是跟踪式数字化仪的直接产物。

（2）栅格数据。

将空间分割成有规律的网格，每个网格被定义为一个单元，栅格数据就是通过赋予每个单元相应的属性值来代表实体的一种数据形式。

无论是使用矢量数据还是栅格数据来存储地理数据，都有其优点和缺陷。现代的 GIS 都可以处理这两种数据。

4）人员方面

GIS 的人员范围很广，包括规划、设计、咨询、建设、管理、维护等各阶段的技术专家，还有实际使用者在内的所有人员。

5）应用模型

GIS 的应用模型，就是按照实际的应用目标和问题，依托于 GIS 本身的技术优势，将观念世界中形成的概念模型转化为信息世界中可操作的机理和过程。其主要模型包括地理参考系统、专业数学模型。

这种模型的构建，不仅是解决实际复杂问题的必要途径，也是 GIS 取得经济和社会效益的重要保证。

2.2.2 技术发展及应用发展趋势

1. 技术发展

GIS 是空间技术和信息技术的交叉学科，相关领域的研究热点都有可能成为 GIS 的发展趋势。GIS 经过多年的发展，已从最开始的辅助绘图技术，发展到了基于物联网、大数据和云计算技术的地理信息服务，融合了智慧城市、交通运输、资源环境、商业金融等人类社会多维度元素。GIS 技术的发展方向，一直备受产业界和学术界的关注。国际咨询机构 Gartner 的研究报告表示，最有影响力的技术趋势都与 GIS 有关。分析和掌握 GIS 技术的发展方向，对于理论研究、技术研发和产业发展都具有重要的参考价值。

1）云 GIS

云（Cloud）逐渐成为 GIS 基础资源，越来越多的用户将其整个 GIS 业务系统完全部署到云端。利用云服务的功能优势，有效地将空间数据通过 Web 服务的方式进行管理和使用。

云 GIS 通过对云平台中 Web 服务进行编辑、制图和数据分析来实现对 GIS 服务的弹性使用，减少对局域网数据库中的空间数据依赖。这种方式的根本目的是通过基础设施即服务（Infrastructure as a Service，IaaS）和平台即服务（Platform as a Service，PaaS）的支撑，使得 GIS 资源可以集中存储和有效利用。

2）BIM+GIS

随着智慧城市的不断推进，单一技术已不能满足未来城市的管理和建设需求，多种技术的融合和集成将是必经之路[8]。建筑信息模型（Building Information Modeling，BIM）用于整合单栋建筑的精确模型，管理整个建筑物全生命周期的信息，GIS 则为当今城市的建设和管理提供了基础框架。

BIM 与 GIS 的跨界融合为城市的建设管理提供了新的方法和手段。BIM 全生命周期的管理需要 GIS 的参与，BIM 也将开拓三维 GIS 的应用领域，把 GIS 从宏观领域带入微观领域。

“BIM+GIS”应用涵盖 BIM 的全生命周期，包括 BIM 的规划、设计、施工、运维等各个阶段。为了应对 BIM 与 GIS 融合的技术难题，SuperMap GIS 研发了 BIM 主流数据的无损接入、超百万级 BIM 模型实时绘制、BIM 数据到 GIS 平台厘米级精准匹配等关键技术，推动了三维 GIS 在建筑、隧道、大坝、桥梁等工程领域的应用和发展，为“BIM+GIS”应用提供了强有力的技术支持和平台支撑。

3）室内导航

室内导航与定位系统是指在室内空间中采用不同技术来实现人员导航，以及对人员、物体的定位与跟踪。随着物联网技术的发展，人员、物体在个人活动、经济和军事等应用领域的定位需求越来越多[7]。相较于 2D 地图，3D 室内地图还能为物联网的发展提供室内空间信息数据，方便各个场景的管理人员直观地获取信息。

目前大多数的室内导航定位系统是基于指纹定位、三角定位、多边定位、临近探测法来实现的，也可采取组合定位的方法提高精度。多数室内定位技术的原理是根据信号的接收时间判断已知信号点与接收机的相对距离，主要包括基于传感器、射频信号、融合定位等室内定位技术。

2. 应用发展趋势

随着人们对空间数据信息认识的加深及数字化产品的普及，GIS 应用的深度和广度将进一步加深和拓宽。GIS 在众多领域都将扮演重要角色，不仅能帮助人们解决全球环境变化和区域可持续发展等重大问题，而且将呈现社会化的应用趋势，为人们在科研、生产、生活、学习和工作中提供一个全新视角。

1）区域智能化规划

区域规划具有高度的综合性，涉及资源、环境、人口、交通、经济、教育、文化、通信和金融等众多要素，在诸多的信息中筛选出可用的信息并不容易，需要规划人员具备切实可行的技术、掌握实时性强的信息，而 GIS 能为规划人员提供综合性的信息服务。

规划人员可利用 GIS 对土地利用、人口数据、交通流量进行分析，预测未来的道路等级；工程技术人员利用 GIS 将地质、水文和人文数据结合起来，进行路线和构造设计。GIS 软件的空间搜索、多元信息的叠置处理、空间分析和网络分析等功能，可帮助政府部门完成道路交通规划、公共设施配置、城市建设用地适宜性评价、商业布局、区位分析、地址选择、总体规则制定、现有土地规划利用，以及空地、开发区和设施位置等的分析工作，是实现区域规划科学化和满足城市发展的重要保证。

2）城市灾害全流程监测

地理监测是确保地理信息系统中的数字模型准确地反映地理系统变化过程的技术手段，随着传感器网络及物联网（特别是对地观测网络）的发展，如无人机的发展，高时间、高空间、高光谱分辨率的对地观测和多主题、多要素的地理动态监测成为可能，使地理信息系统的数据动态化和实时化，其应用模式也将发生变化。地理监测技术手段的变化也会影响地理建模技术的变化，如倾斜摄影技术和 LiDAR 的发展，地理信息系统需要支持倾斜摄影数据模型和激光点云数据模型，包括数据存储、管理、分析计算和可视化，地理监测和地理建模是相互作用和相互影响的过程。

地理信息是抗灾救灾部署的重要参考依据，为各种救灾措施的实施提供信息支撑，以提高抗灾救灾的效率和精准率，最大限度地减轻灾害造成的损失。

3）智慧城市辅助决策

智慧城市是未来的城市发展方向，其目标是找出更明智的选择，最大限度地提升终端用户的满意度，加快城市社会文化和经济发展建设。智慧城市是知识型城市，有能力通过规划、管理、治理和发展系统促进城市的可持续发展，其中地理空间信息将位于第一线，帮助决策者做出正确的决策。

GIS 已经具备了全面模拟城市的能力，它可以包含数百万个变量，并有能力对这些变量进行地理编码，从而促进城市的规划、管理和发展。在 2019 年印度地理智能展会上，浦那智慧城市（Pune Smart City）的首席知识官 Manojit Bose 表示："发展智慧城市是一段旅程，而不是目的地。其中 GIS 是推动智慧城市向前发展的一种新兴工具。"

智慧城市是城市信息化的高级阶段，由若干个信息系统集成，是体系化的信息系统生态，以 GIS 平台为核心，通过空间关系来表达城市问题，其核心要素和能力为数据集成与融合、可视化表达，以及智能化辅助决策。

2.3 低功耗广域网络技术

2.3.1 基本概念

低功耗广域网络（Low-Power Wide-Area Network，LPWAN）是面向物联网中远距离和低功耗的通信需求开发的一种物联网网络层技术，其技术特点包括：传输距离远，节点功耗低；网络结构简单，运行维护成本低；可连接用户数多。

物联网通过通信技术连接了人与物、物与物。短距离通信技术一般应用在智能家居、工业数据采集等场景，而范围广、距离远的连接则需要用到远距离通信技术。2G、3G、4G 等蜂窝移动网络覆盖距离广，设计之初主要用于人与人之间通信。基于蜂窝移动通信技术的物联网设备有着功耗过大、设备成本过高的短板，承载能力不足以支撑物与物的连接，低功耗广域网络技术的出现，填补了现有通信技术的空白，为物联网的更大规模发展奠定了基础。

低功耗广域网络是发展最快的物联网通信技术，可分为两类，一类是工作于未授权频谱的 LoRa、Sigfox 等技术；另一类是工作于授权频谱下，3GPP 支持的 2G、3G、4G 蜂窝通信技术，如 eMTC（enhanced Machine-Type Communication）、EC-GSM（Extended Coverage-GSM）、NB-IoT（Narrow Band Internet of Things）等。

1. LoRa

1）LoRa 定义

LoRa 是目前应用广泛的 LPWAN 技术之一，这一协议源于 SemTech 公司。LoRa 无线技术可进行 1～20 千米的长距离传输，具有万级以上的节点数、

3～10 年电池寿命、0.3～50kbps 的数据传输速率等特性。LoRa 在 Sub-GHz 的频段更易以较低功耗实现远距离通信，供电方式可以采用电池供电或其他能量收集的方式。较低的数据速率在增加了网络容量的同时也延长了电池寿命，同时 LoRa 信号对建筑的穿透力也非常强。LoRa 的这些技术特性更适合于低成本、大规模的物联网部署。

目前，LoRa 主要有数据透传和 LoRaWAN 协议两种应用情况。数据透传技术仍以 LoRa 技术为主，网关技术和开发的门槛较高，LoRaWAN 协议组网应用的部署还较少。

从 LoRa 网络应用方面看，主要分为大网（广域网）和小网（局域网）。大网就是大面积基础性的网络部署；小网是指使用者自己建设的网络系统，包含节点、网关及服务器。国内运营商基本选择了 NB-IoT 的解决路线，但是非运营商对于 LoRa 网络的兴趣较大，如阿里集团于 2018 年开始致力于 LoRa 技术，腾讯等公司也参与其中。目前深圳等地已实现 LoRa 广域网的覆盖，并基于该网络进行停车收费等业务的应用。

LoRa 技术的产业链比 Sigfox、NB-IoT 等无线技术的产业链要成熟，商业化应用也较早。法国电信运营商 Bouygues 宣布将建设一张新的 LoRa 网络，Microchip 公司宣布推出支持 LoRa 的通信模组，Semtech 公司也相继与 ST（STMicroelectronics）、Microchip 半导体公司合作提供芯片级解决方案，为客户推荐 LoRa 产品，并帮助客户实现 LoRa 无线技术在物联网的应用。2016 年年初 LoRa 联盟成立，是 LPWAN 领域的第一个产业联盟，旨在通过生态系统的建立推动 LoRa 的普及。

2）LoRa 的应用场景

LoRa 最突出的特点是长距离传输，突破了以前需要中继才能解决的覆盖场景的限制，同时要求设备功耗很低，需要电池供电。其应用场景如下。

（1）无线抄表，如电表、水表、气表、热表等。

（2）缓慢变化物理量（温度、水压、$PM_{2.5}$、地磁感应器）超低功耗传感器。

（3）无线报警器（烟雾探测器、热释红外）。

（4）远程 I/O 控制器（灯光控制、空调控制）。

（5）无线转换器。

2. NB-IoT

窄带物联网（NB-IoT）是一种基于标准的低功率广域技术，旨在为大规模分散式设备提供高效率通信和长电池寿命，覆盖辽阔的郊区，甚至深入城市的基础设施当中，为各种新的物联网设备和服务提供网络支持。

1）技术优势

NB-IoT 技术具有超低功耗、深度覆盖、强连接、低成本、安全、稳定、可靠等优势。NB-IoT 一般应用在小数据量、低速率传输场景，大大提高了续航时间，能从过去的几个月提升至几年，甚至是十年以上；NB-IoT 的覆盖能力超强，比 GSM 覆盖高 20dB 增益，相当于提升了 100 倍区域覆盖能力，室内、地下室等物联网应用场景特别适合应用该技术；NB-IoT 穿墙能力较 Cat.4 LTE（3GPP 版本协议）提升了 20dB 增益，在同一基站中，NB-IoT 可以提供的接入数是现有无线技术的 50～100 倍；NB-IoT 可直接部署在现有的 GSM 网络、UMTS 网络或 LTE 网络上，构建蜂窝网络，实现平滑升级，降低建设成本；NB-IoT 安全可靠，可实现双向鉴权、空口严格加密，确保数据传输的安全性，且能提供电信级别的可靠接入，为 IoT 应用和智慧城市解决方案提供有效支撑。

2）产业发展现状

由于 NB-IoT 技术与 LTE 技术的关联性，在网络的部署效率、成本和演进方面具备天然的优势，因而得到广大电信运营商的青睐，成为各运营商物联网部署的首选。

根据相关统计，截至 2018 年年底，NB-IoT 商用网络将达到数十个，并且集中在欧洲和亚洲的大部分运营商。目前国内的三大运营商在积极部署 NB-IoT 的同时，也在力推 eMTC，不过从商用角度来看，在国内 NB-IoT 的布局速度显然会更快。

中国联通采用 900MHz 和 1800MHz 频段来部署 NB-IoT，其中农村将以 900MHz 为主。目前中国联通、中国电信和中国移动均已完成 NB-IoT 在全国的网络部署，提供了对于智能抄表、智能路灯、智能停车等应用的支持。

3. eMTC

增强型机器类型通信（eMTC），也叫作 LTE-M、LTE-机器到机器（LTE-Machine-to-Machine），也就是说，机器之间可以采用 LTE 通信。

eMTC 和 NB-IoT 都是 3GPP 标准下的技术，eMTC 与 NB-IoT 同样使用授权频谱，覆盖增强 15dB，支持高速移动可靠性和拥塞控制，支持独立定位。

eMTC 相比 NB-IoT 有 5 个优势：速率高（上下行最大 1Mbps 峰值速率）、连接态移动性（无缝切换）、可定位（更适用于物流跟踪等场景）、支持语音、支持 LTE 网络复用。在覆盖和成本方面，eMTC 是不如 NB-IoT 的。因此，在具体的应用方向上，如果对语音、移动性、速率等有较高要求，则选择 eMTC 技术，相反，如果对这些方面要求不高，而对成本、覆盖等方面有更高要求，则可选择 NB-IoT，如智能物流、楼宇安防、可穿戴通话等设备适合采用 eMTC 技术。

4. Sigfox

Sigfox 技术由法国的 Sigfox 公司提供，是使用超窄带（Ultra Narrow Band，UNB）技术搭建的物联网设备的专用无线网络。Sigfox 公司致力于成为全球物联网运营商，以自建、与运营商合作等方式搭建网络，为客户提供物物相连的网络、API 接口、云计算及 Web 服务，客户可享受每年每台设备约 1 美元的套餐价格，但 Sigfox 相对封闭，生态系统构建相对迟缓。Sigfox 免费向芯片制造商提供技术，目的是鼓励各芯片制造商开发集成 Sigfox 技术相关的产品，Intel、Texas Instruments、Silicon Labs、Atmel 等公司都开发生产出了支持 Sigfox 技术的芯片产品。目前，Sigfox 物联网络已在法国、西班牙实现了全覆盖，在美国、荷兰和英国也已实现了部分城市覆盖。

2.3.2 技术发展及应用发展趋势

1. 技术发展

LPWAN 是近年来发展起来的一个新兴产业，弥补了传统蜂窝技术的不足，解决了物联网网络广覆盖和大规模的连接问题，加速推动了物联网的应用及规模部署。随着万物互联和网络基础建设的发展，LPWAN 在未来有着巨大的发展潜力。

LPWAN 产业链大致可分为以下几部分（见图 2-3）。

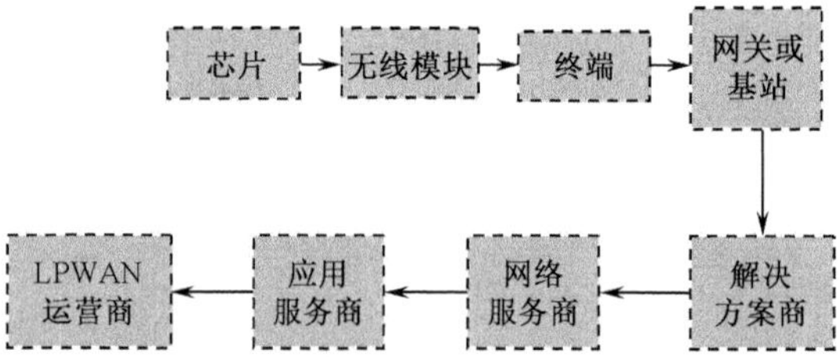

图 2-3 LPWAN 产业链

1）芯片

从 LPWA 技术硬件芯片的角度看，LPWA 技术芯片主要有前端射频芯片和网关芯片两部分。

目前主要使用 LPWA 技术的前端射频芯片情况如表 2-1 所示。

表 2-1 前端射频芯片情况

LPWA 技术	管理机构	标 准	说 明
LoRaWAN	LoRa Alliance	开放标准	射频芯片采用 Semtech 公司的 LoRa 产品
NB-IoT	3GPP	开放标准	射频芯片由多家射频芯片供应商提供
Weightless	Weightless SIG	开放标准	射频芯片由 ON（安森美）提供
Sigfox	Sigfox	独家标准	法国 Sigfox 公司提供技术，射频芯片由多家供应商提供
RPMA	Ingenu	独家标准	美国 Ingenu 公司提供技术，射频芯片由 Maxim（美信）提供
ZETA	纵行科技	独家标准	中国纵行科技提供技术，射频芯片由多家供应商提供

LPWA 技术的网关芯片：在 LPWA 技术中网关或基站部分，LoRaWAN 提供了网关的参考设计，其他 LPWA 技术网关由相关的少数通信公司开发或独家开发。

2）无线模块

受限于较高的技术门槛，一些企业会首先选择采购成熟的模块、产品或方案，无线模块的规模化生产则有助于降低成本。

为避免产品功能同质化带来的价格竞争现象，一些企业会更注重无线模块功能的差异化设计来提升价值，如在无线模块中融入 GPS、BLE 等功能。一些做 LoRa 的企业创新设计，通过系统级封装（System in a Package，SiP）集成了 LoRa、单片机等芯片和电路，不仅缩减了产品的尺寸，还简化了产品设计工艺。

基于 SDR（Software Defined Radio）技术的 NB-IoT 无线模块被相继推出，SDR 的优势是基于已有的硬件环境升级软件就可以实现产品的快速迭代升级，在提升效能的同时也降低了成本。

3）终端

LPWAN 是近几年发展起来的新兴产业，需要 LPWAN 承载更多的终端来推动规模化应用效应的形成，也需要产品、企业、行业间合作，形成生态系统，加速推动 LPWAN 应用的落地。企业也因 LPWAN 终端的发展产生了新的市场发展机会。

4）网关或基站

LoRaWAN 一般称为网关或集中器，NB-IoT 一般称为基站。网关和基站具备无线接入能力，可接入、管理大量设备，均属于无线连接入网的设备。通过网关或基站接入互联网设备，大大提升了终端设备的接入数量，也便于设备规模化管理。

NB-IoT 基站一般由具有资质的企业和运营商进行设计与部署，而 LoRaWAN 网关相对灵活，可由企业自主设计与部署。LoRaWAN 和 NB-IoT 都需要根据规模进行网络部署，规模较大的城域网或全国性网络相较于小规模的局域网，需要投入更多的基础设施建设资金。运营商拥有雄厚的资本和丰富的资源支撑大型网络，完成基站的运营和管理维护，而 LoRaWAN 所需要的运营管理投入相对较少，是企业可以选择的。

部分 LPWA 技术在网关中还采用了软件定义无线电（SDR）技术，如 Sigfox、Weightless 等。

5）解决方案商

解决方案商通常为客户的目标提供一个详细的方案，LPWAN 解决方案商主要提供端到端的连接解决方案，一般运营商主导的解决方案商主要提供 NB-IoT、eMTC 解决方案，企业主导的解决方案商大多提供其他 LPWA 技术。

LoRaWAN 解决方案可依据 LoRa 联盟的协议和 Semtech 公司的参考设计进行开发优化，是比较开放的。一些企业在实际项目中，直接在本地网络上开启了网络服务器（Network Server）功能，或者直接在网关上操作，进行数据解析与读取。这样的方式一般适用于园区管理等小范围的项目，有助于 LoRaWAN 的应用落地，但不利于 LoRaWAN 规模化部署。

Sigfox 的解决方案相对封闭，自主运营物联网络，但由于开放了终端，因此方便了企业产品接入网络。

6）网络服务商

物联网的一个重要应用是数据采集。LPWA 技术具有低功耗、规模化网络接入的能力，秉承轻硬件重后台管理的设计理念，数据的接收与传输通过网关或基站进行，借助云端的计算资源，一些数据的处理和设备的管理由网络服务器负责，并提供相应的接口供应用服务器使用。

运营商负责 NB-IoT 网络的运营与管理维护工作，并提供数据的接口给用户使用。一些企业负责 LoRaWAN 的运营管理与维护工作，考虑到服务器内数据安全问题，采取了本地化数据读取的方式，减少了数据被利用或项目创意被复制的风险，这种做法给网络规模化部署带来了局限性，仅适用于小范围内的项目。数据的存取与管理，实质上是一个可信的问题，需要在人、企业、物之间建立一种相互的可信关系。

Sigfox 网络服务由 Sigfox 公司自主管理运维。

7）应用服务商

网络服务器通过 LPWA 通信技术接收传感终端传输的数据，应用服务器是用户使用物联网服务的入口或操作界面，应用服务则是对数据进行分析处理、可视化管理，并为决策和行动所提供的有效的数据支撑。

随着互联网和移动互联网的发展，应用服务软件发展日趋成熟，同时以多种形态展现出来，如 H5、App、小程序等。然而，由于应用服务软件需求多样，定制开发程度高，成本高，因此可以通过网络平台集约化来减少用户使用的成本。

8）LPWAN 运营商

LPWAN 运营商是指对 LPWAN 运营、管理及维护的服务商。中国 LPWAN 运营商主要是对 NB-IoT 运营、管理及维护的服务商，包括中国移动、中国电信和中国联通。对比其他 LPWAN 技术，中国 LPWAN 运营商拥有超大规模的基础设施建设、网络覆盖及用户数量。

未来，越来越多的电子产品将接入互联网，互联网和物联网运行的网络协议不同，是两张各不相同的“网”。众所周知，互联网常用的网络协议中最重要的一个协议就是 IP 协议，包括 IPv4 和 IPv6，而物联网是非 IP 协议。大部分物联网中“物”使用单片机，其资源受限无法运行 IP 协议，需要将“物”组网后再接入互联网。通常，物联网与互联网的相连是通过网关或基站进行 IP 协议转换实现的。物联网碎片化的重要原因是没有实现通信标准化和规模化，LPWAN 技术的出现给物联网规模化组网提供了技术支撑，这也使得物联网具备了可运营的基础和条件。

9）频谱

国内未经授权的 LPWAN 技术大多采用 470～510MHz 频段，该频段是民用无线电计量仪表使用的频段。2017 年工业和信息化部在《微功率短距离无线电发射设备技术要求（征求意见稿）》中针对 470～510MHz 频段提出“限单频点使用，不能用于组网应用”的规定，给使用免申请许可频段的 LPWAN 运营增添了不确定因素，这个问题在 2018 年的《<微功率短距离无线电发射设备目录和技术要求>公告（征求意见稿）》中实现了完善和修改，但未经授权频段的 LPWAN 的组织问题和管理问题仍需认真解决。

2. 应用发展趋势

低功耗广域网络虽然有数十年发展历史，但进入人们视野不过 3 年左右时间，而这 3 年中产业经历了很多起伏，从百家争鸣到剩余少数几家主流技术的态势。不论是基于授权频谱的 NB-IoT 和 eMTC，还是基于非授权频谱的 LoRa 和 Sigfox，它们最终成为主流技术的主要力量，形成了全球庞大的生态体系，除此之外，低功耗广域网络的市场还会呈现一些新的特点。

1）LPWAN 连接数大幅提高

从目前数据来看，全球蜂窝物联网连接数主要来自传统的 2G、3G、4G 蜂窝网络，未来 7 年，传统蜂窝网络依然会承载大量物联网连接，但 NB-IoT 和 eMTC 会逐渐超过 2G、3G、4G 蜂窝网络，成为主流连接方式。全球移动通信系统协会（Groupe Speciale Mobile Association，GSMA）在 2018 年发布的全球蜂窝物联网连接数预测数据如图 2-4 所示。

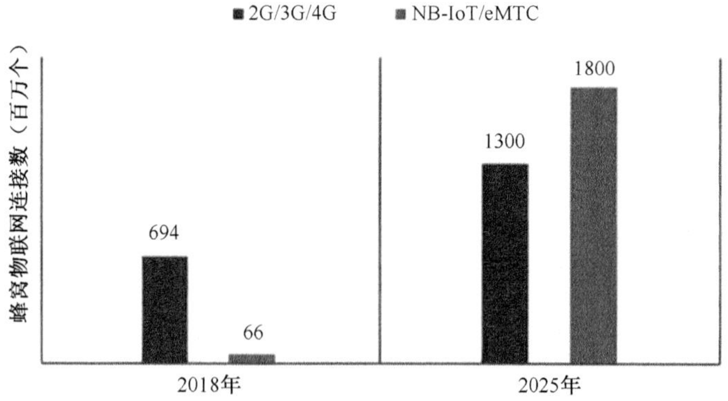

图 2-4　全球蜂窝物联网连接数预测数据（图片来自互联网）

从 GSMA 的预测数据中可以看出，到 2018 年年底，通过 2G、3G、4G 蜂窝网络连接的物联网终端数量为 6.94 亿个，通过 NB-IoT 和 eMTC 这些基于授权频谱 LPWAN 技术连接的终端数为 6600 万个，后者占比只有 9%；到 2025 年，预计 2G、3G、4G 物联网连接数会增加到 13 亿个，而 NB-IoT 和 eMTC 连接数则增加到 18 亿个。

由于传统蜂窝网络仍然承载着大量物联网连接，不少需要高带宽的应用需要 3G 和 4G 网络连接。另外，目前 2G 网络产业链十分成熟、成本极低，使得 2G、3G、4G 蜂窝网络未来数年依然是蜂窝物联网连接的主要承载设施之一，不过其增速比较缓慢，2018—2025 年的年复合增长率仅为 9.38%，而 NB-IoT 和 eMTC 则会随着产业链的成熟，增长速度加快，在接下来的几年中会实现每年超过 60%的增速，使得其占蜂窝物联网连接数的比例从 2018 年的 9%快速增长到 2025 年的 58%，成为蜂窝物联网连接的最主要载体。

由于 LoRa 在建网方面具有灵活性，在全球范围内的产业生态已经逐渐成熟。未来将会有更多的企业加入 LoRa 阵营，特别是对想成为物联网时代新型运营商的公司而言，将会有更大的参与积极性。

2）多样化的运营模式

从目前情形看，提供低功耗广域网络连接服务的厂商已不再是传统电信运营商的“特权”，不同的业务范围和网络规模都有多个新的网络“运营商”参与，形成了多元化的格局。基于低功耗网络的特点，电信运营商一家独大的局面正在发生改变，多样化的需求使得市场上出现了一些不同结构，大致可以划分为运营商级和行业级/企业级两大阵营。

（1）运营商级阵营。

基于全球范围内的网络覆盖能力，运营商级阵营能够快速部署全球性质的低功耗广域网。目前，NB-IoT 和 eMTC 已经成为全球主流运营商蜂窝物联网业务核心基础设施的主要选择。在低功耗广域网络出现之前，拥有跨国网络的运营商就已经在为全球客户提供全球化的 M2M 物联网服务。在授权频谱低功耗广域网络标准研发中，运营商、通信设备商都是积极的支持者、参与者。

与移动互联网时代不同，更多的企业可以参与到低功耗广域网的建设、应用中，而有些产业也不再会出现垄断的局面，如芯片产业，华为海思、高通、MTK、中兴微电子、展讯锐迪科等国内外公司都在积极地研发、量产。

物联网产业链的价值更多的是集中在平台层和应用层，因此在难以撼动运营商、通信设备企业的市场份额时，提供垂直领域的解决方案不失为一种好的切入点，当然，凭借自身的优势，运营商、通信设备企业也在该领域耕耘。技术进步和用户需求上涨在增加了市场容量的同时，也增加了参与者之间的竞争，各领域的佼佼者正在向产业横向、纵向渗透。

（2）行业级/企业级阵营。

与电信运营商主导的 LPWAN 不同，非授权频谱 LPWAN 更多要靠市场的选择来获得生存的机遇，全球有十几种类似的技术，但是真正能够取得成功的也只会是几种，而原因可以归纳为对天时、地利、人和的利用，如时间窗口的把握、地区性的应用拓展、产业生态的打造等。可以预见，当遭遇资金短缺、市场拓展等问题时，大部分非授权频谱 LPWAN 技术将出现难以生存的局面。对于诸如模组类的硬件企业来说，毛利率普遍较低，资金雄厚的企业可以收购小公司，形成规模化的竞争力。

LoRa 的灵活性可以给产业界带来非常多的机会，大量企业可以参与 LoRa 网络运营中，但这将导致碎片化资源和不同标准的产生，互联网巨头在这一领域中充分发挥其云化平台能力的优势，整合这些分散化的运营商资源。

与电信运营商相比，LoRa 可以小范围地按照需要进行部署，但并不是所有企业都有技术能力，或者有自主建设核心网、网管、计费系统的需要，部分企业可以借助第三方现有的云化平台快速实现网络运营。

当 LoRa 等物联网专用网络在全球逐渐完成部署，以及拥有成熟的配套产业链时，将会出现更加小型的组织，甚至个人开始借助这些技术实现其资产的运营，各种轻量级的产品“运营商”的门槛进一步降低，未来物联网将带来各种行业、各种规模的产品“运营商”群体的产业变革。

低功耗广域网的发展离不开标准与产业的协同，标准的建立可以推动产业向有序化、规模化方向发展，而产业的进步会促进标准的完善，二者是相辅相成、相互促进的关系。此外，未来对于低功耗广域网络会形成一些明确的监管措施，对比以往让市场自由发展的历程，相信未来有序监管会成为常态，不仅仅是频谱领域，数据、平台等领域也会迎来监管时代。

3）不同技术之间形成互补

总体上看，不论是运营商级阵营，还是行业级/企业级阵营，产业链属性，如芯片、模组、终端、通信设备、平台、应用、组织都是必不可少的，它们的差异在于参与每个环节的市场集中度、企业成分，以及各类企业在其中发挥的作用程度的不同。

运营商级阵营很容易形成全球性、地区性的低功耗广域网络，这得益于运营商的先天优势及政策的支持，并且随着市场的演进，以及运营商财力的雄厚，完全有可能通过收购等手段整合一系列的产业链环节，最终成为非运营商领域的佼佼者。

但是，从目前的通信网络覆盖来看，运营商并不能覆盖所有地区，诸如环境恶劣的偏远地区，又或者像矿井这样的环境复杂的场景，而这些场景中又需要 LPWAN，同时出于对数据安全的考虑，自建网络在很多场景都非常适用。

LoRa 因其灵活的布网方式很容易受到用户的青睐，众所周知，未来 LPWAN 的市场将会以多样化、长尾化、定制化的方式呈现，其中很大一部分市场将由非运营商阵营来支撑。行业级/企业级阵营将会更加努力地拓展自身网络在全球各地区的版图，整合各种资源，生态的优势将会让市场优势显化，从场景化、本地化逐渐向地区化发展，当然，不同技术之间的竞争也会变得更加激烈。

NB-IoT 和 eMTC 在主流运营商、设备商等行业巨头及国际移动通信标准化组织 3GPP 工作组的积极推动下，很容易实现大范围、全球化的覆盖，聚焦“大市场”。而 LoRa 在中小企业的推动和个性化网络建设的刚性需求下，得以在各场景部署中大放异彩，聚焦“小市场”“长尾市场”。从规模上来看，由于多样化、碎片化的场景需求，未来“长尾市场”也会占据半壁江山，两者在市场上构成互补关系，共同完善物联网网络层，促进物联网行业迅速发展。

2.4　云计算

2.4.1　基本概念

云计算是一种基于互联网，通过虚拟化方式共享资源的计算模式，也是一种依托于互联网思维的新型服务模式。通过这种模式，用户能够根据需要方便快捷地获取计算能力、存储空间和软件服务。云计算正在加速信息技术和服务模式的创新，其发展与应用对信息产业发展具有多方面推动作用，对经济社会发展将产生深远影响。

“云”的优势在于其中的计算设备可以随时更新，以保证“云”长生不老，这也就代表着“云”中的资源可以随时按需获取、按实际使用情况付费。与以往的计算方式相比，“云”可以将计算资源集中起来，由软件实现自主管理，如此使得数据存储和计算完全脱离了主机设备，摆脱了长久以来“硬件决定性能”的局面。

云计算采用虚拟化方式将分散在网络上的计算、存储、服务构件、网络软件等资源集中起来，为用户提供便捷的服务。如果把“云”视为一个虚拟化的存储与计算资源池，那么互联网是一片最大的“云”，拥有若干个数据中心和计算中心，形成各种计算、存储资源。

云计算的基本原理是，数据中心的运行与互联网相似，计算不单独在本地计算机或远程服务器中，而是分布在大量的分布式计算机上。企业能很快地将应用部署到所需的资源上，按需访问计算机和存储系统，换句话说，计算能力也可以看作一种可以进行交易、流通的商品，就像生活所需的水、电、气一样，取用方便、费用低廉。云计算最大的特点是可以通过互联网传输，在不久的将来，只需要一个手机或平板电脑，通过网络提供的服务就可以实现我们想要的一切，甚至包括超级计算这样的任务。

综上所述，云计算具有分布式计算和存储特性、高扩展性、用户友好性，以及易管理性。

云计算技术具有以下特点。

以服务的方式提供云计算系统。对用户完全透明的服务机制，用户不需要了解云计算的具体机制，就可以获得服务。

以冗余的方式提供数据可靠性。云计算系统是由多个计算机节点组成服务器群向使用者提供数据处理的服务。采用数据冗余和分布式存储的方式来保证数据的可靠性。

高可用性。通过集成高性能的计算能力和海量的存储能力来提升云计算的可用性，云计算系统可以自动检测、排除失效节点，不会影响系统的正常运行。

高级别的编程模型。云计算系统可为使用者提供可编写程序功能，使用者通过简单的学习与操作，就可以按照需要编写自己的云计算程序，在“云”系统上执行。

经济性。采用 X86 等通用性硬件组成的机群比同等性能的超级计算机所需的费用要少很多。

云计算不仅是一项技术，还是一种基础设施交付和使用模式，狭义的云计算通过网络以按需和易扩展的方式获得所需的硬件、平台、软件资源，其中提供资源的网络被称为“云”。广义的云计算则通过网络以按需、易扩展的方式获得所需的硬件、平台、软件服务，或者其他服务。无论是狭义提供资源，还是广义提供服务，云计算所秉承的核心理念就是通过云网络按需提供服务，就像人们使用水、电、天然气等资源的方式一样，这也是云计算对于 ICT 领域乃至人类社会发展最重要的意义所在。

在典型的云计算模式中，使用者依托终端接入网络，向“云”提出需求；

“云”接受请求后组织资源，通过网络为终端用户提供服务。很多复杂的数据计算和处理过程都可以在“云”端完成，用户侧终端关于数据计算处理的功能可以弱化，用户所需的应用程序也可运行在“云”端大规模服务器集群中，不再运行在用户侧终端（个人计算机、手机）上，用户所处理的数据也可以保存在“云”上，无须存储在本地，从而节省了存储空间。专门为云计算服务的企业负责管理和维护数据中心及服务器等硬件设施，并保证有足够的资源（超强的计算能力、超大的存储空间）提供服务，只要有网，用户就可以访问“云”，随时随地地使用。

云计算是基于互联网，按需为使用者提供软硬件资源和信息的服务。这些服务通常被划分为基础设施即服务（IaaS）、平台即服务（PaaS）、软件即服务（SaaS）3 个层次。

基础设施即服务（IaaS）：云计算系统集中管理、调度基础设施，包括软件、硬件、网络等，并对外提供可商品化的（基础设施以一种可以通过网络进行访问和使用的形式进行封装）IT 服务。

平台即服务（PaaS）：应用软件支撑平台提供业务软件开发所需的业务接口，便于开发人员使用，同时，为确保云服务高效可控地运行，应用软件支撑平台提供运行时的语言运行、网络交互、进程通信、同步控制及调度等支持。

软件即服务（SaaS）：通过“云”直接为用户提供软件服务，用户无须购买软件，直接按照需要租用提供商提供的软件服务进行企业经营活动管理，用户只参与软件使用，不承担软件的维护工作。

云计算可以理解为一种“技术+商业”的模式。云计算是一种技术模式，整合多种技术来提供各种 IT 服务，实现了一个可以快速部署、线性扩展、多租户共享的 IT 系统；云计算也是一种商业模式，提供按需索取、按量计费、网络交付等服务。

2.4.2　技术发展及应用发展趋势

在云计算系统众多技术中，关键技术包含数据管理技术、数据存储技术、虚拟化技术、软件定义网络技术、云计算平台管理技术。

1. 技术发展

1）数据管理技术

云计算需要拥有数据管理技术，能够对海量、分散的数据进行处理，实现大量数据的高效管理。云计算系统中的数据管理技术主要包括 Google 的 BT

（BigTable）数据管理技术和 Hadoop 团队开发的开源数据管理模块 HBase（HBase 是基于 Google 的 BigTable 架构的一个开源数据库）。与传统的关系数据库不同，BigTable 是建立在 GFS、MapReduce、LockService 和 Scheduler 上的一个大型分布式数据库，将所有数据都作为对象来处理，形成一个巨大的表格，用来分布存储大规模结构化数据。

2）数据存储技术

在数据爆炸的今天，能够快速、高效地处理海量数据至关重要。通常云计算会采用分布式存储技术进行数据存储，用冗余存储的方式保证数据的可靠性，将数据存储在不同的物理设备中。这种存储技术不仅消除了硬件设备的限制，还增强了可扩展性，可以快速响应用户需求的变化。

3）虚拟化技术

虚拟化（Virtualization）是一种资源管理技术，是云计算的核心技术之一。虚拟化技术就是将一台计算机虚拟成几台逻辑计算机，每台逻辑计算机可以部署不同的操作系统，运行不同的应用程序。逻辑计算机上运行的应用程序都是独立的，相互之间不受影响，虚拟化技术的应用可以显著提高计算机的工作效率。

4）软件定义网络技术

软件定义网络（Software Defined Network，SDN）是与云计算紧耦合的新兴技术领域，是由美国斯坦福大学 CLean State 课题研究组提出的一种创新型的网络架构，是网络虚拟化的一种实现途径。软件定义网络的核心技术 OpenFlow 通过将网络设备的控制面与承载面分离开来，实现了网络流量的灵活控制，使网络作为管道变得更加智能，为核心网络的应用及创新提供了良好的平台。软件定义网络运用于云计算数据中，可以方便云计算的数据中心管理，并且可以给云计算的租户提供网络虚拟化、虚拟防火墙等服务。

5）云计算平台管理技术

云计算资源规模庞大，服务器数量众多，分布在不同的位置且运行着数以百计的应用，因此如何高效地管理这些计算资源，使其不间断地为系统提供服务成为巨大的挑战。云计算系统的平台管理技术可以实现管理手段的自动化、智能化，使大量的服务器协同工作，方便地进行业务部署和开通。

2. 应用发展趋势

云计算技术的应用与发展推动了工作方式与商业模式的改变，云模式、云安全是云计算发展过程中备受关注的问题，如下所示。

1）混合云计算的出现

随着云计算的发展与应用，逐渐出现了 3 种不同类型的云计算服务，包括公有云、私有云和混合云。公有云是指用户可以通过互联网付费或免费使用的云，这种云计算服务可以为使用者省去安装与维护的麻烦，但不利于数据的安全；私有云是使用者根据需要搭建的内部云，仅在使用者内部开放使用权限，常见于政府与企业，私有云的使用，极大地保障了数据的安全，但建设成本较高；混合云是以某种方式将公有云计算和私有云计算结合在一起的计算架构，结合了两者的优势，既提供了云计算的灵活性与可扩展性，又保障了安全性和可控性，为使用者带来了两者融合的最佳应用体验。

众多的云计算厂商加入混合云的竞争中，以满足各大企业对混合云强烈的需求，这些云厂商中既有公有云领域的巨擘，如国外的微软 Azure、亚马逊 AWS、谷歌云计算，以及国内的阿里云，也有众多的私有云大厂，如 VMware 和一些 OpenStack 服务提供商。

2）云安全

云安全从性质上可分为用户数据安全问题和基础设施及网络安全问题。在“云”时代，大多数的用户选择云计算服务的前提是用户之间能够安全隔离，互不影响；采用的第三方平台安全可靠，权限管理到位；云计算基础环境安全等。因此，用户期待看到更安全的应用程序、技术及管理经验出现，如专业的反病毒技术和经验、云安全探针设备、安全评估等，未来，将会有更多的加密技术、安全协议等呈现出来。

2.5　大数据

2.5.1　基本概念

人们的生活方式随着互联网技术的快速发展而有了质的变化，同时也产生了巨大的数据资源。大数据有多种不同的定义，研究机构 Gartner 认为大数据是指需要新处理模式才能具有更强的决策力、洞察发现力和流程优化能力的海量、高增长率和多样化的信息资产；在维基百科上，大数据指的是所涉及的资料数量规模巨大到无法通过目前主流软件工具，在合理时间内达到撷取、管理、处理并整理成为帮助企业经营决策目的的资讯；麦肯锡则认为大数据是指无法在一定时间内用传统数据库软件工具对其内容进行采集、存储、管理和分析的数据集合。

大数据有着区别于传统数据对象的特点，目前的研究认为，大数据具有规模大、种类多、真实性、处理速度快及数据价值密度低等主要特征。数据规模大表现在大数据的数据量巨大，常以 TB、PB、EB、ZB 为单位来计量；数据种类多表现在大数据的数据类型具有多样性，有结构化数据、半结构化数据和异构数据，包括社交网络数据、物联网数据、位置数据等，数据的复杂性高；数据真实性表现在只有真实且准确的数据才能使大数据的分析、推理及管理有意义；数据处理速度快表现在处理动态数据与静态数据的速度与时效要求高；数据价值密度低主要表现在数据结构分散，从而导致数据价值密度低，需要对海量的数据进行分析和推理，实现价值提纯。

大数据定义强调以下 3 点。

一是指具有一定属性关系的资源数据集合。数据广泛存在于生活的方方面面，种类多样、形态各异，数据的内涵和外延不同，数据之间的相互关系强弱不同，各类数据发挥的作用也不尽相同，大数据应用所需的数据不能是人类社会生活全部的数据，而应该是遵循一定的属性关系的，做到应用有理、取舍有度。

传统意义的数据是通过算法（加、减、乘、除、微积分等）运算的数值和数值运算的结果，数据发展到现代已经不仅仅代表数字，数据的内涵已向外延伸，其含义更为深广。数据本身的意义是用于运算，只是未来数据运算方法更多样化、复杂化，使得数据的价值不可估量，因此厘清数据属性关系、研究清楚数据的内涵和外延、定义清楚大数据就能更好地应用数据。

二是指资源数据的集合。资源是指某个领域或区域拥有的人、财、物等各种物质要素，如自然资源、文化遗产资源、水利资源等已经存在的资源可以带来价值。大数据资源强调数据就是资源，可以是已有的数据资源，也可以是将来会出现的数据资源，所以大数据定义使用的是资源数据。

三是指具有一定表现形式的资源数据的集合。资源数据因为数据点相关性被集合在一起，但数据的存在方式和性质都有可能不同，其表现形式是定性数据或定量数据。

数据采集、数据标示、数据应用方法是大数据应用的关键，数据的使用需要建立计算机计算模型，计算机计算模型可以称为数据模型或需求数据模型，采集获得数据，并应用计算机技术让数据运算运行在软件编程的需求模型上，大数据是基于计算机技术的数据应用科学技术，可以说大数据是计算机技术的扩展和延伸。

关于大数据，基本围绕 3 个问题展开：一是数据从哪里来；二是数据如何进行分析；三是数据如何进行商品化。任何大数据都是以应用为主的，未来，通过对多维度、多复合的大数据的精准挖掘，最终可以获得优质的商务解决方案。

大数据技术是研究应用数据方法，以及未来的数据应用方向的科学技术，大数据技术研究需要相关属性数据支持，这里的属性是指属性数据的未来应用方向，通过对相关属性数据的研究判断未来发展方向，并预测未来发展方向的可能概率。大数据技术就是研究未来趋势发展可能性、预测未来的科学应用数据技术。

2.5.2　技术发展及应用发展趋势

1. 技术发展

大数据的基本处理流程和传统数据处理流程的不同之处在于数据的处理方式不同。大数据在各个环节都采用并行处理方式来处理大量的、非结构化的数据。目前，MapReduce、Spark 和 Hadoop 等分布式处理方式已成为大数据处理各环节的通用处理方法。

2. 应用发展趋势

根据对技术市场和企业客户需求的观察，总结大数据技术的发展趋势，总体来说，数据管理、AI 驱动的数据基础设施、面向 AI 的分布式计算框架、数据安全即服务是大数据技术应用领域的几个关键方向。

1）数据管理

随着大数据与人工智能在行业中的应用进入深水区，企业将越来越重视数据资产管理体系的建设，即从架构、标准、研发、质量、安全、分析到应用的统一，从而实现技术到业务价值的转化和变现。

2）AI 驱动的数据基础设施

多数企业已布局了机器学习技术和深度学习技术的人力、工具等基础设施，有一些行业的解决方案也逐步落地。不过在真实世界中，搭建基于 AI 的生态系统，重点并非在算法本身。论文 *Hidden Technical Debt in Machine Learning Systems* 中提到，真实世界中的 AI 系统只有一小部分依赖机器学习算法，大部分依赖大量复杂的基础设施，而数据配置、数据采集、特征提取、数据校验、资源管理方面的分析工具、服务基础设施、监控工具均需要高昂的开销。在多数领域，AI 驱动的生产力仍未实现规模效应。

3）面向AI的分布式计算框架

随着AI和机器学习技术的进步，对于面向AI的分布式计算系统的需求变得更加迫切。目前，开源社区已经有一些面向AI的分布式计算框架，如UC Berkeley的Ray项目。与MapReduce和Spark这类批处理架构不同，AI分布式架构要求支持更细粒度的任务，如小数据集训练、灵活任务依赖，以及异构计算优化。大数据商业化公司、Hadoop发行版厂商，如Cloudera（现已与Hortonworks合并），致力于AI和机器学习应用领域的产品调整和重构，以提供更多的基于云端的AI解决方案。

4）数据安全即服务

安全与隐私保护是这几年提及较多的关键词，尤其在《通用数据保护条例》发布之后，敏感信息约束和数据安全检查成为移动互联网的用户数据管控的难点。在过去，数据安全管理是很多企业在搭建大数据平台和应用时容易忽视的点，如安全定级、隐私分级、数据打标、加密与脱敏、自动化访问授权等。

2.6 物联网安全

2.6.1 基本概念

随着“互联网+”时代的到来，物联网发展迅猛，正在逐渐渗透到生活的各个方面，物联网设备规模呈现爆发式增长趋势，万物互联时代正在到来，物联网安全的重要地位愈加凸显。物联网旨在将信息传感设备，如射频装置、感应装置，以及全球定位装置等与网络技术进行有机的融合，并使其成为一个多功能的巨大网络。

1）感知控制层的安全问题

物联网感知控制层的安全主要涉及信息泄露与信息干扰、信息伪造及假冒、威胁信息嵌入标签等问题。第一，信息泄露与信息干扰。信息或数据在传感网内部传输的过程中受到攻击者干扰，会导致信息出错，甚至造成信息泄露，直接影响物联网的相关业务开展。第二，信息伪造及信息假冒。攻击者会利用物联网终端的安全漏洞，掌握密码信息和节点身份，假冒节点身份和其他节点进行通信，通过一系列非法措施恶意攻击物联网，甚至伪造虚假信息，并在网内传播。第三，威胁信息嵌入标签。物联网在感知控制层获取相关数据的过程中，信息主要通过无线网传输，信息安全无法得到保障。物联网感知控制层的标签会被嵌入各种各样的内容，嵌入标签中的个人隐私等相关信息会受到威胁，导致用户被监视，存在巨大的安全隐患。

2）网络互联层的安全问题

物联网网络互联层中的安全主要涉及信息数据被破坏、异构网络融合等问题。第一，信息数据被破坏。物联网设备处理的数据量较小，一般不会采用复杂的加密算法来保护数据，因此物联网设备在传输数据的过程中，存在数据被篡改或被破坏的风险。第二，异构网络融合。物联网具有开放性，由多个网络叠加而成，随着网络之间逐渐融合，带来了网络结构复杂性、网络通信协议数量的剧增，在这样的网络中进行数据传输会出现很多问题，导致物联网产生许多安全问题。

3）物联网应用层的安全问题

物联网应用层是用户与物联网系统对接的主要窗口，通过数据处理、资源管理等功能为用户提供个性化服务，落实相关工作。在物联网应用层与用户侧对接时，会接触到外界信息，存在安全风险。

4）物联网系统架构的安全问题

在实际运行环境中，物联网设备依旧采用传统的中心化系统。传统的中心化系统构建的信任机制是比较简单的，需要第三方管理设备身份信息。由于物联网中的物联设备数以千亿计，因此成本极高。

2.6.2　技术发展及应用发展趋势

1. 技术发展

1）基于区块链的物联网安全技术

利用区块链的分布式数据存储、点对点传输、共识机制、加密算法等技术可以解决物联网的安全和隐私问题，包括感知层的身份认证、设备固件升级，传输层的网络自治管理、接入认证、数据完整性保护，平台层的身份认证、设备管理、防 DDoS 攻击、安全存储等问题。下面提出几种基于区块链的物联网安全技术。

（1）设备身份认证。

物联网中通过身份认证技术来防止非法或未授权终端设备连接到物联网平台发起恶意攻击，从而保障物联网平台层的安全。为实现基于区块链的设备身份认证，将物联网设备使用前的合法认证凭证注册到区块链，同时通过智能合约设置设备访问权限，当接入物联网设备时，需向物联网平台和网络设备节点发送接入和鉴权请求，区块链系统根据节点共识机制对接入设备的身份标识进行认证和管理，保证设备接入物联网平台的合法性。基于区块链的物联网设备认证技术能够避免传统集中式认证技术的单点故障风险，同时保证了物联网设备身份的完整性、可靠性。

（2）设备固件安全升级。

在物联网中，远程更新已部署的嵌入式设备的固件是保障物联网安全的重要手段之一。通过区块链网络，固件供应商将最新版本的固件信息发布到各验证节点的分布式账本中，设备节点通过向验证节点或相邻的其他设备节点发起固件版本校验请求，并通过智能合约、共识机制等方式确认设备当前固件的最新版本和固件完整性，通过加密、签名等方式保证固件安全升级，将针对已知固件漏洞的攻击的影响降至最低。

（3）物联网网络自治管理。

在非信任的互联网环境下，物联网设备在进行交互时，如何建立信任是一个难题，一般情况下需要可信的第三方作为支撑。通过区块链可以在不需要可信的第三方的情况下，建立物联网设备信任关系，直接进行交互。信任网络的创建是利用区块链算法建立一个公开透明的规则，重新定义网络中信用的生成方式。在该网络中，规则以算法的形式表述，服务参与者不需要了解其他节点的信息，也能保证点对点之间的交易和信任安全，摒弃了传统中心化的第三方机构的信任背书，而通过信任算法就可以建立互信，保障了记录、传输和存储服务交易活动的进行，省去了验证和统一的账簿更新环节。

（4）减轻 DDoS 网络攻击的破坏。

由于海量物联网设备的部署，一些存在漏洞的物联网设备被恶意软件病毒感染形成了大规模的物联网僵尸网络，对物联网服务构成了巨大的威胁。在物联网中，大部分设备通过物联网网关连接到网络，如果能够在物联网网关上切断发起 DDoS 攻击的设备连接网络，就可以降低物联网服务被攻击的风险。通过在物联网网关间建立一个区块链网络，并部署智能合约，可以验证、记录和断开 DDoS 攻击的相关信息。如果一个家庭智能设备被控制，并执行 DDoS 攻击物联网服务，当物联网服务验证到 DDoS 攻击时，会通知物联网网关，物联网网关会广播该设备已被控制，并发起 DDoS 攻击，区块链网络根据已部署的智能合约进行验证，如果攻击被验证，攻击信息可以写入区块链总账，之后所有物联网网关都可以断开被强制控制的智能设备发出的连接请求，从而帮助物联网服务抵御 DDoS 攻击。

2）基于机器学习的物联网安全技术

机器学习作为一种实现人工智能的技术，通过不同的学习算法实现非明确编程的设备训练。机器学习适用于解决物联网中的安全问题，其主要原因在于物联网环境不能建立复杂的数学模型，而机器学习可适应物联网的动态性，且不需要人为干预，符合物联网的部署特征。

（1）防御 DoS 攻击。

机器学习中的神经网络（Neural Networks，NN）、支持向量机（Support Vector Machine，SVM）可以被用在介质访问控制层检测 DoS 攻击，一般根据到达率与冲突率两个变量来训练模型。在 NN 中，如果 DoS 攻击的概率大于预设的阈值，则认为发生了 DoS 攻击；在 SVM 中，将区别 DoS 攻击强度的高低，顺序检测是否发生 DoS 攻击。

（2）防御选择转发攻击。

SVM 可用于抵御选择转发攻击。SVM 依据带宽、跳数这两个变量对攻击类型分类，据此设计入侵检测系统，检测选择转发与黑洞攻击。

（3）基于机器学习的物联网设备识别。

机器学习方法可根据数据流量来区分是否为物联网设备。根据设备的会话对物联网设备进行分类，可通过不同层来进行类别特征提取。采用随机森林方法实现流量到设备类型的映射，完成新设备的注册，实现即插即用。

（4）机器学习用于物联网的访问控制。

为避免物联网的单点故障与隐私泄露，物联网的集中式访问控制逐渐演变为分布式访问控制。区块链技术已经被广泛用于无信任中介下非信任用户的交互。机器学习方法可用于控制策略的升级与改善，并引入智能合约的思想，采用访问令牌来允许或拒绝访问请求。

3）基于大数据的物联网安全技术

在物联网环境中，由于节点资源受限，无法存储非常多的日志，因此传统将数据存储在本地的日志系统不能很好地满足物联网需要，解决方法是将所有节点上的关键日志通过网络传输，并汇总到数据中心中做统一存储与分析，这样的解决方案就是大数据日志监控。因为一个物联网拥有海量节点，因此也会有海量日志数据被发送到数据中心，而随着部署设备的增加，数据会不断增加，为应对这种数据的指数级增长，必须使用大数据技术来实现对安全数据的存储、监控与分析。

2. 应用发展趋势

随着物联网安全的快速发展，发起攻击的方式越来越多样化，所以将新技术应用在物联网安全中心显得愈发重要。

利用大数据分析平台对物联网安全漏洞进行挖掘，主要关注网络协议的漏洞挖掘和嵌入式操作系统的漏洞挖掘，分别对应网络层和感知层，应用层大多采用云平台，在云安全的范畴内，直接使用已有的云安全防护措施。各类网络协议在物联网行业中被广泛使用，也因此引发了大量的安全问题。通过应用漏洞挖掘技术挖掘物联网中协议的漏洞，尽早发现，及时修补，可以有效提升系统的安全性，减少来自黑客的威胁。

对于一些微型的入侵攻击，庞大的安全系统难以察觉，并且难以在短时间内做出反应，这时就需要一些相对轻量化的安全机制，能够做到对于入侵的快速反应，避免损失的扩大，同时，轻量化的防护技术能够更好地兼容不同物联网产品生产商的协议冲突。

1）物联网网关

物联网网关是连接感知网络与通信网络的纽带，实现各类感知网络之间的协议转换，既能使广域互联，也能使局域互联。物联网网关还具备设备管理的功能，运营商利用物联网网关设备管理底层的各感知节点，获得各节点的相关信息，并实现远程控制功能。在物联网网关的功能基础上，叠加与安全相关的一系列功能就形成了智能安全网关，智能安全网关通过将所有内部物联网的数据流汇聚到一起，并与自己的安全监控数据合并，再通过公共网络传输到云与数据中心当中，从而监控黑客的入侵。

2）日志监控

有了物联网的安全网关，并且在网关上部署了相应的安全软件后，这些与安全相关的数据与日志就能源源不断地从网关发送到数据中心中。“人过留名，雁过留声”，这句话形象而精确地描述了使用日志监控手段来应对安全威胁挑战的有效性。只要物联网还在传输有价值的数据，其一定会成为受攻击的对象，传统网络乃至物联网的安全攻防战将是一场永远没有终点的战斗，黑客和安全人员相互博弈，战斗每时每刻都在进行。网络安全不是一次性的，防御了一次攻击并不代表胜利的到来，我们必须以一种持续不断的方式来保证物联网的安全，做到网络安全状态的持续监控，而日志监控正是实现网络安全持续监控的有效手段。只要进行适当的日志配置，我们就可以记录物联网环境中的每一次重要事件，包括从用户登录、设备上线、数据发送的开始与结束到防火墙规则的违反等一系列安全事件，利用这些事件，我们不仅可以实现对当前网络安全状况的即时评估与安全问题的及时修复，还可以发现黑客入侵的关键行为与动作，从而实现黑客的入侵检测，从源头上对黑客的行为进行记录并完成拦截。

2.7 城市信息模型技术

2.7.1 基本概念

1. 定义

在我们了解城市信息模型（City Information Modeling，CIM）技术之前，首先要了解一下什么是建筑信息模型（BIM）技术。建筑信息模型技术是通过数字化手段对虚拟构建的建筑工程三维模型提供与实体一致、完整的建筑工程全生命周期的信息库。BIM 技术有效提高了建筑工程的信息化集成程度，从而为建筑工程项目相关的规划、勘察、设计、制造、施工及运营维护等各利益方提供了信息交互与共享的平台。城市信息模型技术将 BIM 技术的应用从建筑工程扩大到了城市的方方面面，是以城市信息数据为基础建立起的三维城市空间模型和城市信息的有机综合体。

2. 技术架构及特征

建筑是城市最微观的组成单元，利用好 BIM 技术，可为智慧城市建设奠定坚实的基础。CIM 技术与 BIM 技术具有密切的关联，CIM 技术是在 BIM 技术的基础上进一步拓展而来的，包含了 BIM 技术功能，并与 BIM 技术同构，但是城市信息模型比单纯的建筑信息模型更为宏观，应用范围更加广阔，对信息技术的要求也更高。

城市信息模型由建筑信息模型、基础设施信息模型（Infrastructure Information Modeling，IIM）和地理信息模型（Geographical Information System Modeling，GIS-M）三者统一构成。

城市信息模型具备以下 3 个特征。

（1）具有丰富的语义信息：基于 BIM 的 CIM 具有丰富的语义信息，能够从多个维度完整地描述结构复杂的城市系统，列举城市地貌、建筑、公共设施、人等实体要素。通过物联网技术实时感知城市中各实体对象的运行状态，监控、预警，以及对运行态势做出研判。

（2）具有大尺度的模拟分析能力：CIM 技术结合 BIM 技术与 GIS 技术，拥有精确完整的空间位置信息、城市实体对象精细逼真的外观纹理，大尺度地呈现了城市内更多、更全的主体对象，从而实现了大尺度模拟、综合分析、定位等功能的应用落地。

（3）具有大范围的空间掌控能力：CIM 应用于大尺度、大范围应用领域，不再局限于感知传感器监控点位处空间对象的物理特征，能够通过有限的监测数据获取范围内任意连续的信息，掌握变化过程信息，在大尺度空间范畴更好地掌握全局信息及空间对象运行态势。

2.7.2 技术发展及应用发展趋势

1. BIM+应用

随着 BIM 技术应用的逐步深入，人们将关注点从单个的 BIM 项目转移到 BIM 与其他新技术的融合应用开发上，以期获取更大的综合价值。

在项目管理方面，BIM 与项目管理（Project Management，PM）集成应用，提供实时、准确的管理数据，为项目闭环管理带来更多的技术手段，实现项目管理能力与效率的提升。

在建筑建设方面，BIM 与物联网集成应用，提供建筑全过程信息的集成与融合，实现了实体环境硬件与虚拟信息化管理之间的相互融合。目前，处在设计阶段的集成应用较多，将逐渐向建筑和运行维护阶段应用延伸。

在城市建设方面，BIM 与虚拟现实（Virtual Reality，VR）集成应用，将任意基础设施信息整合到已建立的虚拟场景中，进行多维模型信息联合模拟，提高模拟的真实性，指导设计、施工，辅助监理、监测人员开展相关工作。

2. CIM 技术应用发展

目前，相较于完善的 BIM 技术，CIM 技术在我国还处于萌芽阶段，还有待于探索与开发。中华人民共和国国家发展和改革委员会令 第 29 号《产业结构调整指导目录（2019 年本）》中明确指出将 CIM 纳入“鼓励类”产业，推动 CIM 技术应用发展。住房和城乡建设部已将加快构建部、省、市三级 CIM 平台建设框架体系纳入 2020 年重点工作任务。因此，为了促进 CIM 技术在智慧城市建设过程中的应用与健康发展，更好地拓宽 CIM 技术的应用领域，实现城市的智能化发展，可从开展虚拟与实时模型信息互动场景的技术研究、建立数据交互的标准与规范等方面着手，同时还要做好 CIM 技术的安全性保障。

第3章

物联网在住房监管和保障领域中的应用

在近年来的政府工作报告中，政府关心的重点关键词从“互联网+”过渡到“智能+”，这标志着以物联网、人工智能为代表的新一代数字科技正在不断推动我国新型智慧城市创新突破发展。作为人类栖身的港湾，房地产与住房保障领域将发生更深刻广泛的变革，政府的监管方式也急需优化转型，结合物联网对住房及房地产领域监管与服务的智能化升级，物联网在住房监管和保障领域中的应用成为社会走向“智能+”时代的关键一环。

3.1 房地产监管

3.1.1 概述

1. 物联网推动房地产业快速发展

房地产业作为我国的支柱型产业，起到了巨大的支撑与骨干作用，对上下游产业也发挥了巨大的拉动作用。21 世纪以来，特别是 2010 年后，互联网技术和行业的蓬勃发展给一些传统行业带来了巨大的理念冲击，包括房地产业，同时也带来了新的机遇和挑战。

有人将“物联网+房地产”比喻成一场双赢联姻。一方面，房地产领域本身包含各种基础设施和人，是物联网技术应用的良好推广地、试验田；另一方面，随着房地产行业进入深度调整期，很多房企都在加速转型，开发卖房、自持物业等业务，由传统土地开发商转向城市生活服务商。在向服务化运营的转型过程中，物联网等技术成为重要手段。

2. 物联网时代下房地产传统监管方式急需转型

房地产经济作为我国国民经济的重要组成部分，是保持城市稳定和维系地方经济发展的重要力量，房地产政策调控则采用行政手段打击房地产投机、房产囤积等不良现象，从而让房价回归合理的市场价格。如果当行政手段在宏观层面取得一定作用的同时辅以技术手段，则能在微观上实现精细化管理，从而使宏观调控政策更高效、公平。房地产传统监管方式如何利用先进的技术手段实现转型，促进房地产业的健康发展，是物联网时代下的重要课题。

3. 物联网对房地产监管的必要性

要保证房地产行业健康平稳发展，政府需要对房地产开发过程进行监督管理，而结合物联网时代的新技术、新思路，对原有监管过程、方法进行一定的思考和改进是十分必要的，这样才能更好地服务社会，促进经济发展。应当认识到，当前物联网、大数据、人工智能等信息化技术的快速发展为房地产开发过程的政府监管工作提供了有效手段。

3.1.2 架构

1. 体系架构

基于物联网的房地产监管体系建设要以政策标准和安全运行体系为保障，以智能化的房地产建筑、市政和信息化资源等设施为基础，以房地产信息数据中心、不动产登记与交易平台、房地产从业主体管理平台和房地产行业服务平台为支撑，接入房管局中心系统，银行系统，国土、建设、税务等部门系统，以及住房公积金中心系统，进而面向居民、房地产企业、房地产监管部门等用户提供高效的市场监管、不动产应用管理、房地产企业监管、房地产金融监管和房地产开发过程监管等房地产监管领域的智慧应用。整个体系由人、信息化系统、物联网基础设施、政策标准、技术规范等要素共同构成，基于物联网的房地产监管体系系统架构如图 3-1 所示。

1）基础设施层

基础设施层包含信息化基础设施，其中数据层作为承载大量异构智慧型信息系统运行的信息存储和处理基础设施，感知层作为信息传输管道基础设施，网络层综合利用公网资源、政务专网资源和无线宽带接入资源，把涉及房地产监管的各个节点和智能枢纽统一接入信息流通管道，实现网络无处不在、智慧运行的目标；建筑及市政设施层涉及住宅、商用、工业房地产中所有的社区环境和市政设施，通过与各类传感器的感知设备和信息化设备连接使用，实现信息资源共享。

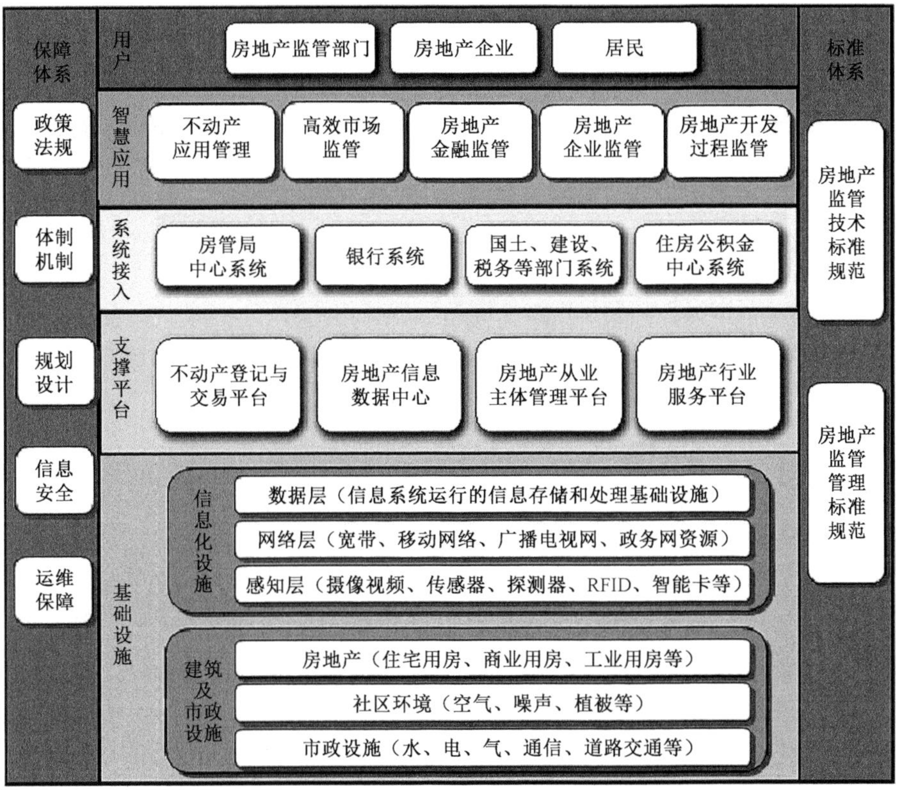

图 3-1　基于物联网的房地产监管体系系统架构

2）支撑平台层

建立不动产登记与交易平台，实现不动产交易、审批和信息登记在有关部门间依法依规互通共享，消除“信息孤岛”；搭建房地产领域“一个中心两个平台”，“一个中心”即房地产信息数据中心，“两个平台”即房地产从业主体（包括从业机构和人员等）管理平台和房地产行业服务平台。

3）系统接入层

接入房管局中心系统、银行系统、其他政府部门系统，以及住房公积金中心系统，实现数据共享交换，支撑智慧应用。

4）智慧应用层

智慧应用体系架构应用于房地产综合管理平台，包含了房地产领域的金融、企业、开发建设等模块的全面监管。各类应用遵循房地产综合信息服务平台建设规范的标准，通过数据交换和整合，统一以平台向政府提供监管能力。

5）用户层

智慧房地产监管体系核心用户为房地产监管部门，主要的用户和服务对象还包括居民和房地产企业，房地产企业既是监管对象，同时也是整个监管体系重要的参与角色。

2. 架构能力

1）物联网促进房地产全生命周期过程监测

按照习总书记在十九大报告中提出的“房住不炒”，政府要提高对房地产市场的管理和服务能力，确保房地产市场平稳健康发展，将房地产市场全生命周期管理和服务工作做好，多举措开展“放管服”工作改革，利用物联网、人工智能、大数据等技术实现房地产市场全生命周期一体化管理。

2）物联网支撑房地产监管领域大数据应用能力

利用物联网大数据信息平台，可以实时剖析房地产市场的资讯统计数据，侦查失常信息，发现改换名目，随即识别出问题并解决问题。关于与登记市场价格偏差较大，私自变动动工日期、延迟开发等违法举措，迅速采取对应办法，建立房地产市场紧急事件预警和紧急控制机制。

3）“区块链+物联网”助力房地产金融穿透式监管

区块链技术可以凭借其自身固有的特性与优势为监管、资管行业注入新的能量，且能满足穿透、动态、高效、即时、精准的监管需求，从而进一步提高房地产金融的安全性与透明性，稳地价、稳房价、稳预期，要对房地产开发贷款、个人按揭贷款继续实行审慎的贷款标准，通过科技手段促进房地产金融、房地产市场平稳健康发展。

3.1.3 应用案例

1. 广州市应用物联网技术提升不动产登记数据安全

不动产登记数据异地备份库的建立，不仅是在各种灾害发生时保证档案不受毁灭性损失、确保数据安全的一项防范措施，也是今后不动产登记的一项重要工作任务。采取本地和远程相结合的数据存储、数据备份与数据恢复手段，建设异地备份容灾系统，提升不动产登记数据和系统的可靠性、安全性，减少病毒攻击、自然灾害或人为破坏等突发事件所造成的损失。

广州市不动产登记信息数据具有多源异构、存储量大、空间时态并存、保密性强等特点，一旦出现风险因素导致登记资料损毁，就会严重影响登记业务的开展，同时，不动产登记簿作为不动产权利归属和权利内容的依据，一旦损毁，将对权利人的利益造成极大的风险隐患，导致社会秩序混乱。因此，广州市建立不动产异地备份技术支撑，保障了不动产登记数据备份介质的本地存储、同城运输、异地运输和异地存储，建立备份介质存储传输的流程管理，以保障登记业务系统数据的安全性和不动产登记业务的连续运行。

数据的异地备份，是指在相隔一定距离的两个空间各自保存一份关键业务数据，并提供数据恢复手段的数据安全存储方式。不动产登记异地备份基础体系建设是为了保障不动产登记业务关键数据的存储介质和异地备份运输过程的安全。整个体系架构应用了射频识别、物联网、GIS 等技术手段，贯穿于本地数据中心、运输过程、异地备份中心等各个关键环节，提供高安全要求服务，实现存储介质的自动管理和实时信息的自动采集，将采集与处理的实时数据提供给可视化的监控管理软件系统，形成一个安全有效、实时准确的数字化平台，该平台能够实现数据备份存储介质的出入库、物流运送、库房监管、使用维护等智能管理。异地备份基础体系架构主要包括基础设备支撑、全程实时监控管理和人员组织及相应的管理制度。

广州市不动产异地备份基础体系基于物联网、RFID 等技术，对每份不动产登记备份数据进行 RFID 标签标识，并设计了专用的智能存储柜、智能物流箱、手持 RFID 读写器等设备，开发了不动产异地备份安全保障系统，实现了不动产登记数据的数据备份、数据存储、数据运输和异地（同城）备份中心入库的全程监控和管理。系统采用 RFID、私有云等技术，利用物联网手段对不动产登记数据存储设备和信息进行有效的管理。整体设计上采用广义物联网和狭义物联网的混合设计模式，即以移动物联网为基础的移动式智能物流箱体系，与以 Wi-Fi 或局域网为基础的智能存储柜及 RFID 手持读写器体系混合。基础设备支撑体系包括数据中心设备、物流设备和异地备份中心设备 3 个部分。其中，数据中心和异地备份中心分别配有智能存储柜和配套的手持管理设备，物流设备是专用的智能物流箱。基础设备支撑体系如图 3-2 所示。

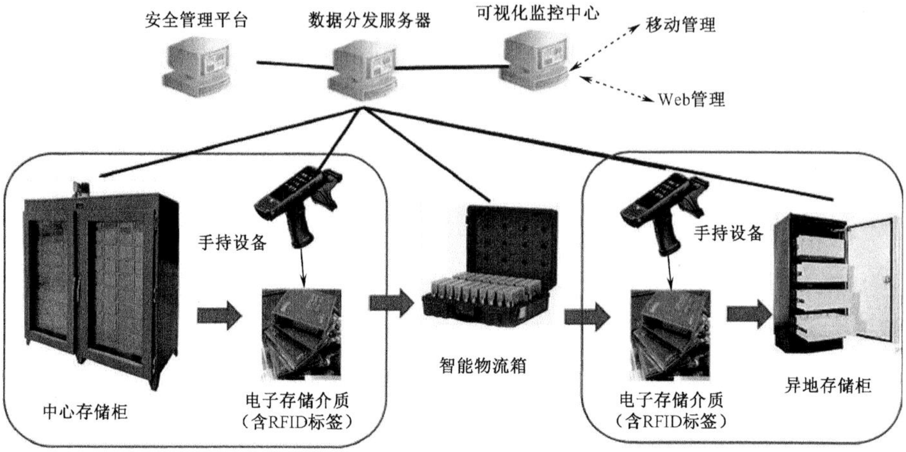

图 3-2　基础设备支撑体系

2.“区块链+物联网”应用于房地产监管

雄安在区块链上的布局正日臻完善，从政务到环保、从资金管理到工程控制，构建于区块链之上的透明、可溯源、便利的城市形态已现雏形，对项目款项和工程流程的上链管理是雄安在区块链上的主要应用场景。雄安区块链资金管理平台是基于区块链技术的项目集成管理平台，雄安依托区块链资金管理平台实现了多个建设项目在融资、资金管控、工资发放上的透明管理。自 2017 年年底以来，雄安重大工程建设项目，均使用了区块链系统，实现从合同建立、工程履约到最后付款的全链条管理，付款环节与银行系统对接，实现了资金闭环管控。

雄安区块链资金管理平台为项目中的法人主体（包括开发商、施工方、监理方等）提供数字身份，通过各主体对项目款项流通过程中的签名和广播，工程款项流动到了哪个环节、发放给了谁、发放时间等均可做到一目了然，且信息可信、无法篡改。该平台实现了建设者工资透明拨付，如果项目参与方未按约定时间发放建设者工资，区块链智能合约会自动触发代付机制，保障金会自动穿透式拨付至建设者工资卡中，实现了建设者无感状态下的智能支付。

为避免出现工程项目层层分包、转包，挪用资金的情况，雄安新区依靠区块链资金管理平台实现工程项目进度及合同透明管理、资金拨付穿透式管理、多银行系统直联等功能，目前已实现与 15 家银行及金融机构的系统直连对接，具备提供广泛金融服务的基础。

在租地补偿工作中，为避免各级政府侵占、截留和挪用补偿资金等侵害群众合法权益的现象，雄安新区开发了租地补偿资金拨付管理平台，平台运用区块链技术实现租地补偿资金一键拨付，实时精准地穿透式发放至被补偿群众银行账户，实现了项目信息、补偿资金信息透明化管理，确保了专款专用。

3.2　保障房管理

3.2.1　概述

我国为解决中低收入者住房困难的问题，制定并实施了限价、限标的保障性住房政策，让无力购房、租房的低收入人群对于住房的渴求如愿以偿。

保障房管理存在一些问题。保障性住房智能化体系不够健全，房源建设进度不能得到实时监控，进度落后，无法形成批量有效供应；竣工之后分配交付不精准、不及时，或者因规划设计配套等因素申请不积极导致空置，表现为“房等人”；资格审查缺少精准数据分析支撑导致房源错配；分配后智慧化监管缺失，未能系统地利用信息化手段，大量空置、转租、转售现象突出。具体有以下表现形式。

1）保障房建设统筹问题缺乏精准大数据支撑

保障房建设过程管理、房源数量质量考核缺乏数据支撑，建成之后进入分配环节乃至最终交付，并且能有效供应的房源仍然有限，保障房源长期空置现象严重。我国的保障房建设正在开创世界奇迹，但重硬件轻软件、重指标少考核、重开工无竣工，由于没有联网的保障房建设信息系统，保障房建设管理只能依靠一些零散数据，而这些数据本身也并不可靠。

2）空置、转租、转售等运营管理问题急需智慧化转型

当前，我国保障房空置率导致了这些保障房项目集中出现转租、转售等情况，同时，交易环节的诸多非法操作对买卖双方造成巨大风险。

3.2.2　架构

针对保障房领域运营管理环节的诸多问题，构建完善的保障房管理体系，取代人工进行统一的智能化管理，对房屋数据和租户数据进行智能化处理，可以节省人力，提高管理质量和效率，有效防止租户对住房进行违规使用。保障房物联网指将物联网技术应用于保障房领域，包括感知层、网络层和应用层三层体系结构，保障房物联网平台体系结构如图 3-3 所示。

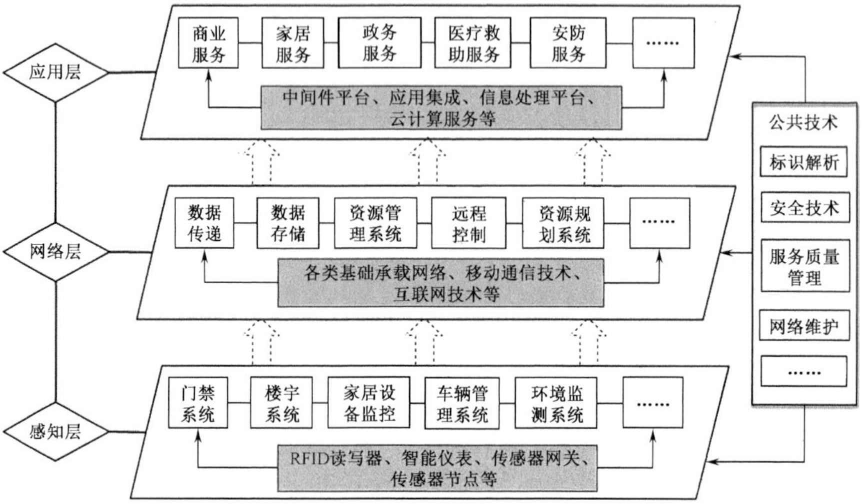

图 3-3　保障房物联网平台体系结构

1）感知层

结合保障房的特点，感知层的 RFID 读写器、智能仪表等感应器件和相应技术将实现对设施的感知和信息采集，包括保障房项目中的门禁系统、楼宇系统、家居设备监控系统、车辆管理系统、环境监测系统等设施。

感知层的门禁系统的控制手段主要有：射频卡、人脸识别、指纹识别、声音识别和虹膜识别等。射频卡是智能卡技术和无线射频技术结合产生的，具有使用简单和维护方便等特点，人脸识别、指纹识别、声音识别和虹膜识别都属于生物识别技术，以人的身体某部分特征为识别载体和手段，因其具有不可复制性和唯一性，成为最安全的身份验证方法。

门禁系统的作用包括以下 3 点。

（1）通过传感设备读取人员信息，判断进入公租屋的人员身份，应用层通过数据分析，判断保障房是自住还是租住。

（2）通过对保障房出入人口身份数据的汇集、分析，可以掌握一个地区的保障房使用情况，制定相应的管理制度，并为公租屋的整体推进政策提供数据，通过设置摄像头和报警器，进一步提高住房的安全性，杜绝保障性住房转租、倒卖的现象。

（3）通过对燃气、水电的感知监控，结合门禁网的出入数据，得出保障房空置率，宏观掌控保障房基本信息，提供精准、实时的监管数据。

2）网络层

网络层需要综合各类基础承载网络和相应的接入与组网技术，对感知和采集到的各类房地产数据进行准确传递、存储，对资源进行分配、管理。

3）应用层

应用层是保障房物联网的核心，将网络层传输的数据进行智能化处理，提供与保障房相关的商业、家居、物业、医疗救助、政务、养老、安防等多方面的服务。

综合以上保障房物联网体系结构的特点，将物联网技术应用于保障房管理领域的典型场景和措施归纳如表 3-1 所示。

表 3-1　保障房管理领域的典型场景和措施

典型应用场景	物联网相关技术	关键应用措施	相关案例
门禁系统	①射频识别技术； ②无线技术	①采用射频识别技术进行身份识别； ②使用无线技术构建传输网络； ③上位机软件集成先进的数据库管理技术，管理运行数据	深圳旺龙智能科技有限公司的门禁机电梯保障房监管平台建设系统
智能家居	①传感器设备； ②组网结构； ③组网与控制技术； ④智能业务平台	①家庭安防与监控系统，启动智能化门禁系统，实现对室内环境（气体、温/湿度、噪声）的监控，对入侵物的监控与自动报警，实现对家庭设备的监控； ②家庭设备自动化系统，实现各类家庭设备的互联和控制	①海尔 U-home 智能家居系统； ②东讯 E-Home 智能家居系统
智能住宅小区	①传感器设备、网络设备； ②小区通信网络； ③组网与控制技术； ④智能信息处理技术； ⑤小区智能业务平台	①小区安防系统（门禁管理、视频监控、周界入侵报警、电子巡更）； ②小区环境监控系统（小区温度监控、小区湿度监控、烟雾监控）； ③小区设备监控与管理系统（车辆管理，电梯管理，机电设备控制、检修与维护）	①南京市鸿雁居民小区； ②苏州市 Max 未来住宅
智慧社区	①传感器设备、网络设备； ②小区通信网络； ③组网与控制技术； ④中间件、数据库、安全软件； ⑤云计算服务； ⑥智能业务系统与平台	①智能家居； ②物业智能化管理； ③智能便民服务，包括居民订餐、订票、家政等方面的服务； ④智能政务服务，主要包括政府信息服务、社区业务规范化管理、社区救助管理、社区稳定管理； ⑤智能公共服务，包括社区医疗服务、社区养老和居家养老服务	南京市“智慧社区感恩养老”服务平台

3.2.3 应用案例

1. 北京市保障房全面智慧化升级

为了更好地对北京市保障性住房建设投资中心所运营的公租房项目进行管理，北京市保障性住房建设投资中心计划建设一套人脸识别与车牌识别相结合的系统，来辅助公租房管理服务中心工作人员进行项目管理。

中国联通借助对人脸识别技术、车辆识别系统的深刻理解和行业经验的积累，通过包含“人脸识别摄像机的采购及安装”“人脸识别软件的配置”“车牌识别系统的安装”“人脸识别门禁的安装”“信息化中心机房的升级”“演示调度室的建设”的综合解决方案实现人脸识别安全管理系统建设，发挥联通移网固网融合优势，以及综合组网能力、系统集成能力、运行维护能力等综合优势，实现北京市保障性住房建设投资中心的有效管控、规范运营。

在软件应用方面，2019 年北京亦庄 12 个保障性住房社区将建成“智慧小区”，“智慧小区”是一款深度构建化定制的社区 App，它将信息通知、物业服务、物业缴费、社区活动、周边商铺、社区圈子等生活帮助信息及服务整合在一部小小的手机里，为社区住户带来方便、快捷与实惠。一方面，物业公司使用该 App 可以提升物业服务质量，提高物业公告等信息的覆盖率；另一方面，物业公司使用该 App 可以节约人力成本，并通过 App 中的商家模块，获取一定的经济效益。

“智慧小区”App 将覆盖博客雅苑、亦城茗苑、亦城科创家园、亦城景园等 12 个保障性住房社区，为 2 万套住宅的 5 万多名住户提供服务，应用于公租房、人才公寓、自住型商品房、共有产权住房等多层次和全品类保障性住房的复杂场景。在社区服务管理方面，将智慧、低碳、精准、高效、增值服务的管理精髓植入“智慧小区”App 平台，在保障房社区管理中应用最全面、系统的解决方案和最先进的信息化手段，优化管理流程、提高管理效率、提升客户满意度，打造北京市乃至全国的保障房智慧化运营管理标杆项目，为开发区职住保障事业提供更好的服务。

2. 深圳“互联网+住房”实现住房保障智慧监管

2019 年 8 月，《中共中央国务院关于支持深圳建设中国特色社会主义先行示范区的意见》（以下简称《意见》）正式发布。在改善人居品质方面，《意见》提出要实现全体市民“住有宜居”的民生目标。

作为深圳中心城区和首善之区，福田区要实现从“住有所居”迈向“住有宜居”，福田区住房和建设局利用“互联网+”升级管理模式，实现了从过去以人为主的管理方式到以监管人员为载体、以终端服务器为手段的监管方式的根本性转变。“互联网+住房”实现住房保障智慧监管，以两个小区为试点，启动福田区智慧住房管理系统开发工作，承租人可在线完成实名认证、合同签订、租金缴纳、工程报修，简化群众办事流程，提高管理工作效率，促进福田区保障房管理全面升级。

深圳住房自有率仅 23.7%，为了解决年轻人租房难的问题，由深圳市住房和建设局牵头搭建全市统一的住房租赁监管服务平台，坚持“房子是用来住的，不是用来炒的”定位，突出租赁住房民生属性，深圳官方的智慧租房系统在此背景下应运而生。深圳住房租赁监管服务平台以“互联网+租赁服务+公共服务”为定位，为市民提供“一站式”的租赁信息服务，实现“全市房源全覆盖、公共服务全纳入、租赁环节全打通”，最为重要的是，平台对接政府监管后台，对从业主体资质和房源真实性进行核验，做到“真房源、真身份、真委托”，切实保障用户“安全感”，为用户的找房之路“保驾护航”。

3. 杭州走向 2.0 时代的智慧“住房保障”

杭州政府推出了杭州市公租房智慧管理系统平台——“多级安全协同管理系统”，并成功地在杭州最大的公共租赁房项目——杭州田园区块公租房中率先投入运营，取得了显著的经济效益和社会效益。

杭州全数字化、集成化、智能化平台系统，解决了住房保障管理部门、社区、物业“协同管理”的难题，将部分保障房业务通过全数字化、集成化、智能化平台系统进行管理，该业务包括资格审核、摇号选房、合同签订、租金收缴、房源维修、退出管理等。

一卡通智能门禁系统和住户催缴费系统，一是利用 4C（计算机、自控、通信与网络、IC 卡），将单元门、电梯、入户门三级门禁系统的使用状态与租金缴纳情况和租户租赁期绑定，实时了解住户需求和租赁动态信息，提高保障性住房管理效率。门禁卡的使用期限固定，一般为公租房租赁期，租赁期结束或租赁关系解除，则使用期终止；二是室内门禁终端与可视抓拍、可视通话、接受社区通知、浏览周边商户信息、医疗紧急援助等功能绑定。

同时，杭州保障房物业管理也被纳入杭州智慧城市建设范畴，加强政府的主导作用，规范管理模式，充分调动物业管理公司等社会力量。在保障房规划设计阶段开展基于智慧城市的物业管理可行性研究，内容包括功能设置、施工建造、安装调试、建筑质量、监理验收等，使建成后的物业管理能够满足业主和住户的智能需求，实现“规划前置”，使公租房承租者们的日子过得更舒心。杭州保障房物业管理不仅有健全的智能安防系统，业主和住房还可以在家直接呼叫社区、物业、邻居，也可以直接获取访客图像，为残疾、高龄等保障对象提供了极大的便利。此外，社区服务系统还能为居民提供日常生活的常用信息，如社区活动、商户信息等。值得一提的是，智能化的管理有效地缓解了公租房“退出机制难”这一问题，杭州市建立了公租房和商品房信息智能化共享平台，若有承租人购买了商品房，在网签时信息系统会发出提示，此时承租人必须退还公租房才能办理商品房的购买手续。

杭州“住房保障”的智能化不仅体现在房屋的管理方面，也体现在资格申请、信息共享等方面。杭州在全国范围内率先开发应用“网上公租房房源互换平台”，承租人可以通过该平台自行选择适合自己的房源，从而降低通勤成本，维持职住平衡，提高生活品质。此外，浙江还在全省范围内率先开发应用“公租房网上预申请平台”，申请家庭只需要在平台上进行预登记申请、上传相关资料，然后到市级审核单位签字确认即可。插上“互联网”翅膀的“住房保障”，从申请到居住的全过程为承租人提供了极大的便利。

3.3 住房公积金管理

3.3.1 概述

1. 住房公积金管理发展现状

住房公积金制度是我国为解决城镇职工住房问题而推行的一项强制性住房储金制度，经过 20 余年的发展，在提高我国城镇职工收入、增强职工住房消费能力等方面发挥了重要的作用。随着住房金融市场竞争的加剧、公积金体制的革新、业务的发展、监管的加强等，对住房公积金的管理和服务提出了更高的要求。无论是在优化服务、发展规范业务上，还是在强化内控、安全保障、监督管理上，信息化手段都发挥着重要的作用。目前，住房公积金管理基本上已经实现了原始的手工作业到电算化的转变，基本满足了业务发展的需要。

2. 住房公积金资金管理方式转型重点

住房公积金虽然给我国社会民众带来了很多便捷，但公积金的管理方式一直都不理想。虽然在近几年的发展中，一些省份开始利用互联网技术来提高公积金管理的服务水平，但由于对新一代科学技术的使用还不够熟练，使得公积金管理水平的提升依然非常有限，难以达到预期的效果。

1）住房公积金的资金管理效率

一是住房公积金的资金投资渠道窄、收益低；二是住房公积金的网点和人员缺乏、效能低；三是住房公积金结算不及时、影响大；四是地区发展不平衡，资金的使用效率不高。

2）住房公积金运营管理监管

尽管我国对公积金的监管责任做出了明确规定，但是一直以来，地方政府过度干预、外部监管不足、公积金内部控制弱化等问题没有得到足够的重视，以至于“骗提骗贷”、挪用资金、徇私舞弊的事件时有发生。

3.3.2　架构

根据物联网信息发展和住房公积金资金管理方式转型的发展需求，智慧住房资金管理建设的总体框架如图 3-4 所示。

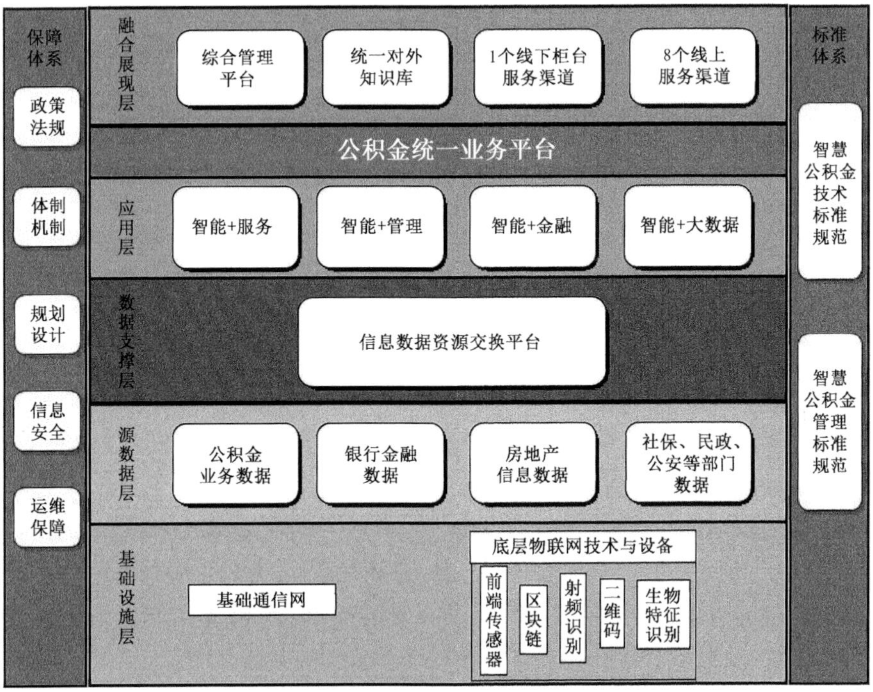

图 3-4　智慧住房资金管理建设的总体框架

在住房公积金管理现有的信息化发展基础上，可以从 5 个方面开展“智慧公积金”的规划与建设，包括基础设施层（构建网络传输与通信系统，包括传感网、物联网和互联网）、源数据层（构建数据仓库与云数据中心，涵盖各业务部门数据）、数据支撑层（实现数据交换与共享服务）、应用层（构建众多业务应用系统）及融合展现层（开展综合管理和对外服务渠道），同时，需要重视相关保障体系的建设，包括政策保障（政策、机制、资金等）、技术保障（技术、标准、人才）及安全保障。

1. 基础设施层

基础设施层实现信息的获取与资源接入、数据的交换与信息传递、业务系统的运行，支撑整个智慧公积金的运维，其中涉及各种设备互联、数据采集、访问操作等服务。根据住房公积金信息化管理工作需求，基础通信网和底层物联网技术与设备一方面为日常公积金业务提供技术支撑，如安全的身份认证、资金信息核查、全面安全监控等，另一方面通过对前端数据指标的采集，逆向支撑业务服务质量的提升。

2. 源数据层（数据基础设施体系）

源数据层构成整个智慧公积金的数据基础设施支撑环境，主要包括数据仓库与统一数据访问平台两个部分。数据仓库支持结构化数据与非结构化数据的管理与维护，涵盖基础数据库及面向业务应用服务的各种业务数据库，同时实现底层数据资源的互联与共享。以此为基础，统一数据访问平台为各种业务应用提供统一的数据访问接口服务，屏蔽底层数据实现细节，实现数据资源的无缝集成。

3. 数据支撑层

信息数据资源交换平台主要提供数据建模资源目录管理、数据采集、数据质量管理、数据交换共享功能。

4. 应用层

四大应用包括“智能+服务”“智能+管理”“智能+金融”“智能+大数据”。“智能+服务”构建了“1+1+1+8”新型服务体系，围绕业务模式转型、组织机构优化等内容开展顶层设计，为顺利建设智慧公积金起好步；“智能+管理”对渠道运行指标、用户体验评价指标、业务办理数据等进行监控、分析与应用，实现业务、服务、财务精细化管理；“智能+金融”对照金融行业先进管理模式，利用区块链技术，以资金运营为核心，实现业务账、财务账、资金账“三账合一”，通过优化划款方式实现非批量提取业务“秒级上账”；“智能+大数据”实现与社保、民政、公安等部门的信息共享和业务协同，利用物联网采集大数据，探索性开展“用户画像”，为用户提供便捷、精准的公积金服务。

5. 公积金统一业务平台

在智慧公积金整体框架下部署统一的业务平台服务体系，实现应用建模、流程管理、任务执行、资源服务访问调度的工作。

6. 融合展现层

融合展现层主要以应用层的四大应用系统为基础，结合公积金统一业务平台，建设综合管理平台，统一对外知识库、1 个线下柜台服务渠道和 8 个线上服务渠道，实现用户登录“一渠道注册，全渠道通用”。

3.3.3 应用案例

1. 浙江衢州住房公积金政务服务智慧化

近几年，衢州市住房公积金中心始终坚持“以人民为中心”的服务理念，把“政务服务”打造成工业生产流水线的“标准化产品”，进行课题研究，积极推进制度设计、政策体系、管理模式、业务流程、风险管控等系列改革和创新，利用物联网、云计算等新一代科技全面实现了智能化业务的 8 项创新改革成果。

“受理智能”，提供最便捷的受理服务。在全市域 8 个公积金服务网点实现跨区域受理；开通公积金 App、支付宝城市服务等 8 条受理渠道，实现个性化受理服务；引进“身份证网证”试点和“人脸识别”技术，推行个人“身份电子化”认证受理。

“链接智能”，充分发挥大数据功能。各类证明智能链接查询，在线获取办理公积金业务的 17 项政府部门的证明材料；开通 18 家主要商贷银行的商贷数据查询功能，实现了“商贷还贷提取”数据自动链接查询；成立全国首家住房金融大数据开发应用联盟，推行公积金个人信用贷款的金融增值服务，满足百姓生活消费需求。

2. 支付宝公积金提取

浙江省直公积金中心推出了一项便民举措，只要是浙江省直单位缴存公积金的职工，就可在支付宝上直接办理公积金无房提取、本市本人购房提取、离退休提取等业务，一次都不用跑、一份材料都不用带，这项服务在全国尚属首创。

打开支付宝，选择“城市服务”，依次点击“公积金”“公积金查询提取”“浙江省直单位公积金”，第一次操作的用户需要进行芝麻认证，即同意支付宝“查询你的人脸照片”，随后拿起手机对着镜头眨眼即可完成认证，之后点击“公积金提取”，绑定银行卡后可办理“无房提取”“离退休提取”“购房提取”。全程操作不过几分钟，之后就可以等待公积金到账。在支付宝实名制的基础上，再加上人脸识别技术，可以确保用户为本人办理。支付宝技术专家表示，目前人脸识别技术已经达到金融级的准确度和安全性，准确率超过 99.6%，并且结合眼纹等多验证因子，准确率可达 99.9%。

3. 大连“智慧公积金”

近年来，大连市住房公积金管理中心不断加大信息化投入，大力拓展信息系统应用范围，深化智慧公积金建设，并以信息化、智慧化促进业务流程再造，引领住房公积金管理层次提升，让住房公积金更加便民惠民。

新系统建设着力打造“三个平台”。一是综合性的业务管理平台，将住房公积金、其他房改资金及代办银行相关业务纳入统一管理，集各类资金的处理与结算于一体；二是高效便捷的综合服务平台，集网站、手机 App、客服热线、自助终端、微博、微信、多媒体查询等多种服务渠道于一体，提高客户办事灵活性和自主性；三是报表分析和决策支持平台，该平台功能强大、使用灵活，为加强业务分析和科学决策提供有力参考。

4. 蚂蚁金服住房公积金行业应用

蚂蚁金服金融科技携手华信永道打造的“联合缴存证明及失信惩戒云平台”（以下简称“失信惩戒云平台”）在海南登录，为当地在全国率先实现公积金缴存证明及黑名单的跨中心、跨地域共享提供助力，这也是区块链技术在住房公积金行业的首次引入。

“缴存证明平台”让外地人在海南使用非本地公积金买房时，不用再额外花费时间和精力往返于两地来确定自己公积金缴存情况，只需要通过支付宝开具缴存证明，海南公积金中心就可以确认购房人的缴存情况，用户可以通过公积金官网、手机 App、支付宝城市服务等渠道，查询电子缴存证明，缴存证明使用二维码、缴存证明编码和电子签章等技术手段，保证其合法性和验证的便捷性。

“失信惩戒云平台”利用区块链技术共享数据，各城市住房公积金管理中心只需接入平台，把黑名单写在链上，就能实现可信记录共享，且不可篡改，而失信人异地办理住房公积金业务也会受到影响。基于区块链的“公积金失信黑名单”，不仅实现了各公积金管理机构间的失信黑名单共享和联合惩戒，更能够可溯源、防抵赖、防篡改，列入和取消云平台黑名单需遵循“谁认定谁管理”的原则，同时，云平台还具备与政府监管部门互联功能。

3.4 智慧住区

3.4.1 概述

智慧住区是指充分利用云计算、物联网、移动互联网等新一代信息技术的集成应用，为住区居民提供一个舒适、安全、便利的生活环境，从而形成一种基于信息化、智能化社会管理与服务的新管理形态住区。建设科学化、智慧化的住区是智慧城市的重要部分和基础支撑，是智慧城市建设“百姓感受”判断标准的最佳落脚点。

目前，我国正大力倡导建设智慧城市，提高城市的智能化管理水平，要实现这一目标，智慧住区显然不容忽视。从总体来看，智慧住区涉及智能楼宇、智能家居、智能安防等多个领域，主要包含安全防范系统、智能家居系统、智能管理系统等几大层面。借助物联网将相关设备连接起来，可完善住区的基础设施，给住区居民的生活提供更多的便利，并有效改善住区医疗卫生、文化服务等活动开展的相关环境，同时，采用物联网技术后，整个住区的智慧化水平也有了进一步的提升。

当前，基于物联网技术的智慧住区建设和管理实现了“以人为本”的需要。智慧住区的居民、商户、社区管理者等主体，通过物联网技术建设的智慧住区应用平台，实现对整个住区人、车、设备等资源的监控。通过物联网技术的应用，实现住区的智能化管理，更能满足居民的生活需要，实现更美好的生活；通过物联网技术的应用，使得海量信息被过滤，降低了住区管理难度，实现诸多住区管理的自动化、智能化；通过物联网技术的应用，能够通过感知技术，将人与物的信息进行高度感知、互联，在人与物之间建立起海量、泛在信息源，保证智慧住区中人、物能够被感知、分析，从而建立互联业态。

3.4.2 架构

智慧住区建设要以政策标准和安全运行体系为保障，以智能化的城市建筑、市政和信息化资源等设施为基础，以城市公共信息平台和城市公共基础数据库为支撑，构建智慧型住区综合信息服务平台，进而为政府、企业、居民等用户提供智慧政务、智慧服务和智慧物业等信息化服务。智慧住区是由人、信息化系统、基础设施、政策标准等要素共同构成的，并融入智慧城市的智慧型生态环境，智慧住区系统架构如图 3-5 所示。

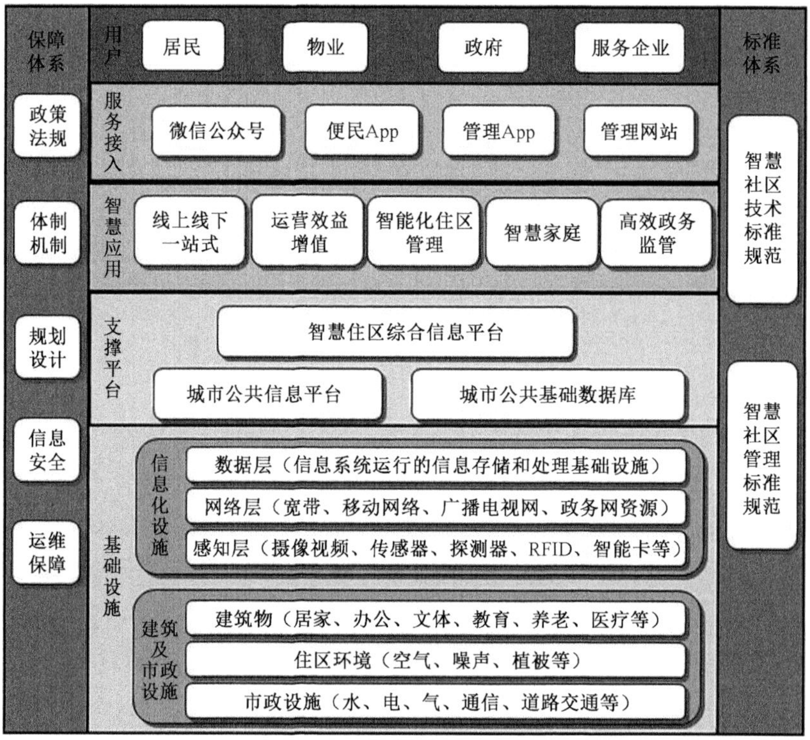

图 3-5 智慧住区系统架构

1. 基础设施层

建筑及市政设施，包括住区建筑、公共建筑，指教育、医疗卫生、文化体育、社会服务、行政管理、基本单元服务、商业服务等设施；也包括配套基础设施，指住区内的道路、公交、燃气、供水、排水、环卫、绿化、电力、通信、路灯、有线电视网络等设施。

信息化基础设施层，包括感知层，通过摄像视频、传感器、探测器、RFID、智能卡等物联网技术和设备，对住区中的人、事、地、物等要素进行智能感知和自动获取；网络层，主要通过互联网、物联网、广电网、各类专网等，将智慧社区基础设施中的各类数据集整合；数据层，承载信息系统运行的信息存储和处理基础设施，包括云资源或住区自建信息中心资源，支撑智慧住区平台的部署、运行和维护，并通过统一的数据格式和标准与其他系统进行数据共享交换。

2. 支撑平台层

智慧住区综合信息平台架构在城市公共信息平台和城市公共基础数据库上，由市级或区级统一建设，通过数据规范和接口服务，将政府相关部门业务数据和商业服务数据接入，支撑各类智慧应用服务，与上级平台实现数据共享。

3. 智慧应用层

智慧应用体系架构在智慧住区综合信息服务平台之上，涵盖了以物业服务、公共服务为主的线上线下一站式服务，以智慧住区运营、运营增值平台为主的运营效益增值服务，以住区管理、公共安全管理为主的智能化住区管理服务，以智慧家庭应用为主的智慧家庭服务，以及以政务监管、综治协同为主的高效政务监管服务等，涉及住区管理、服务、运行、监管 4 个层面。各类应用遵循智慧住区综合信息服务平台建设规范的标准，通过数据交换和整合，用平台统一向居民、企业等提供服务，并对各种活动做出闭环响应。

4. 服务接入层

智慧住区综合信息服务平台应根据不同用户特点和业务应用模式提供微信公众号、便民 App、管理 App、管理网站等业务接入方式。

5. 用户层

智慧住区的用户和服务对象主要包括居民、物业、政府、服务企业等群体组织。

3.4.3　应用案例

1. 应用

1）综合安防

入侵报警系统。一般的入侵报警系统多采用线型探测器，线型探测器多采用双路/四路主动红外探测器组成防非法跨越报警系统，系统采用模糊控制技术，有效避免由于杂物、小动物、暴风雪等非人为因素对探测报警造成的影响，同时保证对较大物体和人的非法翻越行为的即时报警。当探测器检测到入侵信号时，立即向小区物业接警中心报警，接警中心联动控制器打开相关区域探照灯，发出报警警笛，启动录像机，模拟电子屏动态显示报警区域，接警中心监控计算机即可弹出电子地图。

门禁系统。门禁系统能够对智能住宅重要通道进行管理，不仅可以控制人员的出入，还可以控制人员在楼内及敏感区域的行为。在楼门口、电梯等地点安装控制装置，如读卡器、密码键盘、指纹读取器等。住户要想进入，必须使用门禁卡或输入正确的密码，或按专用手指才能获准通过。门禁系统可对门的开启与关闭进行有效管理，保证授权人员自由出入，限制未授权人员进入。

智能门锁系统。智能门锁系统是区别于传统机械锁，在用户识别、安全性、管理性等方面更加智能化的锁具。智能门锁通常具有自动电子感应锁定系统，感应到门处于关闭状态时，系统将自动上锁，智能锁可以通过人脸、指纹、手机、门禁卡、密码等方式开启。在近年的智能门锁相关技术和产品中，更强调安全性，防止密码被窃取、卡被复制，此外，智能门锁往往可与智能家居连接。

电梯层控系统。电梯层控系统实现了物业管理公司对小区内住户、外来人员进出楼层更有效、安全的管理。所有使用电梯的持卡人，都必须先经过系统管理员授权。当使用电梯时，不同的人有不同的分配权限。每个进入电梯的人经过授权可以进入指定的区域或楼层，并且可以根据时间权限表与楼层权限表进行授权管理，未经授权，无法进入管理区域的楼层，由此可对重要楼层进行时间段控制。

2）智慧停车

智慧停车系统不仅能识别车辆信息，控制车辆的出入，还能对进出车辆进行管理，协助居民快速停车、找车。通过建立智能监控卡口，预先采集业主车牌和车辆外部信息，在出入口使用系统高效识别车辆，联动闸机放行，同时访客来访信息可被推送到被访者的可视对讲室内机，实现了人、车、卡口间交互，改变了以往单一的停车识别方式。另外，可接入社会治安系统，便于治安防控稽查，提高了打击涉车不法行为的及时性和精确度，更好地维护社会稳定。

在智慧停车中，较为基础的技术是停车位上使用的智能车位锁技术和地磁传感器技术两种物联网技术。

智能车位锁：通过蓝牙控制车锁升降，当车锁升起时，车辆无法进入停车位；当车锁降下时，对应车辆驶入。由于住区中的停车位主要分为私家车位和物业持有车位两种，对于业主来说，智能车位锁能够很好地防止别的车辆占用私人车位，并且能够便捷地开关车位锁，免除手动开车位锁的麻烦；而物业管理的车位则可以通过安装智能车位锁，在方便地分时或包月租给用户的同时，使用智能后台进行收费、管理。

地磁传感器：地磁传感器是地面诱导系统的前端感应装置，当车辆进入停车位时，切割磁感线会引起磁场的变化，地磁传感器会随之判断车辆进入该泊位，准确锁定车辆的停留、离开时间，并传输到管理系统后台，轻松获得空余车位数量信息，从而诱导车主合理选择停车地点。

RFID：利用 RFID 无须人工干预即可自动识别的特点，可以实现停车场智能化出入管理，改变停车场进门停车取卡、出门交卡缴费的传统模式，解决了由此引发的出入口通行效率低下的问题，提升通行效率。

车牌识别和不停车电子收费系统（Electronic Toll Collection，ETC）：这两种技术是场库级智慧停车用到的技术。ETC 技术是智慧停车领域近年迅速发展的重要技术；车牌识别技术利用摄像头拍摄车牌或利用 ETC 准确识别车辆身份，记录车辆进出场时间以准确收费，使车辆快速通过，无须停车进行人工记录。

NB-IoT 技术和 LoRa 技术：这两种技术是城市级智慧停车所应用的技术。NB-IoT 技术利用窄带通信功耗低、覆盖广、密度高的优势，使停车设备直接联网，地磁、地锁、充电桩、道闸可以把信息源源不断传输到网络平台；LoRa 技术在近年形成了行业规范和共同平台，可以使小区联网组成大网络。

对于车主来说，智慧停车能够协助车主完成停车相关的一切操作，如预先了解停车场空余车位状况、免取卡进场、车位引导、反向寻车、无感支付等，可以大大节省停车时间，提高车主体验，同时能为自己家里的固定车位进行月租缴费，车位共享。

对于智慧住区管理者来说，全面利用物联网技术的智慧停车系统可以把单个停车场和单个车主的数据进行互联、互通，打破停车场的信息孤岛，将停车和智慧住区物业管理、公共出行等进行良好且高效的结合。

3）智能抄表

智能抄表主要包括智能水表、燃气表、热计量表。传统的表具主要用于计量，抄表方案存在协议不统一、功耗及干扰大、安全性不足等问题。智能表具，如物联网表和 NB-IoT 表解决了抄表方案的运维问题、传输问题、干扰问题，具有广覆盖、低功率、大连接、低成本的优势，通过无线传输模块实现物联网终端的接入和数据回传，实现计量数据远程智能传输、缴费等功能。基于物联网远传数据，可实现抄表领域的在线集抄、实时监控、大数据分析、相关行业信息化等功能，可以减少人员投入，提高运营效率，提升城市/社区管理效率和服务水平。通过分析不同群体的用能习惯，提供更具有针对性和科学性的动态管理，科学合理地指导基础设施建设和改造。

2. 案例

1）贵阳市花果园智慧社区

贵阳市花果园社区是全国最大的社区之一，日人流量突破 60 万人次。巨大的人流量造成了社区管理上巨大的负担，但是也为花果园社区的信息化管理发展提供了无限的可能。花果园社区每日生成的数字资源总数可达 3000TB，基于这些数据，产生了“云”效果，这为花果园智慧社区的建设奠定了基础。花果园社区在 2016 年开始了智慧社区建设计划，并在一定程度上取得了一些成果及经验。

花果园社区服务中心已经实现了“一站式”服务大厅，居民可以在服务中心进行户籍户口申报、缴纳费用等多种服务。在服务大厅的二楼有一个超大型 24 小时监控调度指挥中心，从这里可以监控到花果园社区各个街道的实时景象，在保护社区居民财产安全的同时，可以让工作人员第一时间察觉突发情况。若花果园社区发生火情，消防人员可以迅速找到起火点，分析火情并迅速进行灭火。花果园社区还实现了智慧停车场的建设，居民开车前往商场时可以利用手机 App 提前预约停车位，从而实现了城市交通的精细化管理。

在线上服务方面，花果园社区服务中心拥有自己专门的网站，在网站里有服务中心的政务公开、机构设置、工作信息、书记信箱、主任信箱、民生监督、便民服务等服务，社区居民不用去服务中心大厅就可以获取自己想要的信息，查询办理各项事务所需的材料和流程，居民也可以在这个网站上发表对社区中各种问题的投诉及对各种事项的建议。花果园社区还有一个居民专属的业主交流平台，居民可以在这个平台上随意发布突发事件信息、房屋租赁信息、社区存在的问题，甚至自己生活中的美食发现或家装心得。这个网站拉近了社区居民之间的距离，激发了居民对于社区的认同感。

除生活舒适、方便、快捷的需求之外，社区居民的文化生活也十分重要。社区居民可以通过网络查询当日电影院影片放映安排及各类活动室内的拥挤情况，居民也可以通过网络查询借阅社区图书馆内的各类书籍。智慧社区的建设很大程度上促进了花果园社区的文化建设，从而提升社区居民的整体素质，促进社区良好发展的进程。

2）陕西省西安市临潼区骊山新家园智慧社区

骊山新家园是西安市重大民生工程，也是目前西安规模最大、配套设施最为齐全的新型城镇化社区。骊山新家园智慧社区的综合配置水准处于西安市领先水平。骊山新家园智慧社区建设的公共集成服务体系——以居民为中心的“智慧临潼民生空间服务应用”，提高了智慧临潼服务之窗、政务服务中心、政府服务热线等多渠道联动的集成服务能力，还推动了电子公共服务向基层延伸，使居民在社区和街道基层服务站点享有社会救助、劳动就业、社会福利、社会保险等各种便民服务。

在全国智标委的指导下，相关公司与管理委员会共同成立智慧社区运营单位，提供骊山新家园智慧社区内项目管理及相关服务，并于 2014 年年底前完成骊山新家园智慧社区满足全国智标委归口的标准及文件要求的系统实施改造。

骊山新家园智慧社区成功的经验在于严格按照全国智标委归口的标准及文件要求，统一做好顶层设计，统一规划，结合后期运营需求，实现社区内的水、电、气、停车、小额消费医疗等功能的联网。

3）浙江省嘉兴市罗马都市智慧社区

罗马都市智慧社区位于嘉兴市南湖新区东栅街道，属嘉兴市最有发展潜力的东南区域。

罗马都市智慧社区以统筹和整合社区现有各类信息化应用资源为切入点，以满足社区居民、社会组织的需求为落脚点，构建社区管理、居家养老、文化娱乐、健康保健、社区生活、电子商务和便民服务为一体的智慧化综合信息服务平台，为政府、居民、社会组织等提供人文化、多元化、社会化的公共服务，全力打造生活服务更便捷、生活环境更优美、生活状态更和谐、幸福指数更高的智慧、人文、宜居的现代新型社区。

全国智标委实地调研考察发现，罗马都市智慧社区房间内智能化设备齐全，每户均配备智能终端，居民可以在智能终端上进行家庭场景模式控制、安防自动报警、火车飞机票预订、商超购买等，并且物业的维修及反馈速度非常快。

罗马都市智慧社区按照全国智标委归口的标准及文件要求，统一做好顶层设计、统一规划，结合后期运营需求，实现社区内的水、电、气、停车、小额消费医疗等功能的联网，保证区域居民使用的资源能满足标准。

4）江苏省丹阳广播电视集团智慧社区

丹阳广播电视集团智慧社区试点以“政府主导、政企共建、带动产业、服务社会、幸福民生”为总体原则，通过信息化公共服务平台、智能化民生服务平台、网络化跨屏服务平台三大信息平台，加快广电网络双向改造，开展各类增值业务，集城市管理、公共服务、社会服务、居民自治和互助服务于一体。它覆盖城市基础设施、资源环境、社会民生等领域，优化了可用资源，极大地提升了城市信息化水平和居民生活幸福指数。

在此基础上，社区居民可以享受如周边交通实况查询、“淘丹阳”电子商务、水电气费查询缴纳等服务，这将进一步推进政府管理和市民生活智慧社区建设，也为全国智标委的智慧社区标准化工作带来了有益的借鉴。

下一步，丹阳广播电视集团将进一步和全国智标委展开紧密合作，在现有智慧社区的基础上，发挥广电网的优势，形成基于社区信息处理的新生活产业发展及社会管理模式，同时遵循规范标准进行建设，形成智慧社区代表性示范工程，面向未来构建全新的城市形态，为丹阳的智慧城市建设贡献力量。

丹阳广播电视集团智慧社区的建设有着自己的特色和优势，成功将传统数字电视机顶盒与互联网、信息化服务相结合，通过家庭智能信息终端将智慧社区服务推送到社区内部，形成了依托数字电视网络，融合物联网、云计算等技术，实现社区智能家居、信息互动、社区安防、远程医疗、老人关爱、物业管理等业务的综合性智慧信息平台。

3.5 智能家居

3.5.1 概述

智能家居进入我国已经有将近 10 年的时间，最初主要以电器远程控制、灯光遥控控制和电动窗帘控制为主。随着技术和应用需求的发展，智能控制的功能越来越多，控制的对象不断扩展，对控制的联动场景要求更高，其不断延伸到家庭安防报警、可视对讲、背景音乐、门禁指纹控制等领域，可以说智能家居几乎涵盖了所有传统的弱电行业。

智能家居解决方案包含智能视频监控、智能灯光窗帘、智能门锁、智能安防、智能背景音乐、智能家电、智能影音等若干子系统的解决方案，从安全、健康、便利、舒适的角度，结合智能安全、智能家居、智能家电等产品，从整体上提供高质量智能家居解决方案，如图 3-6 所示。

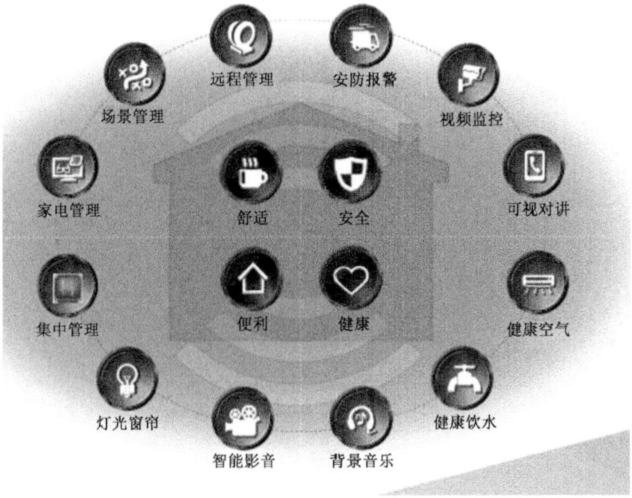

图 3-6　智能家居解决方案

3.5.2　架构

智能家居系统架构包括基础设施层、平台应用整合层、平台应用层、可视终端接入层，如图 3-7 所示。

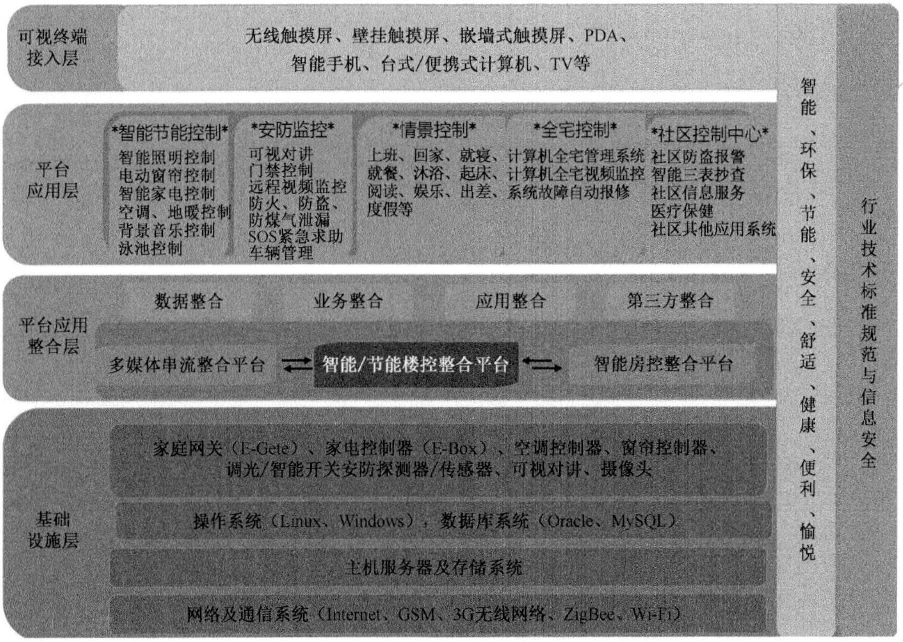

图 3-7　智能家居系统架构

1）基础设施层

基础设施层包括传感终端、控制终端、操作系统、数据库系统、主机服务器及存储系统、网络及通信系统等。

（1）传感终端的主要作用是对家居环境数据进行实时采集与上传，采集的数据类型可以是温湿度、光亮度、烟雾浓度、可燃气体浓度等。

（2）控制终端的主要作用是对家用设备的控制，包括对电视机、空调、门禁等的控制。

（3）主机服务器及存储系统，既包括对控制指令的识别与操作，又包括对系统数据的存储。

（4）网络及通信系统，包括 ZigBee 网络和通信网络。ZigBee 网络是感知数据和控制数据的重要通道，通信网络包括 Wi-Fi 等。

2）平台应用整合层

平台应用整合层包括多媒体串流整合平台、智能/节能楼控整合平台、智能房控整合平台。

3）平台应用层

平台应用层包括智能节能控制、安防监控、情景控制、全宅控制、社区控制中心。

4）可视终端接入层

可视终端接入层包括无线触摸屏、壁挂触摸屏、嵌墙式触摸屏、PDA、智能手机等。

3.5.3 应用案例

1. 应用

物联网将家居物品连接到互联网，将互联网与物品特征、属性或网络标示等进行有效整合，这样用户可以对所有的家居物品进行通信、操作。物联网为用户安装、使用、维护智能家居产品提供了便利，用户可以按照说明书快速组装智能家居系统。物联网智能家居集合了多种先进技术，通过统筹管理为用户创造安全、舒适、健康与低碳的生活。

1）家居安全防护控制

采用网络技术、红外技术、传感器等为智能家居提供安全防范措施，即视频监控系统与安防报警系统。视频监控主要包括主机、摄像头、显示器、录像机等，能够对室内、楼道进行实时监控，并记录动态的录像，以便事故发生后能为调查人员及时提供影像资料；安防报警主要包括防火防盗、防止易燃气体泄漏、紧急呼救等，在家庭控制器内安装报警电话，一旦发生火灾、煤气泄漏等突发事件或旁人非法闯入等紧急情况，安防报警系统会不停拨打报警电话进行保护或抢救，用户便会在第一时间收到系统报警信号。同时，用户通过物联网连接进行自动远程监控管理，可以随时随地了解家中的安全状态。

2）家电设备控制

用户通过连接计算机、手机等监控终端，将物联网对智能家居的管控嵌入进去，用户可以通过交互访问界面，根据个人需求与操作习惯，对家居中的家用电器、照明设施、煤气阀门等设备进行手动控制和无线控制，即使在户外也可以对家电设备进行智能化操控，并对相关数据进行采集，以便用户全面了解家居信息与状态，如通过温湿度传感器及空气质量传感器可以对相关数据进行采集、分析，然后自动开关窗户、空调、地暖等。

3）能耗监控

用户有效控制家居能耗一直是一个值得关注的问题。用户可以借助物联网智能家居平台，对各种家电设备进行协同管理，如采用能耗检测仪及智能三表采集器，实时监控、采集家庭环境中水电气的能耗数据。一方面，用户能完成水费、电费、燃气费的缴费支付；另一方面，用户能通过对设备能耗情况的清晰了解，有效避免不必要的能源浪费，使智能家居朝着节能减排的方向发展。

4）医疗健康检测与监护

在不影响用户正常生活的前提下，采用 ZigBee 无线通信技术对人体心电、血压等生理参数进行实时动态检测，检测准确性较高。如果家中有人生病，智能家居健康设备可通过物联网与住区医院进行远程检测诊断，尤其是当家中有老人时，有效结合基于物联网的智能家居技术与健康管理技术，可以对基于家庭的个人健康管理模式的构建起到帮助作用。另外，依托家庭健康生理信息采集系统，提供健康管理服务，可以对老年人进行远程监护。

5）家庭娱乐

基于物联网的智能家居技术和相关标准化体系，用户可以实现跨屏娱教，这种新的应用模式能够为用户提供一种全新的体验。用户可以通过连接网络的家庭终端及时了解日常信息，如交通情况、天气预报等，也可以了解影视、娱乐、游戏等多方面的娱乐内容。这些内容来源渠道多样，可以来源于专业机构制作，也可以来源于朋友分享，甚至可以来源于自己录制。

2. 案例

1）“智能家居全屋方案”在云米智慧之光落地实现

在沈阳，一家房地产企业把“智能家居全屋方案”率先落地，该项目方案名称为“云米智慧之光”，是云米科技联手吉润置地在2019年年初重磅推出的东北首家智能5.0洋房生活社区。项目以“云米互联网智能家”为精神内核，拥有东北首屈一指的智能化全屋家电系统，可以深度保障居家安全，提升洋房生活品质。该系统拥有近20项智能化应用，品类覆盖居民生活的方方面面，对原有的传统家电做了全面的替换，同时打破了传统家电间相互独立的使用情况，将人工智能和家电完美地结合，带人们走进了未来互联网时代的“家”。全产品的联动和智能化的操作，也打破了人们对于“家”的重新定义，本着“科技改变生活，智能让生活更便捷”的理念，在云米智慧科技的引领下，开启崭新的智能居住时代，让人们过上更智慧、便捷的生活。

云米小V：基于人工智能技术及人脸识别技术，智能家庭控制/交互中心通过手控、声控等方式联动全屋互联网家电和智能家居设备，让使用者更加舒适地使用高科技设备。

云米净水器：移动端与水龙头通过网络连接，可以实现移动端对净水器的智能控制，为使用者判断水质净化效果，了解目前饮用水的水质及净水设备的使用情况提供便利。

云米厨房电器：在云米互联网厨房中，通过声控方式完成电器的使用，还可以通过移动端监测厨房电器设备的使用情况，以及实现厨房电器远程操控。

云米家居生态圈：打通客厅、厨房、卫生间、卧室全屋智能设备互联，一屏显示，控制家居设备，贯通与运营汇集数据，为使用者带来更多智能体验，实现全屋智能家居生态圈，真正意义上提升居住者生活质量。

国内房地产市场经过20余年的快速发展，传统“卖房子”的销售模式开始显露疲态，对用户的挖掘显得尤为重要。因此，“卖服务”成为房地产企业的另一个关注点，而布局智能家居则被看作实现上述目标的有效途径，不仅能为业主营造一种便捷的生活方式，了解客户的各类生活场景，更能把握人工智能时代所赋予的发展良机。

2）海尔联手湾流国际打造智慧公寓：让家电服务智慧生活

由海尔家电与上海湾流国际合作打造的海尔高端智慧公寓“样板间”已经对外开放。在这个随时可入住体验的“样板间”内，语音控制、指纹解锁、家电主动服务成为亮点。

指纹解锁，智慧体验从入户开始。智能门锁改变了传统的开锁方式，门锁搭载密码、指纹、IC 卡等解锁方式，还有试错报警、防拆报警等保障用户财产安全的功能。

灯光、窗帘同步开启，“回家模式”省心省力。进入屋内，灯光、窗帘同步开启，根据用户后台设置的“回家模式”调节灯光亮度、窗帘开合程度，为公寓用户带来明亮、适宜的居住环境；若要离开，灯光、窗帘则自动关闭，方便快捷。

听广播、看新闻，“魔镜”便是浴室娱乐中心。浴室里配备“魔镜”，“魔镜”高清显示，在洗漱沐浴的同时可进行新闻网页的浏览，收听广播及音乐，还可操控热水器预约温度、加热时间；除此之外，还为女士准备了一个“小惊喜”——美妆秘籍，内置丰富的化妆教程，使用户可自学成为美妆达人。

遥控器语音交互，抛弃烦琐的按钮操作。出浴室环伺客厅，智能电视是智慧客厅交互中心，用户能通过遥控器对智能电视进行语音控制，电视节目可随意选择、暂停和快进，解决了老人和孩子因遥控器按钮多造成的操作困难。公寓内所有的智能产品均统一在电视端，全屋网器的信息数据在此整合。

语音指令唤醒小优，开启一天的智慧生活。室内配有小优智能音箱，可对全屋家电进行语音控制，可以播放歌曲及打开卧室窗帘。

住进这样的智慧公寓，不用面对传统公寓中老套的家电操作，只需要语音或 App 就能实现对全屋家电的操控，享受科技带来的美好生活。

3）海尔 U-home 与碧桂园联手打造智慧家居

海尔 U-home 与碧桂园集团基于双方各自的领域优势，在智慧社区、智慧家庭、智慧养老等领域开展深度合作。海尔 U-home 作为智能家居行业的领军品牌，通过网络实现对智能家居系统、安防系统等的智能化管理，为用户打造物联网时代的全新生活方式解决方案。碧桂园打造的安心家智慧社区平台，可以为社区和家庭的安防智能化业务提供综合管理服务。在智慧社区建设方面，碧桂园的安心家智慧社区平台整合了视频监控、一卡通、可视对讲、家庭安防报警、智能家居等子系统，海尔 U-home 可通过网络平台控制连通家庭安防、娱乐、生活在内的所有智慧生活场景“网器”，使得物联网时代的全新生活方式解决方案得以实施，让用户足不出户即可享受来自“社区中网”的各类增值服务。例如，社区居民可以通过手机远程视频查看小区公共区域和家中情况，一旦居民家中发生破门破窗事件，智慧安防系统将自动向物业发送警报，增强辖区居民安全感。同时，海尔 U-home 能够帮助物业精准地在线推送信息，快递托管、报修投诉、房屋租赁等生活服务都可以通过网络进行传达和投递，为业主和物业管理者带来最大的便利。

海尔 U-home 与碧桂园联手智慧社区系统工程，实现了业主、地产、物业、商家的多方共赢，将科技产品与物联技术深度融合到生活之中，实现了“家庭小网”“社区中网”“世界大网”的互通互联，让家中设备和社区设备智慧物联，围绕智能和生活打造出一条产业链，使居民在生活中收获便利的同时带动了多种产业外延的发展。

4）哈尔滨西雅图水岸打造“健康管家小区”

2018 年 6 月 17 日，西雅图水岸举行了“健康管家小区产品发布会”。在这次发布会上，西雅图水岸倾力打造的全新产品战略“健康生活+人文社区”在哈尔滨首次亮相，完美诠释了人居生活典范，满足了人们对健康生活和人文社区的渴求。

西雅图水岸配备一键紧急救助功能，居住无忧。在业主入住后，如遇紧急突发疾病，可以使用一键紧急救助按钮，管家将第一时间通知家属，在征得同意后，小区内的社区医生将上门进行紧急救护。同时，小区配备的救护车 24 小时待命，可及时预约三甲医院专属绿色通道，让业主实现不排队的高效就医，为全家人的健康保驾护航。

整合自有医疗资源和周边三甲医院，实现健康筛查一站式高端康养。项目周边享有三甲医院配套医疗资源，同时，开发商拥有完整、强大、先进的医疗资源和设备体系，通过先进科技的远程设备，可以与国内知名医院的专家进行远程会诊，实现健康筛查一站式高端服务。

实现健康监测、健康咨询。使用社区内先进的健康体检设备，能够让全家人在短时间内免费进行身体自检并打印体检报告，建立社区健康档案，随时监测日常基础健康信息，轻松便捷地掌握身体状态及变化趋势。如遇身体不适，可使用家中一键视频问诊功能，社区医生将及时为就诊者进行初步诊断并给出检查建议。

建造温暖的人文社区。西雅图水岸推行早晚呵护问询、精神慰藉、节日慰问等活动，打造了一个全新的精神文化生活圈，用爱给予实时陪伴与关怀。同时，不定期举办健康养生、疾病预防、健康知识普及等各类培训讲座，全方位打造康养生活范本。

随着人口老龄化时代的到来，患有慢性疾病和心理疾病的人数逐年上升，西雅图水岸为此创建的健康管家服务小区，将健康观念注入每个家庭，提高了居民防治疾病和调适心态的能力，激发了居民对健康及自我保健知识的需求。首创“全龄健康管家服务”的全新生活形态，提升了居住生活层次，引领了更多人关注健康生活。

5）深圳保障房智能家居智能系统试点

深圳市住房和建设局将龙海家园建成深圳市首个保障性住房绿色建筑及科技应用示范项目，选取 7 号楼及高度为 9 米和 16 米的两个平台，配备智能家居智能系统，并使用绿色环保能源。该系统包含室内的报警探测器、门铃、智能窗帘、家电控制模块、智能照明网关，各个部件最终汇聚于室内数字智能终端上，通过终端实现对家电、室内照明灯具、入侵报警、智能窗帘、门铃等设备的操作及查看，也可以通过智能终端，如手机接入系统，随时查看家居状态，该系统还可实现小区住户双向视频通话、预约电梯、留言留影等功能。

第4章 物联网在城乡建设与管理中的应用

城乡建设通过建设工程对城市及乡村人居环境进行改造、对城市及乡村系统内各物质设施进行建设。随着物联网、移动互联网、云计算等新一代信息技术在城乡建设中的应用的不断发展，城乡建设将变得更加智慧，融合物联网等技术的智慧化应用将渗透到城乡建设的方方面面，以物联网技术为基础的道路桥梁管理、给水排水管理、燃气及供热管理、市容环卫管理等就是应用物联网技术的典型案例。

4.1 城市管理监督

4.1.1 概述

城市聚集了大量的人口、建筑群，还有各种功能的集合体，这些功能相互之间有着密切的联系。现代城市管理需要构建复杂的智能系统，促进人、物的互动，提高城市运行效率。传统的城市管理缺乏信息管理思想，存在信息滞后、信息获取成本高、效率低等问题，导致城市管理被动，不能及时有效地解决问题。随着城市的快速发展，管理专业的划分也越来越细化。但是，城市管理各部门职责不清，职能交叉，管理工作混乱，部门间协调配合成本越来越高，此外，管理模式过于依赖突发事件和统一管理，缺乏有效的长期管理和社会共治机制，且技术手段落后、方式单一粗放、缺乏合理的监督评价机制，使城市管理始终处于缺乏综合协调、管理不到位、缺乏社会参与的尴尬境地。

利用新一代信息技术和创新的发展机遇，智慧城管是推进城市治理手段数字化、城市治理能力智能化的重要途径，是医治“城市病”的一剂良药。智慧城管以大数据、物联网、云计算、5G、AI 等新一代前沿技术为支撑，构建城市管理决策科学化、治理能力精细化及服务水平高效化的体系，使社会经济发展更科学、政府管理更高效、人们生活更美好，促进人、城市和社会的和谐共生。

4.1.2　架构

智慧城管框架如图 4-1 所示。

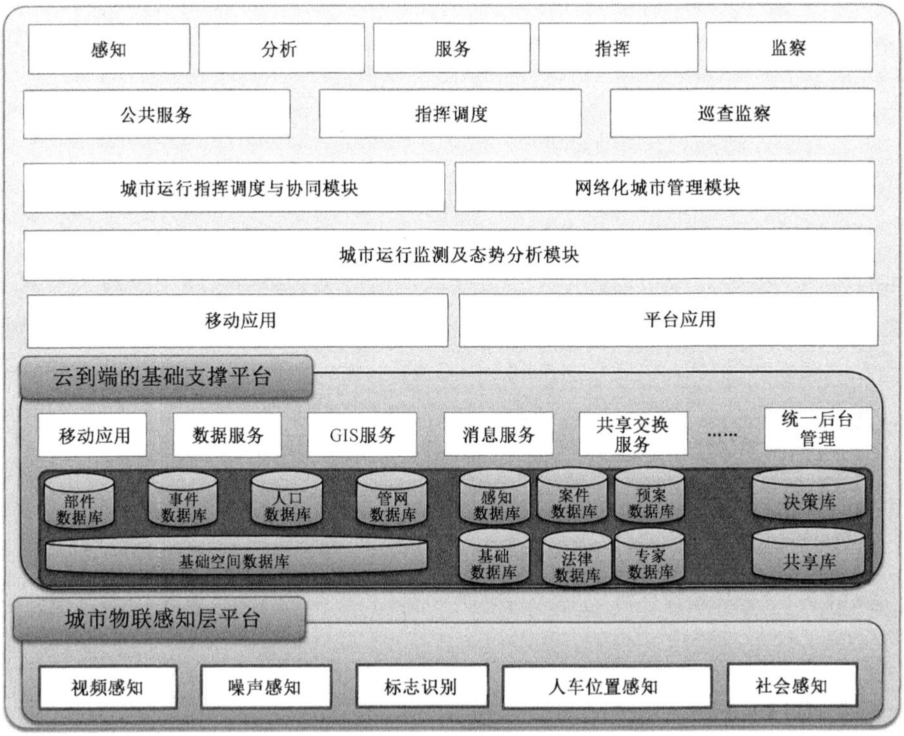

图 4-1　智慧城管框架

城市运行监测及态势分析模块以城市物联感知层平台为基础，在城市运行中实现物理信息的采集与监控、城市物理分析与预警、城市物理标志的多维显示等功能。

依托物联网技术，可以初步收集城市运营物联网感知大数据，支持城市规划、建设和运营管理，积极探索决策，实现城市运行数据采集和状态监测。城市运行监测信息平台基于水、电、气、热、通信等城市生命线，结合环保、气象、交通等关键业务数据，确保城市运营。通过图表、数据（包括正常参考范围）、二维图片等手段，对运行指标、物理数据和信息进行实时动态监测，通过监测，能够准确、科学、及时地掌握城市运行核心区的运行情况，为城市运行的早期监测争取时间。

（1）存在的问题和早期部署。

为加强对各类事件的有效控制和为预警管理提供必要的技术保障，需要确保对核心区域城市运行状况进行实时动态把握和对城市运行进行正常统计。根据各领域、各区域日常运行的总体情况，以图表、文字等形式，自动生成覆盖全市各领域和重点区域运行情况、重大事件处理情况的“城市运行标志和信息日报”统计报表，为做好日常运行分析等相关数据的统计工作、防止问题再次发生提供必要的数据信息服务依据。

（2）城市运行标志情景模型。

为了保证城市运行的高效、稳定、协调，各级城市运行指挥人员能够及时、全面、准确地掌握城市运行的有关标志，建立城市运行指标体系，实现对城市运行状况的监控。城市运行指挥平台在城市运行综合态势显示中采用了三维彩色态势模型，通过对同一指标不同维度和不同粒度的数据选择，实现了信息的全方位探索和比较。在三色分类机制中，绿色代表正常值，橙色代表预警值，红色代表异常值。观察维度包括指标维度、时间维度和区域维度，指标维度包括供水、排水、供电、燃气、供热、气象、环保、卫生、交通、旅游、卫生、食品、地震共 13 个方面；时间维度包括年、月、十天、小时等，实现了对不同历史时期城市运行状况的比较和城市运行趋势的预测；区域维度是指各要素按城市、地区和重要地区的分布。

（3）城市运行状况分析。

根据城市运行监测平台收集的各类信息，通过人机交互和专家咨询，对各个领域和区域进行专项分析和综合分析，并根据具体分析结果预测未来城市运行情况，尤其是综合分析城市运行各领域相关指标信息的相关性和影响，进而判断可能发生的异常情况，如极端天气对城市基础设施运行的影响，煤、电等各种能源供应的相互作用。通过对城市运行状况进行分析，为城市运行预测、预警和城市规划发展决策提供技术支持。

4.1.3 应用案例

1. 应用

1）上海浦东新区智慧城市管理

上海浦东新区通过建立城市运行综合管理中心、打造“城市大脑”来推进智慧城市管理，实现城市决策科学化、精细化、智能化。新区坚持体系建设与场景应用相结合的管理模式，形成了覆盖环境、交通、设施、安全、运维、执法六大领域的城市运行智能管理体系，同步开发了一系列精细化应用场景；坚持部门管理与系统治理相结合，打通各部门之间的业务系统，理顺流程，整合资源，关联审批、管理、执法数据，实现精准施策；坚持智能发现与闭环管理相结合，综合运用云计算、大数据、人工智能等新兴技术排查隐患，实现全流程自动推送、效果评估、过程监管；坚持盘活存量与社会挖潜相结合，形成共治格局，让有限财政投入撬动更多资源、取得更大利益。浦东新区依托最新技术手段，打造了“组织成体系、发现智能化、管理可闭环”的管理模式，探索出一条科学化、智能化、精细化的城市社会管理路径，为城市社会管理能力提升提供了有价值的借鉴。

其主要创新点如下。

（1）应用场景与体系建设深度融合。

依托城市运行综合管理中心，打造多层级、广领域的管理体系，从横向上整合多种业务事务，整合公安、环保、应急、市场监督等 15 个局委办，集成 12345、110、120 等信息资源，将不同业务获取的资源进行汇集，形成统一指挥、协同配合、集团作战的战区“中枢”，集监督指挥、联勤联动、运行监控等功能于一体，有效指挥协调管理事务。纵向上形成区中心、街道分中心、村居工作站三级管理体系（1 个区城运中心、36 个街镇城运分中心、1323 个村居工作站），做到标准统一、考评统一，依托可视化指挥系统，实现各个管理层之间的无缝连接。全区推出了领导轮值、联席指挥、平急融合等 9 项关于城市运行工作的制度框架，城市运行综合管理中心从群众需求和城市治理的突出问题出发，不断迭代升级，目前最新的 3.0 版本重点在治理要素、平台体系、运行体征、智能应用、协同监管上实现了五大提升。

在全力建设城市运行管理“大”体系的同时，城市运行综合管理中心坚持精益求精理念，针对社会治理顽疾和老百姓突出需求，梳理出多个“小”应用场景，打造智能管理模块，实现数据支撑下的高效管理。目前，城市运行管理重点聚焦在城市设施、城市环境、城市安全、城市交通、城市执法、城市运维六大领域，开发了治理渣土车及黑车、河长制、群租整治、工地监管、防汛防台等一系列智能化应用场景，实现了对城市管理的焦点问题和难点问题精准、全面的覆盖，启动了管理驱动、管理先导、管理实效的“城市大脑”技术应用新方向。

（2）部门协同与问题治理相结合。

城市管理既需要各部门履行自己的职责，又需要部门间协同合作、综合施策。因此，浦东新区在确保各部门原有工作职责和基本业务系统架构的同时，通过技术手段与管理水平上的融合创新，破除“孤岛”“烟囱”“蜂窝煤”的现象，从而实现资源聚合、协同创新，有效提升了城市管理科学化、系统化水平。

一方面，在资源整合的过程中，以应用场景为导向，重点梳理出 171 个城市精细化管理事项，研究每个事项包含的管理要素，分析支撑相关工作所需的数据资源。在此基础上，浦东新区对政务云上的大数据进行归集、清洗，分析研究某类管理事项，关联不同职能部门业务系统中所有环节的数据，如审批、执法等数据，有效解决了部门系统信息数据联动不足的问题。如危化品监管事项，通过制度和规则推动市公安局、区城管执法局、区安监局等部门业务系统在危化品监管模块上共享车辆运行、执法情况等信息，尤其是危化品车辆信息的共享（车辆违规信息、驾驶员违规记录、企业违规信息等），便于执法部门有针对性、科学性地开展执法。

另一方面，在智能协同中，依据管理事项重难点，梳理相关部门职能，进行资源整合、流程改造，并运用智能化手段，使调度更为精准、运行更为顺畅。目前，城运中心不仅能够多视角展示各类城市的管理问题，还能够实现全方位的指挥。多视角展示的好处是可以直观看到管理数据的实时变化，对风险点等信息一目了然；指挥功能可实现与现场处置人员的及时对话，可调配执法力量，快速进行处置。如对群租的治理，可以通过算法建立模型，智能判断群租行为，及时协调城管、物业、社区共同上门，依法开展综合整治。

（3）智能预测与闭环处理相结合。

城市精细化管理中的关键，是在不断变化的管理需求中运用迭代更新的技术手段，推进管理能力的不断提升。传统手段主要是依靠人工巡查、市民或媒体反映情况的方式来发现问题，而浦东新区运用新兴技术手段，通过监控探头、图像分析、语音语义分析、多维数据模型等，实现了问题的智能抓取、研判、预警，大幅提升了问题的发现能力。如针对克隆出租车，城运中心与公安部门在实现了图像识别数据共享后，结合运行数据模型，当监测到在同一时间不同地点出现同一个号牌的车辆时，系统会自动报警并主动推送信息到交管和城管部门。

相较于发现问题，及时有效地解决问题更是检验实效的重要标准。城运中心探索出智能发现与闭环管理相结合的管理模式，借鉴上海自贸试验区“六个双”（双随机、双评估、双告知、双反馈、双公示、双跟踪）的政府综合监管机制，实行问题线索、管理提示、工作成效等内容的双告知、双反馈、双公示，推动数据在部门间有效流转，实现了主动发现问题、自动发送指令、快速开展处置、实时反馈结果的紧密衔接，并与网上督查室同频运行，使得城市管理更加科学高效。如渣土车治理，按照传统职责分工，城乡建设和交通委员会负责管理工地、环保局负责管理运输企业、交通局负责管理渣土车的交通违法行为、城市管理行政执法局负责管理渣土车的无证运输和偷倒乱倒行为，各部门间信息不畅、各自为战。而有了“城市大脑”，各相关部门可以共享审批、运输、违法等信息，齐抓共管、联合惩戒，治理工作成效显著。现如今，空中布防、智能识别取代了传统的人工设卡检查、马路边拦车等管理方式；通过网络以“两张照片、一段视频、一条轨迹”信息通知违规企业到城管部门领罚取代了传统的现场开罚单处置市容违规行为。“城市大脑”对发现的问题进行链条式的操作与管理，形成闭环，提升管理效能。如交警、城管对违规企业处罚后，将企业处罚数据推送给事中及事后监管部门，监管部门视情况对违规企业依次进行约谈、纳入征信系统，严重的将取消市场准入资格，最终形成闭环，使得问题得到有效解决，显著提升了部门的合力和活力。

（4）存量盘活与社会挖潜相结合。

浦东新区在建设城市运行综合管理中心的过程中，始终践行共建、共治、共享的理念，充分整合优化体制内外的资源，利用有限的财政资金撬动更多资源，创造出更大的效益。

在体制内，注重盘活现有资源，集约投入，充分使用现有资源和力量。如在视频系统建设中，整合城市运行综合管理中心与市、区、街道或乡镇的多级资源，打通区、街道两级指挥体系，利用原有视频会议系统，调整街镇摄像头角度（调转 180° 对准街镇大屏），以“屏看屏”方式，零成本实现了地铁站、街镇学校、医院等场景的远程分类和一键轮巡功能，探索了一条视频资源共享、最大限度发挥已有资源效能、减少重复投资的新路径。

在体制外，注重全民参与、打破“围墙”、集智群治，开放“城市大脑”平台，吸引企业、公众等社会力量参与平台的开发建设与优化。

2）苏州市智慧城管

苏州市按照“城区先行、稳步推进、协调联动、稳步提升”的原则，搭建了统一标准、资源共享、便捷高效的“智慧城管”平台，有效进行了系统、数据及管理资源的整合，实现了苏州市 12345 热线网上运行平台、地名地址数据库、规划部门的基础地理信息平台、市容市政诸多业务监管平台、市政交通部门的基础部件、机动车辆信息资源等平台的信息共享。

平台按照“两级政府、三级管理、重心下移”的要求，实行“两级监督、两级指挥”的管理模式，建立了市、区、街道（乡镇）三级智慧城管体系。市级平台通过汇聚 12345 热线、来电来信来访、巡查上报、110 联动等各渠道反馈管理问题；区级平台可以受理与市级部门相关的问题，并统一上报到市级平台予以协调解决，同时对各级平台进行监督指挥，区级平台还受理各巡查队伍上报的问题，监督指挥各街道的平台。智慧管理平台通过物联感知、通信融合等技术，将人员、车辆、事件、城市部件、实时监控、涉及部门、派发工单等城市管理要素进行整合，打造可视化资源。除此之外，该平台将城管人员下沉至网格中，按照定时、定岗、定责等方式，进行精细化管理，依托网格实现“管好人、办好事”。

苏州市“智慧城管”（又称“微城管”）是以“美丽苏州全民共管，城管大数据信息惠民”为目标打造的，集互动参与、诉求表达、便民服务、宣传引导和“互联网+政务”为一体的智慧城管公共服务平台，涵盖城事大家管、便民服务、城管业务等综合实用功能，为市民提供全面、统一、快捷、主动、精准的城市管理公共服务。

苏州市“微城管”建有数据中心、应用中心和管理中心 3 个中心，包括智能终端应用、数据资源中心、数据交换、平台管理、应用维护 5 个子系统；建立了手机客户端 App、微信公众服务号、支付宝城市服务、微信城市服务四位一体的公共服务门户渠道，方便市民上报城市管理相关问题，并对市民上报的有效信息进行积分奖励，从而极大地提高了市民参与城市管理的积极性。

苏州市“微城管”重点解决了城市管理中的五大难点：体制机制运行存在瓶颈；数据整合运用效能不高；勤务运作指挥效率较低；精细化管理任务不明确；监督和考核手段不科学。因此，建立一个高效、有序的指挥运行平台至关重要。

（1）资源分布“可视化”。

平台通过物联感知、融合通信等技术，将部门、人员、车辆、监控、部件、工单等 10 大类及 164 小类城市管理要素整合上图，实现可视化管理。

（2）任务明确“精细化”。

将全区城管系统的 586 名人员下沉至网格，按照“定人、定时、定岗、定责、定标、定奖惩”的“六定模式”进行精细化管理，由原来的“坐等派”转为“动查巡”，依托网格真正做到“管好人，做好事”。

（3）实战运用“扁平化”。

运用物联网、云计算和 AI 智能分析等技术手段，部署音视频会议系统、电子围栏、执法记录仪、电子手环等智能设备，通过融合通信平台，实现作战指挥“扁平化”。

（4）数据考核“客观化”。

可以通过系统实时抓取每个部门、每个员工的工作质效，评估网格的运行情况，并将考核的结果与部门评优、员工绩效挂钩，真正做到以系统管人。

“智慧城管”将持续完善系统功能，提升城管的智慧化效能，打造全面、高效、精细的网格化指挥服务平台，进一步助力提升苏州高新区的城市管理效率，推动城市管理水平的不断提升。

3）智慧环卫

智慧环卫是基于物联网、云计算、大数据等新一代信息技术，以信息科技、创新管理和智慧决策为核心手段，实现环卫全过程、全方位、全视角及动态化、可视化、智慧化、便民化管理，提高环卫服务附加值和居民生活质量。

苏州市积极编制《苏州市智慧环卫发展规划（2016—2020）》，为未来环卫信息化建设明确了方向；探索构建基于云计算的环卫大数据分析平台，建设苏州“环卫混合云”，实现重要数据的开放云管理；建立以公众服务为导向的“一站式”互联网平台，形成以微信、微博、网站、分类游戏 App 等为特色的“一站式”公众互联网服务模式；推进苏州市大环卫管理模式建设，建立由市级综合指挥调控、区域协调管理、属地业务精细管理的平台，形成覆盖市、区（县）范围的“大智慧环卫”系统。

4）渣土管理平台

为加强建筑垃圾（工程渣土）管理，2014 年 6 月，苏州市市容市政部门牵头建立建筑垃圾智能化监管平台。平台由 1 个中心、3 个基础平台和 7 个应用子系统组成，应用物联网等技术对建筑垃圾的产生、收运、处置等环节进行全过程监管，提高了监管效率。

5）智能停车

苏州市以“信息惠民”建设为宗旨，将无线通信技术、移动终端技术、GPS 定位技术、GIS 技术等综合应用于城市停车位的采集、管理、查询、预定与导航服务，构建智慧停车管理与服务系统，实现停车资源实时更新、查询、预定和导航服务一体化，有效缓解了城市停车供求矛盾。

2. 案例

1）合肥数字城市管理系统

采用先进的城市管理信息架构、云计算、物联网等技术，建设政府主导、社会参与、承载“数字合肥”和“智慧合肥”，广泛应用于社会管理和民生服务领域的数字城市管理体系，建立快速准确的问题发现机制、及时处理机制、科学评价机制。按照标准 4 层架构设计合肥数字城市管理系统平台，共享城市平台资源，如图 4-2 所示。

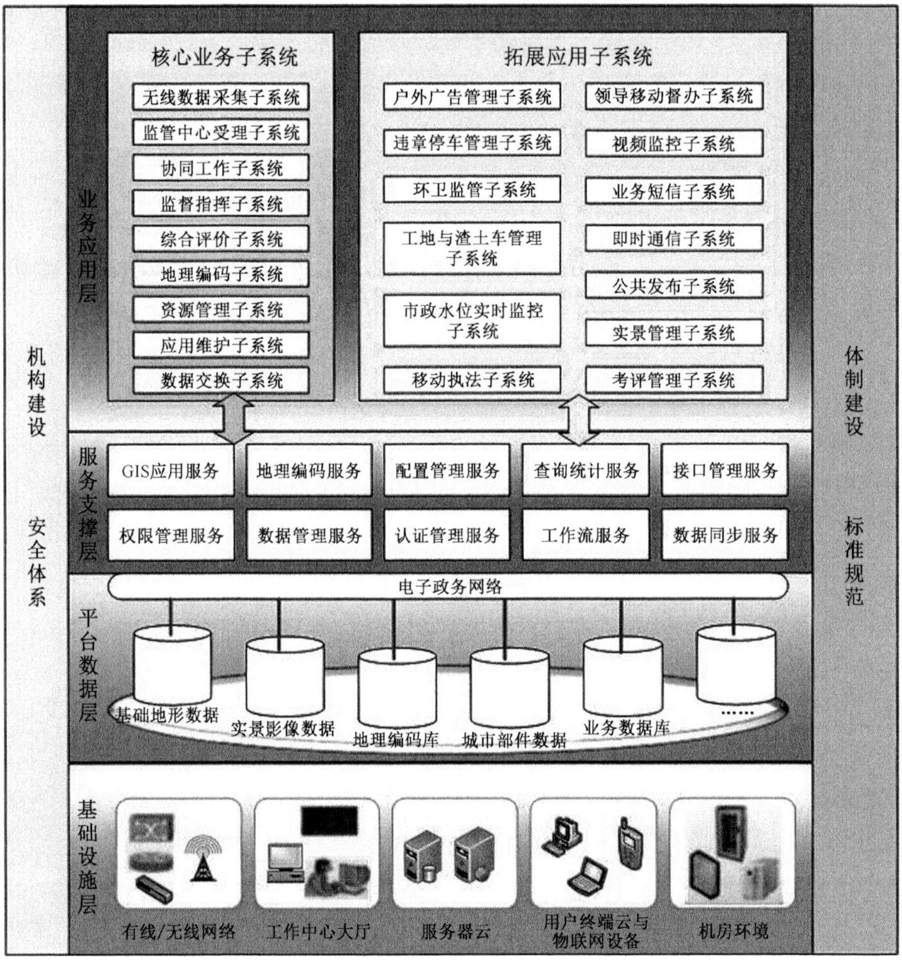

图 4-2　合肥数字城市管理系统总体架构

（1）基础设施层。

本层是整个合肥市数字化城市管理应用系统的基础，更是决定整个系统最终建设效果的关键。其中，通过物联网设备，将信息进行感知、搜集、整合，并通过物联网构建一套“全覆盖”的感知网络，同时，辅以网络的支撑，构建了合肥智慧化城市管理的感知、传输体系。另外，本层还有网络、机房、服务器云等基础设施。

（2）平台数据层。

合肥数字城市管理系统按照“数字城市管理”业务实际需求，建设了城市具体管理业务数据库、城市管理综合评价指标数据库等。满足了超大、多并发、多尺度的空间数据库管理需求，实现了快速的空间数据、业务数据访问性能指标。

（3）服务支撑层。

结合“数字合肥”和“智慧合肥”的实际情况，分析了该系统软件的业务特色、功能需求，提供了 GIS 应用服务、地理编码服务、配置管理服务、查询统计服务、接口管理服务、权限管理服务、数据管理服务、认证管理服务、工作流服务，以及数据同步服务和其他支持。

（4）业务应用层。

根据合肥市数字城市管理信息系统使用过程中的实际需要，将业务应用层分为核心业务子系统和拓展应用子系统。其中，核心业务子系统涵盖 9 个基本子系统，拓展应用子系统包含了为满足合肥市城市管理实际需要而设计的应用子系统。采用模块化设计应用子系统，可以很好地支持系统应用的扩展。

2）杭州“智慧城市管理”协同平台建设

杭州“智慧城市管理”协同平台建设的主要任务包括以下 3 项。

一是构建云计算的基本框架。利用云计算技术构建以基础设施即服务（IaaS）和平台即服务（PaaS）为主的两部分技术框架。使用虚拟化技术和网格计算机，充分整合现有的计算、存储，以及网络资源，构建“智慧城市管理”平台框架，建设“智慧城市管理”基础设施。

在上述基础上，通过面向服务的架构（Service-Oriented Architecture，SOA）配备了 GIS、统一身份认证、视频等通用的基础应用资源，为“智慧城市管理”应用项目提供相应的服务。

二是构建物联网综合平台。利用 RFID 及城市基础设施管理中的传感器、GPS、视频模式识别、无线遥测水表等技术方法，实现城市各类管理设施的数据采集、智能管理、智能识别、跟踪定位，在线监测等，打造“智慧城市管理”物资联合收缴平台。聚合感官层设备的 WLAN、4G、5G 等无线接入，创建与应用无关、对运营商透明的统一短信平台，在全市实现无线接入。在数字集群平台上构建“智慧城市管理”无线数字集群系统平台，整合现有“数字城市”

管理数字执法业务系统的网络资源。

三是建设大数据资源中心。建设大数据存储中心，基于“智慧城市管理”基础设施即服务（IaaS）框架，实现现有数据库与未来数据库的联合建设。在城市基础设施对象数据库、场景图像数据库、地下管线数据库，以及各种城市管线管理业务数据库的基础上，增加时间维度，构建“智慧城市管理”的时空一体化数据库。建立大型数据共享中心，在企业服务总线（Enterprise Service Bus，ESB）技术和交换技术基础上，实现城市管理的全方位数据整合，实现横向政府部门与纵向业务数据在不同层次上的高效信息联动。政府城市管理部门应重视发现和解决问题，加强数据分析和判断，支撑政府的城市管理决策和指挥调度，提高城市管理的绩效。

3）北京市“五位一体”的智慧城管

北京城管打造“五位一体”城管物联网平台，推动智慧城管建设。城管物联网平台是北京市第一批物联网应用示范项目，于 2012 年 10 月建成投入，结合智慧城管业务新模式，构建组织科技攻关，不断地完善功能，以资源感知平台、城市环境秩序、综合应用平台和云到端的基础支撑平台为支撑，初步实现了智能感知、指挥调度、公共服务、分析研判、巡查监察 5 项核心功能。“五位一体”城管物联网平台的建设和应用为首都城市环境秩序保障提供了有力支撑，效果显著，得到了各级领导、行业主管部门和业内专家的高度认可。

北京城管充分把握新一代信息技术与创新 2.0 的时代机遇，依托新一代信息技术与城管物联网平台，实现全面物联感知、泛在互联、融合应用，推动以人为本的可持续创新，建设感知、分析、服务、指挥、监察“五位一体”的首都智慧城管。

基于物联网平台的“五位一体”智慧城管，以执法监察一体化架构推进城市法治、精治、共治，实现从数字城管向智慧城管的跨越，开启了国内最早的在线城管地图服务、开放数据探索、市民城管通应用、政务维基实践、城管物联网平台、视频智能识别系统建设，积极探索基于创新 2.0 的公共服务模式、感知数据驱动的高峰勤务模式、“巡查即录入、巡查即监察”的工作模式。

城管物联网平台的建成运行提升了对城市环境秩序的感知能力，强化了城管部门在快速发现问题、分析问题、处理问题方面的优势，支撑了城管执法业务工作。

4.2　道路桥梁管理

4.2.1　概述

随着国内交通事业的快速发展，城市道路桥梁安全和危机处理已经成为政府的关注重点。当前，道路桥梁安全方面的影响因素有很多，例如，每年因滑坡、桥梁和隧道坍塌等基础设施原因造成的事故就有数万起。另外，我国道路基础设施的发展速度非常快，有很多遗留问题亟待解决，道路桥梁等城市基础设施安全监测和维护已经引起各界的高度重视。

目前，我国已经逐步实现了高精度、全天候、无时延地与物联网技术相结合的道路桥梁安全监测预警系统。全面及主动的安全防护是在国际上非常先进的安全理念，具体包括道路边坡防护、山体防护、桥梁防护、道路基础设施等的安全防护综合性管理，包括主动式微小数据监控和及时安全管理的理念。

国外和国内大量的工程和运行管理实际案例证明，利用高精度传感感知系统对全过程的城市部件和设施进行全面综合的监测和监控，可以保证工程和运营的安全运行。同时，设计、施工和运行管理部门在收到监测的数据和内容后，又提高了交通工程的设计及运行管理水平，对于公众安全出行和服务意义深远。采取人工监测手段是不可靠的，因此，应通过技术手段，实现预警、自动报警，由被动变为主动，最大限度地保护道路使用者的安全。

物联网技术利用其前端物联感知检测、后端多传感渠道接入、多机协同工作架构，以及云计算技术提供的强大的云接入、云处理、云管理等能力，为解决城市道路安全管理提供了全新的思路。

4.2.2　架构

基于物联网的道路桥梁管理主要用于道路桥梁的状态监控管理，运用物联网技术的目的则是实现最小干预和结构健康的在线实时连续监测、检查与损伤探测的自动化系统，能够通过局域网络或远程中心，自动地报告结构状态。道路桥梁管理架构如图 4-3 所示。

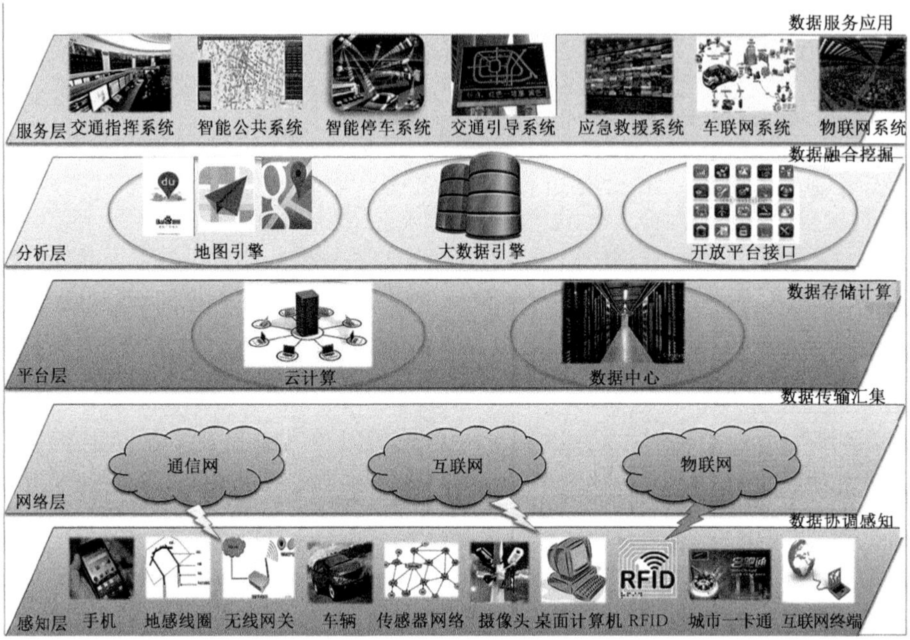

图 4-3　道路桥梁管理架构

4.2.3　应用案例

1. 应用

在物联网技术的帮助下，城市的道路桥梁管理能够在实时参数检测、构建综合感知体系等方面贡献力量，最终为判定、预防灾害提供帮助。在感知、分析、判定的过程中，由于物联感知设备的多样性，形成了基于道路桥梁荷载、结构等传统参数的检测方式，也形成了基于震动等动态运行参数的新型检测方式。同时，道路桥梁环境的多样性和复杂性也对物联网设备的可靠性及采集数据的后端处理提出了较高要求。

基于物联网的道路桥梁管理应用主要包括以下两个方面。

道路桥梁参数监测数据获取：通过物联网手段，对道路桥梁的荷载、变形、结构、材料、环境等多个方面进行监测、监控，从而量化分析影响道路、桥梁安全性的重要因素。

构建基于物联网的实时监测系统：在对监测数据充分获取的基础之上，构建一个完整的监测系统，对道路、桥梁状态进行监测，最终实现精准、智慧的管理。

2. 案例

基于物联网的桥梁实时监测系统，将基础技术与理论研究应用于实际，拥有较大的参考价值。下面以一个案例系统的构建过程为例进行详述。

（1）桥梁监测因素及传感器布点。

图 4-4 为桥梁监测传感器布点，一般包含过载监测、环境监测、索力监测、应力应变监测、变形监测、振动监测 6 项内容。

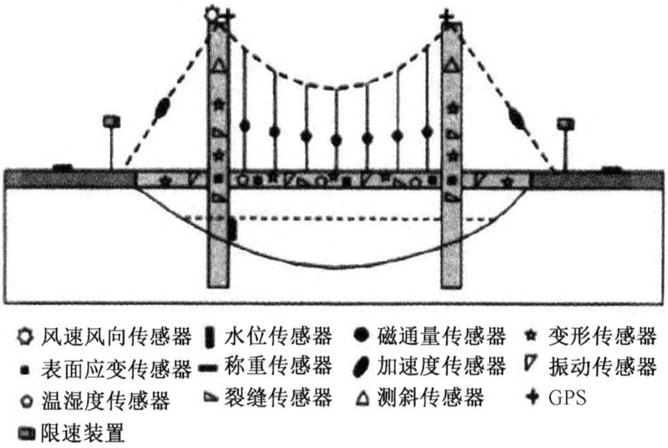

图 4-4　桥梁监测传感器布点

在图 4-4 中给出了桥梁的具体监测项目和对应的监测仪器。行驶车辆超载是桥梁损坏的一个重要原因，如哈尔滨阳明滩大桥坍塌事故，因而，对桥梁进行过载监测，可以有效地避免事故发生。环境监测主要是对桥梁周围的风速、温度及水位等信息的监测，温度还可用于应力应变的温补计算。桥梁的吊杆作为局部受力构件，可以采用振动法和磁通量法进行索力监测。应力应变监测用于测量承力构件的受力状态，能够及时诊断桥梁的病害，对桥梁结构进行疲劳分析。变形监测主要包括基础沉降、桥梁挠度等，通过这些监测项可以掌握桥梁的健康度和安全状态。振动监测用于得出桥梁的阶频，阶频是反映桥梁动力特性的直接参数。通过研究这些参数可以确定桥梁的整体结构特征，为桥梁日常维护提供依据。

（2）桥梁监测系统拓扑。

桥梁监测系统拓扑如图 4-5 所示。

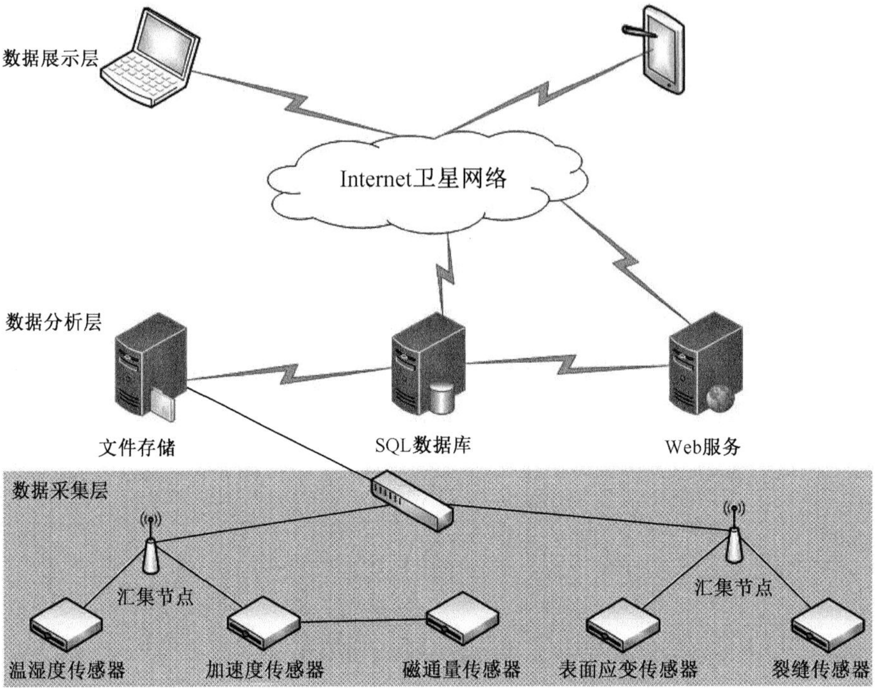

图 4-5　桥梁监测系统拓扑

整个桥梁监测系统包含数据采集、分析和展示 3 个部分。数据采集层由自适应的无线传感器网络组成，该传感器网络中包含多种带 ZigBee 无线通信功能的传感器节点和少数汇聚节点。无线传感器节点依靠电池和太阳能板供电，将采集的数据通过无线多跳的方式转发到汇聚节点，汇聚节点再通过有线方式将数据转发到桥梁的基站。数据分析层涵盖了多台服务器，文件存储服务器上运行着一整套数据采集程序，用于从集线器获取所有原始数据；SQL 数据库服务器上运行着一整套数据分析程序，数据分析软件对原始数据进行分析计算，并将结果转存到 SQL Server 数据库中。数据展示层用于向工作人员展示桥梁的状态信息，基站的 Web 服务器上部署了一套桥梁监测网站，其调用 SQL 数据库的数据接口，向外提供 Web 服务。用户可以通过移动终端或计算机浏览查询桥梁健康数据，当桥梁存在安全异常时，系统会通过短信模块自动发送预警信息给工作人员。

（3）桥梁监测系统软件设计。

桥梁监测系统功能如图 4-6 所示。

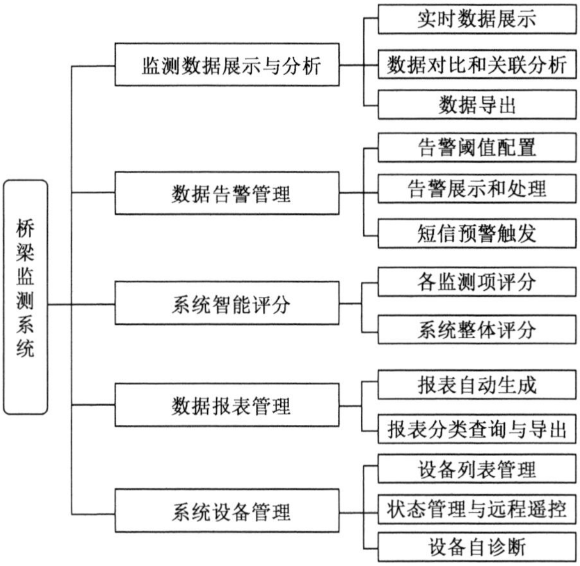

图 4-6　桥梁监测系统功能

基于物联网的桥梁监测系统的用户功能主要有监测数据展示与分析功能，包括实时数据展示、数据对比和关联分析、数据导出功能。数据告警管理主要包括告警阈值配置、告警展示和处理、短信预警触发功能，通过展示与短信通知的方式告知工作人员桥梁的危险状态。系统智能评分主要用于展示各监测项评分及系统整体评分，数据报表管理功能为日常的运营和维护提供数据支撑，还可实时跟踪管理各个传感器的工作状态，便于及时发现损坏的设备。

监测系统软件框架如图 4-7 所示，包含数据采集模块、数据预处理模块、数据分析模块、用户侧模块，软件运行在桥梁监测基站服务器上。

软件启动后先对采集层的采集仪器和数据接收进程进行初始化操作，然后发送采集命令，采集仪汇聚节点，并采用 ZigBee 通信方式转发命令给传感器节点，传感器节点接收命令开始工作。系统通过 TCP/IP 的方式接收采集层的数据，通信过程中启用心跳机制，便于及时判断节点是否故障。采用异步通信加线程池的方式进行数据管理。异步接收线程将获取的数据包存放到开辟的队列中，预处理线程按照通信协议循环对队列进行数据转换、去噪及修正，并将修正结果转存到数据库中。以消息发送的方式通知分析进程，分析进程根据消息类型、相应的启动方式分析数据库中的预处理数据，并将结果存入数据库中。在系统中，用设置定时器的方式判断数据库中是否存在新接收的预处理数据，以验证数据接收线程是否正常。在数据库中，每个监测项都设置对应的预警阈值，通过触发器的方式实现预警，数据库中的结果采用 WebAPI 和 SignalR 技术向前端推送数据，以保证数据的实时性。

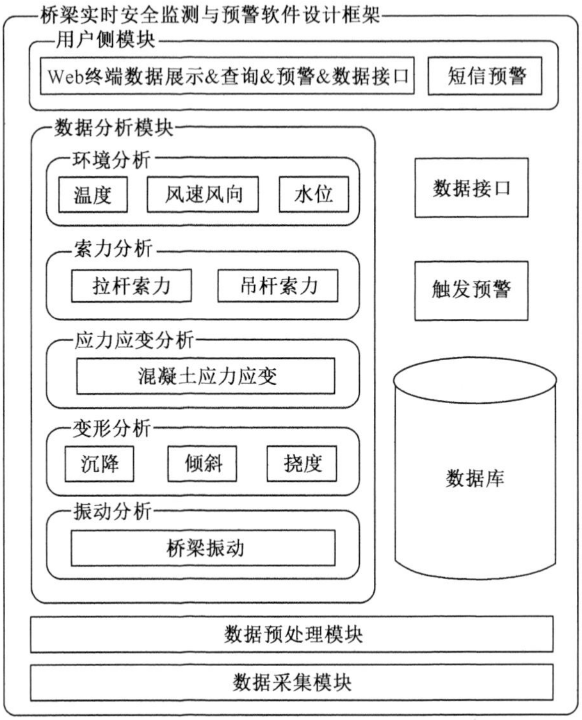

图 4-7　监测系统软件框架

4.3　给水排水管理

4.3.1　概述

给水排水工程意义重大，在提高国家经济发展水平、满足人们的物质文化需要，以及保障国家和人民生命财产安全等方面起到了举足轻重的作用。给水排水工程的质量直接影响着人民的生活状态和生命财产安全，给水排水工程的完善程度是衡量地方经济发展水平及群众生活质量的重要标志。因此，如何有效加强给水排水工程的质量管理工作，成为人们必须认真探讨的重要课题。

随着我国城市化进程的加快，许多城市的给水排水系统已不能满足人们的生产和生活需要，给人民的生活带来了极大的不便，为城市的现代化建设带来了诸多难以解决的问题。如何合理规划、建设和管理给水排水管网，不仅要从工程建设角度出发，而且要以信息技术为切入点，加强市政工程的组织管理科学性，实现建设效能最大化。

近年来，城市排水管网建设有了较大的发展，但是随之而来排水管网的管理问题也日渐增多，尤其近年来暴雨频发，我国已连续有多个城市出现“看海”的情况。另外，虽然目前的全国城镇化率已经超过 60%，但与发达国家 90%的城镇化率相比较还有很大的提升空间，未来几十年仍然会有大量的非城市人口涌入城市，这也客观上对城市的给水排水基础设施承载能力和服务能力提出了更高的要求。

目前，国内很多大型城市都面临着城市给水排水管理压力，南京、重庆、武汉、长沙等城市受内涝困扰严重。因此，许多城市提出“海绵城市”建设理念，强调优先利用植草沟、渗水砖、雨水花园等措施来组织排水，以“慢排缓释”和“源头分散”控制为主要规划设计理念，既避免了洪涝灾害的爆发，又有效地收集了雨水，通过这一系列系统性工程的建设，有效解决了城市给水排水的突出问题。

4.3.2　架构

通过无线网络，水质水压表，如压力计、液位计、流量计、在线水质监测设备等传感器实时感知城市中各个区域的给水排水系统的运行状态，并运用可视化的方式将相关管理部门与给水排水设施进行有机整合，并将采集到的大量给水排水系统数据进行及时处理与科学分析，依据相应的数据处理结果来辅助决策和指挥实施，以精细化、科学化的管理模式实现对城市给水排水系统的生产、管理和服务流程的管控，通过标准化、科技化、流程化的管理，实现“智慧水务”常态化。城市水务物联网架构如图 4-8 所示。

（1）接入层。

接入层是运用信息和通信物联网技术手段测量、整合、传输给水排水过程中的各项关键信息数据，以便于对包括设施设备、水体状态、关键性指标、给水排水服务在内的各种需求做出智能响应。

（2）门户层。

门户层主要包括业务管理门户及信息门户。其中，业务管理门户为应用层应用系统提供统一的管理入口，通过单点登录，保证用户身份在各应用系统中的一致性和有效性，表现为一次登录，各处有效；通过个人门户实现个性化设置，汇集各应用系统的入口并进行信息推送，表现为个性化的信息汇聚，避免各个应用系统出现“数据孤岛”的问题。信息门户将在线监测指标数据、设施设备状态、应用业务流转数据、大数据分析统计结果等，并进行实时动态的可视化展示。

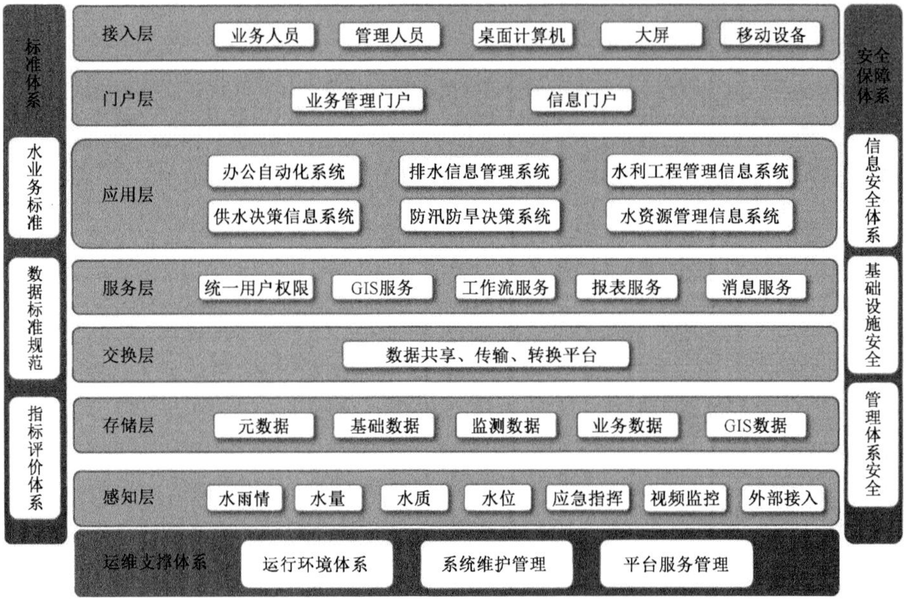

图 4-8　城市水务物联网架构

（3）应用层。

应用层主要包括各项应用系统，其中包括排水信息管理系统。利用信息技术，为管理者建立涵盖排水管线、窨井盖、污水管网、排水许可证等基础信息的数字化管理平台。满足管理者对排水系统的运行管理和信息的采集、更新、查询、统计和科学调度等方面的需求。

（4）服务层。

服务层主要包括统一用户权限管理、GIS 服务、工作流服务、报表服务、消息服务等。

（5）交换层。

交换层主要包括数据共享、传输、转换平台等，通过提供信息交换和应用服务，支持各级政府部门的信息共享和业务协同，进一步开展对相关数据信息资源的开发利用，建立新的业务模型，提供决策支持；以空间数据为主要载体，为政府有关涉水部门及全社会提供水务管理、水文、水资源、水设施和工程、水灾情、水气象等“一站式”综合性主题化水务信息服务。

（6）存储层。

存储层主要包括元数据、基础数据、监测数据、业务数据、GIS 数据等。其中，实现元数据和水利数据资源的集中存储管理，数据质量的好坏是关系到系统成败的重要因素。由于目前尚未建立一套完整的数据质量管理制度，数据存储很容易出现“前清后乱”的情况，因此迫切需要建立一整套数据质量保证体系，进一步提高数据质量水平。

一般采取以下措施来实现元数据和水利数据资源的集中存储管理：建立相应的数据管理机构，以行政手段全力推动数据质量的改进工作；制定可操作的数据质量管理制度；打造完善的数据质量控制流程；实现 ETL（Extrace-Transform-Load）集中监控处理和元数据管理。

（7）感知层。

感知层主要包括视频监控，以及水质传感器、水位传感器、水量传感器等。

感知层构建了“空—天—地”一体化感知通信体系，全方位掌握水系“全流程”的实时运行信息，包含气象监测、雨量监测、接户井监测、市政管网及排口监测、河道监测、厂泵闸站设施检测、海绵设施监测、视频监测、高效数据传输等。

4.3.3　应用案例

1. 应用

1）物联网管道检测机器人技术应用

地下管网是整座城市的“血脉”系统，随着管网使用年限的增加和管道的逐渐老化，各大城市的给水排水管道出现爆裂的事故屡见不鲜，给市民及城市管理者都带来了严重困扰。通过人工下管道检修，不仅效率低下，而且管道中存在对人体有害的废水和空气，对人员的工作安全造成威胁。管道机器人能进入空间狭小的、结构复杂的管道内部，通过携带的检测装置或其他作业设备，代替人工完成管道的检测、清理和维护等工作。使用管道机器人可以提高工作效率，完成人力不及的任务，是管道行业发展的必然需求。

管道机器人可以高效、智能地完成油气管道的在役检测、新管测径等作业需求，随着全球各地油气管道的铺设，管道机器人会越来越广泛，存在着巨大的市场前景。

为提高地下管道破损点检测的速率和精准度，基于物联感知的管道机器人技术应运而生，该技术可详细地对地下管道内部情况进行记录，对采集的视频数据进行判读，自动生成检查报告及结论，提供了安全环保、高效节能的地下管道漏损检测服务。

物联网管道检测机器人技术结合 GIS 技术、物联网技术、图像数据处理技术等，应用于传统的管道视频检测系统，利用检测机器人采集视频，并通过相关软件系统对采集的视频进行快速处理，将检测数据实时上传至服务器保存。管道检测机器人进入管道内部后，地面操纵人员根据工程要求控制爬行器的移动，而管道检测机器人通过照明设备、传感器等感知管道中的情况。在采集到视频检测数据及管道检测机器人情况数据后，通过电缆盘传输到主控制器上，将得到的视频检测数据储存在存储卡中，主控制器的屏幕上可实时显示管道内部情况，同时将各类管道检测数据实时上报至服务器进行分类保存。通过各类软件进行数据分析处理后的检测结论（如判读分析报告）、工程成果数据（如管道内壁 3D 视图，管道内壁倾斜情况缺陷），可按照接口定义的规范进行录入和上传。管理人员通过分析视频检测数据所得的结果（如判读分析报告、管道内壁 3D 视图）进行任务指派等工程指挥决策。

基于物联网的管道检测机器人技术将传统管道成像系统和 GIS 技术、物联网技术结合在一起，具有数字管道检测的思维。物联网管道检测机器人技术与传统检测方式相比具有较明显的优势，随着我国对地下管道检测工程重视程度的不断提高，以及管道机器人检测系统技术的不断进步，该技术将在地下给水排水管道检测及相关领域得到更加广泛的应用。

2）泵闸站全自动化无人值守系统应用

泵闸站全自动化无人值守系统主要包括计算机集中监控子系统、现地控制子系统、微机保护子系统和工业电视监视子系统 4 个部分。该系统按照“无人值班、少人值守”的原则和要求设计，综合利用成熟的工业控制技术、传感器技术、数据传输技术，以及计算机技术，建立了先进的控制系统，提高了泵站的可靠性、安全性，促进了相应工程管理水平的科学化、现代化。

泵闸站全自动化无人值守系统的主要功能包括通过工业级可编程逻辑控制器（Programmable Logic Controller，PLC）及千兆光纤环网搭建泵站、闸门、水库及调度中心之间的现地/远程控制水泵机组和相关设备及其他辅助公用设备，经过实践运行、建立和优化调度模型，达到“无人值班”的管理系统要求；通过计算机监控系统实时监视和控制设备运行情况，也可通过图像监控系统随时调看现场的实时视频图像信息；具备监视安保报警功能，可在现场出现安全隐患时自动报警；全天候监视水位的变化；可以通过图、文、声、像等方式提供监测点的背景资料、历史资料及工程图纸等全面的信息服务。

泵闸站全自动化无人值守系统利用传感技术、通信技术、物联网技术等先进技术，获取整个泵闸站系统的运行状况，通过数学模型运算得到泵闸站运行的最优结果，泵闸站依据最优结果，实现系统的高效运行，达到节能和最大化发挥系统排水效率的作用。该系统可实现科学、规范、统一、精细化调度管理，减少人为经验调度的随意性和非科学性；同时达到节能优化的目标，在保证安全的前提下，节能优化，极大地发挥了泵闸站和管网的蓄、排水能力。

3）供水管网 GIS 数据监测系统应用

当前，城市供水存在漏损率逐年增加、爆管事故频繁、二次污染现象严重、供水服务压力难以保证等问题，但是这些问题都难以得到有效的解决。监测设备更换不及时，管网腐蚀、老化等现象不易被察觉，污染源监测滞后等问题都是监测体系不完整导致的。

供水管网 GIS 数据监测系统利用云计算、物联网及大数据技术，并与 GIS 技术结合，建立了一个包含远程数据采集与监控功能的综合供水信息化管理平台，把自来水厂、地下给水排水管网、居民用户紧密联系在一起，真正做到了智慧管控。平台贯穿了整个水行业，覆盖了水资源利用的所有环节，可以将水资源的提供方、使用方、监管方协同起来，提高水资源的利用效率和质量。同时，它能够将取水泵站、水源井、自来水厂、加压泵站、供水管网，以及地理信息等重要供水单元纳入全方位的监控和管理中，并根据客户要求实现各个重要数据的监测，通过将分析采集的数据与数据模型相比较，给出合理、高效、节能的控制方案，帮助供水企业节约成本。

通过 GIS 系统绘制并展示管网实际安装位置，同时在 GIS 图层上叠加展示管网物联网监测设备实时监测到的数据信息，可对管网运行状态警报事件进行推送及高亮展示，并主动发起现场巡检，跟踪现场巡检处理过程，根据地理位置信息或设备编号快速定位管网及监测设备，根据管网类型、管道类型、管道口径、铺设方式、管道材质等条件组合筛选符合条件的管网，并在 GIS 系统中展示，根据管网设备监测类型及设备监测数据类型筛选并展示不同类型数据，通过管网压力监测结合 GIS 技术展示管网压力热力图，提供管道信息多维度统计分析，从而最大限度地提高水业公司及相关部门的管理水平和工作效率。

4）城市供水管网漏损控制技术应用

我国近年城市供水管网平均产销差率达到17.9%左右，部分城市甚至超过25%，全年漏损量相当于南水北调中线工程全年调水量。如何有效控制漏损量，提高供水效率是社会发展迫切需要解决的问题。但目前国内外针对如何实现供水管网漏损监测与控制这一问题，仍未能形成标准化、体系化的理论，尤其是我国城镇化发展水平参差不齐，管网漏损形态与主导因素各异，导致管网漏损监测与控制在很长时间内呈现以人工被动检漏为主、技术措施分散、普遍缺乏先进理论指导、核心设备依赖进口、技术体系不完善等问题。

为解决城镇供水管网漏损监测与控制的技术问题，2016年7月，国家重点研发计划"水资源高效开发利用"重点专项"城镇供水管网漏损监测与控制技术及应用"项目正式启动。项目技术路线为：以智慧化漏损控制为核心目标、以智能数据分析与诊断（软件）和智能设备监测与控制（硬件）为两大核心手段，借鉴重大疾病检测→诊断→治疗→控制→康复的全过程技术体系，突破供水管网的漏损监测预警→漏损区域识别→漏点精确定位→背景漏损控制→持续健康管理等关键环节的核心技术和设备，形成管网漏损问题的全流程诊断控制技术体系[10]。

项目预期建立"漏损监测—主动识别—精准定位—压力管理—优化维护"耦合的管网漏损控制一体化技术解决方案，研发高效的漏损监（检）测设备，编制漏损监测与控制技术指南、导则与标准，重点解决目前管道漏损点检测精度差、漏损控制技术效率低下的问题，以实现城镇供水管网漏损的精准化和高效化监测与控制，提升供水行业现有漏损检测装备水平和漏损综合检测能力。

5）长距离输水管线爆管分析与定位识别技术应用

供水系统输水管在供水工程中应用广泛，保证了整个供水系统的连续性和安全性，也是水厂进行供水调度和调节的前提条件。供水系统输水管道由于管道老化、人为施工和环境变化，在运行一段时间后会出现不同程度的漏损现象，严重的则会引起爆管事故。由于供水系统输水管道铺设在地下，且地点偏僻，难以被及时发现，爆管现象一旦发生，不仅会造成经济损失，也会造成城市基础设施破坏，影响居民正常生活，造成负面的社会影响。

运用长距离输水管线爆管分析与定位识别技术，对整个城市的供水管网进行区域化、网格化管理划分，根据管网的服务面积、管网长度，将供水区划分为多个可计量区域（District Metering Area，DMA）。并利用传感器技术、通信技术、物联网技术等，实现管道流量、压力、水质等数据的实时传输，从而帮助管理人员及时、准确地掌握各计量区的管网运行情况，对各 DMA 区的输水管线爆管状况进行统计分析与评估，最终较为直观地反映该区域管线爆管情况，缩小爆管点定位查找区域，辅助爆管点定位，实现事故早发现早解决，保证在长距离输水管线工程事故后能尽快恢复运行[11]。

6）无线视频监控系统

无线视频监控系统是无线传输技术与视频监控的有效结合，它可以将不同区域的视频信息通过无线通信手段实时传送到监控中心，并生成数据库以便于日后检索回溯。无线视频监控系统的建设，能帮助管理部门在防洪减灾、水资源调度管理、水污染事件处理、航运管理等各个方面，及时客观地获得数据和信息，实现准确高效的预测、预报和预警等，更好地辅助管理人员做出科学决策。无线视频监控系统也可以改善运行维护人员的工作环境，提高工作效率，节约人力成本，做到无人值守、少人值班。

7）BIM 技术在市政给水排水的应用

BIM 技术是建筑信息化模型技术的简称，该多维信息集成技术与我国传统 CAD 技术有着显著区别，在建筑过程中对应产品数据模型概念，建筑工程各项目的信息数据是该模型的基础性内容，因此模型建立需要严格按照相关数据信息展开。除此之外，BIM 技术还可以根据数字信息仿真技术，对建筑物真实数据资料进行模拟。技术人员可以按照该技术全面有效地整合与模拟项目中的信息，有利于施工技术人员快速理解与掌握工程建筑信息，极大地缩短了施工工期，进一步提高了工程施工效率及质量。BIM 技术在市政给水排水中的应用有着重要的价值。

（1）数据处理能力。

市政给水排水工程是一项复杂的民生工程。其中，排水处理措施、机房及管网设计是给水排水构筑物中的核心部分。水泵机房、排水处理措施在技术上已经较为成熟，当前的施工及设计工艺已经可以很好地满足这两项设计需求。然而，针对庞大复杂的排水管网设计，一直没有一种较好的技术解决方案，BIM 技术的引进，无疑弥补了这一空缺。BIM 技术强大的三维建模能力和数据分析能力，可以替代传统设计过程中沉重复杂的工作，极大地简化了工作流程，大大提高了设计人员的工作效率。

（2）人机可视化。

友好的可视化技术与人机互动体验是当前科技发展的目标，也是各个领域逐渐走向成熟的必然趋势。在市政给水排水的设计及城市道路设计过程中，采用先进的 BIM 技术，能够为人们带来良好的数据可视化体验。与传统意义上的可视化不同，该技术可以通过具体的形状与图案来表达所需要的建筑特点。设计人员只需要完成关键数据信息的录入，数据软件即可迅速模拟所需的建筑形式。同时数据软件支持反复修改数据的功能，通过模拟物形体颜色的改变实时反馈设计师所呈现的模型，以一种较为强烈的视觉冲击体验，帮助设计师进行直观化的建筑设计。

（3）模拟优化。

基于 BIM 技术强大的数据处理和分析能力，可以对市政工程的各类管网及道路设计进行模拟。根据设计人员录入的数据信息，形成所需要的图形图案。这种更为逼真的状态模拟技术，可以节省人员到现场勘测的工作时间，大大提高了设计的工作效率。在市政给水排水管道设计中，施工中期往往会出现现场施工环境及各种因素的变化，从而造成原先的设计方案无法实施、需要重新修改设计方案的情况。传统意义上的方案修改往往需要经过大量的现场数据勘测及反复的数据测算，才能形成最终可行的设计方案，这样的工作模式无疑对于工程的总进度产生了巨大影响，同时也带来了一定的损失。而基于 BIM 技术的图纸修改设计，只需要专业人员根据当前现场勘察情况，对于关键数据进行重新录入分析，即可快速形成一份具有实际施工指导意义的设计方案。

BIM 技术基于庞大的数据库信息，并结合现场的详细工况反复地模拟演练设计方案的可行性，最终给出一份可行的设计施工报告。其强大的复杂工程数据处理分析能力及庞大的数据库容量，使设计人员可以快速、高效地解决该类问题，由此 BIM 技术受到了业界的广泛青睐。

2. 案例

1）智慧水务供排治一体管理应用示范园区——福州市智恒生态园

福州市智恒生态园是全国独创的首个基于智慧水务技术实现水资源循环高效利用的示范基地，充分展现了物联网技术在给水排水方面的成功应用。园区集中展现了城市水务供排治场景，打造了新型水循环、水生态系统，实现了污水零排放。同时，园区部署了大量 NB-IoT 及 LoRa 窄带物联网智能终端，实现了对流量、水压、水质、水位、温度等数据的精细收集。

通过大数据智慧水务平台，将监控数据与建筑三维数据、管网数据融合分析，推出了一系列的智慧水务示范应用，实现全息化感知、高效集约化运营和智慧决策。

（1）案例亮点。

新型的水循环、水生态系统。园区浓缩展现了“取水制水”“供给水”“输配水”“雨水收集利用”“污水处理与利用”“消防智慧监控”“海绵城市防涝建设”等一系列的城市水务环境，实现了水资源的高效循环利用。

基于物联网、大数据等先进技术的智慧水务运行监控试点示范。园区大量使用窄带物联网技术，通过各类 NB-IoT 和 LoRa 智能终端实现对流量、水压、水质、水位、温度等连续过程数据的收集，推出一系列的智慧水务示范应用场景展示。

供排治一体的智慧水务规划、建设试点。打造园区供排治“一张图”，构建园区全息化感知“智慧水联网”，为保证园区给水排水运行安全、提高给水排水运行效率、降低漏损和爆管风险等提供支撑。

（2）效果评估。

基于窄带物联网技术实现了对园区水务运行环境和状态的精细、实时感知。通过各类 NB-IoT 和 LoRa 智能终端，实现对降雨量、雨水回收利用、制水、用水、污水量等各类水务数据的精细掌握。

基于智慧水务技术实现供排治一体化的智慧水务分析管控和运行调度。基于智恒自主研发的 WaterInsight 智慧水务赋能管控平台，实现对园区水厂、供排水管网、雨污装置、末端用水的立体全息化感知。

基于大数据挖掘模型，实现对供排水运行的智能化分析、智能化调度、智能化管控和智能化风险提醒应急处置。园区实现了对水厂工艺的智能监控、供排水管网的全生命周期管理及其状态的智能监测；实现了供排水运行流量压力动态模拟感知和风险预警；实现了智能规划、维修和节能调度方案推荐。

（3）效益评价。

福州市智恒生态园打造了全国首个智慧水务生态园。充分展示了窄带物联网、GIS 地理信息、三维全息建模、大数据挖掘、人工智能等各类先进技术在城市供排治水务治理和水生态文明建设中的应用，发挥了智慧水务应用、推广、产业创新的示范作用。

基于智慧技术的应用，智恒园区实现了水循环、水生态系统中的多项突破创新。如水务供排治一体管控、消防水实时监测与循环利用、雨水高效收集回用、分散式污水治理等，实现过程可感知、效果可量化、运行智慧化。

智恒园区还实现了水资源的综合高效利用。智恒园区实现了市政污水零排放，雨水收集利用率 90%以上；在同等面积、同等人数情况下，实现了水资源利用效率提升 20%以上。

（4）数据处理能力。

平台构建了一套全面准确的数据采集、数据治理、数据存储、数据融合的水务数据中心架构，实现横向业务关联与纵向模型贯通。

智恒科技云数据中心机房一方面要求数据中心保持高可用性特点及高效、安全地运营；另一方面将降低能源消耗和运行成本，着力打造“绿色”机房。

园区专属的机房设在智恒科技园研发大楼二层，面积约 373 平方米，可容纳 176 个机柜，最高可容纳 5000 多台服务器。机房已托管 200 多个城市的水务数据，日新增 203 万条数据，累计 11 亿条数据，存储约 20TB 数据。

智恒科技云数据中心可实现百万级数据设备的接入，具备千亿级日处理能力、PB 级存储能力、毫秒级分析能力，形成可视化的数据，积极应对变化不定的业务需求。

2）温州“智慧排水”管理平台

随着城市规模不断发展、城市污水处理能力及排水设施规模的不断扩大、季节性城市抗台防涝形势的日益严峻，温州排水公司充分意识到智能化、信息化建设对于企业运营管理带来的巨大作用和价值，并在原有“数字排水”的基础上，结合自身现状，提出了从“数字排水”向“智慧排水”过渡和转变的设计思想，基本实现了集物联网、大数据、云计算及互联网移动应用为核心架构的智慧化综合管理平台，在日常业务管理、信息集成共享、排水和智能防汛调度及辅助决策方面起到了重要作用，为实现企业管理目标奠定了坚实的基础。

2011 年起，温州市排水有限公司逐步开展排水信息化管理平台建设，经过近年来的不断完善，建成由排水 GIS 系统、生产监控系统、防汛指挥系统、移动终端系统和案卷处置系统五大部分组成的“智慧排水”管理平台。平台上管理有 3199 千米排水管网、193 处检查井水位监测点、10 处下穿道路积水监测点和 65 座泵站视频监控，并实现了 16 座泵站达到无人（或少人）值守的目标，还通过网络专线共享市公安局 3000 余处全球眼监控点，调取温州市气象局 23 个监测站每 5 分钟实时雨量和 39 个重要点位未来 1 小时、3 小时雨量预报数据，为排水设施的科学管理及防汛抢险提供数据支持和决策依据。温州“智慧排水”管理平台如图 4-9 所示。

（1）案例亮点。

温州“智慧排水”管理平台涵盖了业务管理子系统的各类内容，包括巡查管理、污水厂及泵站的设施/设备的台账管理、维修养护管理、案卷管理（社会应急联动等）、工程及安全台账管理、防汛监测和管理、报表管理、模型模拟及决策等子系统，真正实现了一个无缝管理的综合集成平台；无缝整合和迁移已有老的“数字排水”系统，实现了从“数字排水”到“智慧排水”的平稳过渡；真正地将智慧水务的面向服务的架构（Service-Oriented Architecture，SOA）成功应用于该项目，使构建在不同系统中的服务可以以一种统一和通用的方式进行交互，同时，采用国际化的标准数据传输方式 Web Service 来实现监管数据的高效传输。

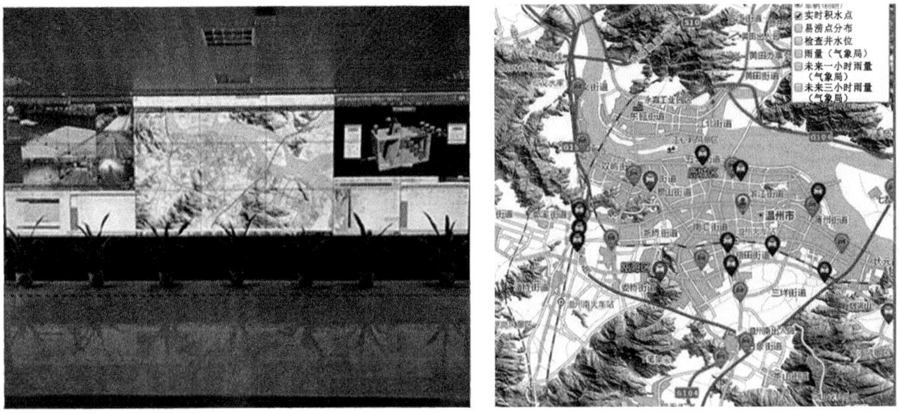

图 4-9　温州“智慧排水”管理平台

（2）效果评估。

温州“智慧排水”管理平台在排水设施规划、建设、运行、调度、维养、评估及防汛抢险中发挥了重要作用。排水 GIS 系统能直观地展现管线脉络，快速定位、查询排水管线资料，实现管径、埋深和标高等管道属性的“可视化”查阅；生产监控系统对排水管网水位、泵站运行情况等进行实时监测，不仅节省了人力，也大大提高了工作效率，为排水管网、泵站和污水处理厂联合调度提供数据支持；防汛指挥系统集雨情、水情、积水情况、人员设备和应急指挥于一体，可实时掌握雨情信息、排水设施运行和道路积水情况，从而及时调度排水设施运行，调度人员和抢险设备快速赶往现场处置问题；在野外，可使用移动终端进行排水管网 GPS 定位和属性查询，也可以在移动终端实时查看监测数据和报警信息，从而随时随地掌握排水设施运行状态；案卷处置系统实现了井盖破损、缺失、管道堵塞和路面积水等案卷的在线处理，在快速解决民生问题的同时，也为台风、暴雨天气下排水设施的安全、畅通运行提供了保障。

（3）效益评价。

温州“智慧排水”管理平台的使用，大大提高了温州市排水公司在排水监管和防汛调度指挥两大职能的管理效率和应急响应速度，特别是在台风多发的汛期，为温州市人民财产安全提供了强有力的保障，得到了社会各界的一致肯定，在行业内处于领先地位。先后迎来国家防讯抗旱总指挥部、住房和城乡建设部、浙江省防讯抗旱总指挥部、浙江省住房和城乡建设厅等各级领导，以及杭州、宁波、绍兴、金华、邯郸、海南等各地同行业人员的参观交流。2016 年 4 月，中央电视台财经频道《经济半小时》栏目就“智慧排水”管理平台在科技防汛、隐患治理、应急管理等方面发挥的作用进行了采访报道。

（4）数据处理能力。

为保证系统性能，温州“智慧排水”管理平台具有较强的海量实时历史数据管理功能，软件支持数据压缩，压缩比均大于 80%，并通过第三方检测机构认证。软件有较高的曲线绘制速度，对于采集 50 万个以上的记录，数据曲线加载的平均时间不超过 30 秒，手机 App 端曲线平均加载速率不低于 4700 条/秒，并通过第三方检测机构认证。

系统实时数据采集采用了具备工业实时数据显示方法及装置技术的专利技术，内容涉及海量工业数据可视化过程中兼顾数据质量和可视化效率的问题。发明的缩维投射技术能够根据数据的不同粒度，按照特定的规则计算出对应数据特征值，获取待显示区域的对应数据，在保证数据质量的同时，提高了数据可视化速度。本专利技术可用于工业实时数据的可视化，对兼顾工业实时数据，尤其是海量实时数据的可视化效率与数据质量具有良好的应用价值。

3）新加坡智慧水网系统

新加坡智慧水网系统是为新加坡公用事业局（Public Utilities Board，PUB）开发的一套智慧水网系统，帮助新加坡公用事业局的工作人员提高供水管网的运营效率。智慧水网系统通过在管网上安装各类传感器以获取在线实时管网数据，并提供一系列的管理工具辅助管网运行管理，包括在线水力建模、阀门操作模拟与仿真、自动分区模型、爆管和水质事件报警、漏点定位、用水需求预测和负荷分配，以及基于 GIS 技术的数据可视化展示等。该项目服务的管网长度约 5500 千米，服务用户达 140 万户。

（1）案例亮点。

该项目是集计算机技术、一体式传感器、物联网技术、大数据分析技术、GIS 技术、水力模型为一体的综合性供水运营管理系统，实现城市供水管网的漏损监控及定位，同时具备水网数据管理与分析、优化供水调度、水量预测、管网资产评估、水力模型建模、水网分区等功能，帮助企业提升供水管网运营效率。该系统的核心优势是实现了机器学习技术和大数据处理与分析技术在供水行业领域的应用，并取得了较好的运营管理效果。基于压力、流量、水质、远传水表、声呐等管网实时监测数据，进行大数据分析与建模，形成漏损监测模型，分析用水规律或相关操作引发的供水工况变化，提供 7×24 小时爆管监测和报警定位，随着机器学习时间的延长，能尽可能地减少和消除系统的爆管/泄漏误报，智慧水网系统项目在漏损实时监测和提升供水运营效率方面获得了国际水协会（International Water Association，IWA）的高度认可，并于 2014 年获得了国际水协会创新项目奖。

（2）效果评估。

该系统能够实时监测管网中的漏点，并快速定位漏点位置，使用户能及时响应并采取修补措施。同时，在发现水质异常等情况后，该系统能够及时向供水部发送报警通知，并提供未来一段时间可能出现管网故障的区域信息，指导工作人员完成管网修复、改造与优化，有效地降低爆管概率，延长供水管网的使用寿命，为用户节省了大量的时间和精力。在运营优化方面，该系统采集了水的生产、输送、分配和供应各环节的数据信息，实时预测供水短期（提前 24 小时）需求来优化供水配置，确保水资源的最大化利用。智慧水网系统对新加坡较低漏损率（无收益水量维持在 5%）的保持做出了重要贡献。

（3）效益评价。

经济效益：据 2017 年数据统计，智慧水网系统在新加坡案例中监测到的漏损事件有 110 多例，在预测的爆管高发区域，有效防止的爆管或泄漏 3～5 个/千米，有效挽回经济损失折合人民币 4000 万～5000 万元。

社会效益：智慧水网系统的建设对百姓用水、供水管网优化，以及水资源污染问题的解决具有重要意义。智慧水网系统的实时漏损与水质监测等功能，有效提前了企业工作人员对漏点和水质异常事件的发现时间，从而在客户报修之前，供水企业便已经采取了相应的维护措施，不仅防止了更严重的事故的发生，防患于未然，也保证了供水安全，提升了供水企业的运行效率和服务形象。实时、短期的用水供水需求预测，使供水调度系统按需分配，也有效提升了水资源的利用效率。

（4）数据处理能力。

系统的大数据分析引擎包含多种算法与模型，如多种信号处理工具、机器学习工具、异常事件监测工具等，通过机器自动学习的方式归纳供水运行数据（系统中分析的数据包括压力数据、流量数据、声呐数据、水质数据和远传水表数据等）的结构、模式，从而识别供水管网中出现的异常事件。如漏损监控模型，通过模型分析高频压力瞬变数据、流量数据、声呐数据，识别管网异常情况下的数据流模式，从而监测供水管网中发生的漏损并定位漏点位置。系统基于大数据分析，仅高频压力传感器监测到的数据每秒采集量最高可达 256 次。

4）宁波城市排水系统一体化调度管理平台

（1）案例简介。

宁波城市排水系统一体化调度管理平台项目集成了在线监测、视频监控、地理信息、计算仿真模拟等多种技术和多个系统，集信息融合、事件驱动、系统联动、模型支撑为一体。该项目已在宁波市城市排水有限公司稳定运行了 3 年，提高了对现有设施的运行管理水平，有效预防和控制了内涝积水和污水冒溢事件（下穿立交内涝从 22 处减少到 2 处，道路污水冒溢从 12 处减少到 1 处），改善了服务质量。

（2）案例亮点。

项目提出了城市排水系统一体化管理的理念，实现了对排水系统相关要素的综合监测预警、厂站网一体化调度和多部门的协同应急指挥；实现了城市排水系统一体化运行调度的智能化管理，结束了原先排水系统厂站网独立管控而无法协同运行的管理状态。

项目在内涝在线模拟预测、实时调度管理技术等方面具有创新性和先进性，在线模拟计算速度达到了国际先进水平（4000 个管网节点、50 个预报点，模拟计算速度不超过 2 分钟），平台集成了监测预警、视频监控、地图可视化、趋势分析、预测预报、风险评估等多种技术和多个系统。

该项目已于 2016 年 12 月通过了住房和城乡建设部科技发展促进中心组织的科技成果评审，成果达到国内领先水平，并已申报技术专利。

（3）效果评估。

通过宁波城市排水系统一体化调度管理平台的建立和实施，改变了宁波市城市排水系统厂站网独自运行的局面，也改变了排水系统运行相关信息的非数字化、零散、孤立状态，实现了对排水系统运行状况全面的监控预警、评估分析和预测预报，帮助宁波排水公司实现了排水生产运行由原来传统的粗犷式、低效率的经验运行调度管理模式向精细化、高效率、智能化管理模式的转变，实现排水系统运行管理由单一部门独立运行走向多部门协作运行，提高了排水系统的整体调度能力、风险预防能力和应急处置能力，为保证宁波排水系统的安全高效运行提供了管理和技术支撑，为宁波排水公司现代化管理模式的建立奠定了基础。

（4）效益评价。

经济效益：在系统实施后，两年为企业增加污水营收 1494.4 万元，同时减少了泵站和污水厂的操作管理人员，节省人工成本 3600 万元。

社会效益：帮助排水管理部门及时准确地预测内涝点分布及动态变化情况，通过精细化内涝预测与管控，最大限度地减少内涝损失和人员伤亡。

通过厂站网一体化调度，充分发挥了现有污水厂的处理能力，最大程度减少了污水排放量，为生态城市建设发挥了重要的作用。

对数据准确性、采集及时性、可集成性、价值挖掘提出更高要求，从而进一步推动了智能化技术在排水行业的深化应用。

推进了城市排水系统管理由经验向知识的智慧化管理转型，实现由单一部门独立运行走向多部门协作运行，从而支撑了排水行业现代化管理模式的建立。

（5）数据处理能力。

在线模拟计算能力，对于 4000 个管网节点、50 个预报点，模拟计算速度不超过 2 分钟；数据采集转换算法，每 5 分钟采集转换 50000 余个标签数据，处理计算速度不超过 40 秒；数据统计压缩算法，每天统计压缩 1440 万余条数据，处理计算速度不超过 3 分钟；系统每年处理数据量约 40GB，共计 7 亿余条数据。

（6）补充说明。

宁波城市发展迅速，排水系统复杂，防台防涝、污水输送和污水处理任务繁重。宁波城市排水公司担负着主城区城市主干道路雨水、污水与雨污合流等排水系统厂站网的运行，同时肩负着防台防汛工作，因此在排水系统一体化调度管理方面具有典型性和普遍性。该平台在以宁波为例的城市排水系统比较复杂的城市中取得了良好的实际应用效果，基本上可以适用于各城市排水系统运行调度管理业务中，也可以提升成为城市排水系统运行综合管控平台。

5）智慧供水管网信息化管理平台在上海市闸北示范区的应用

（1）案例简介。

上海城投水务（集团）有限公司和云赛智联股份有限公司共同注资成立上海云瀚科技股份有限公司，该公司在成立之初便以城投水务供水分公司闸北供水管理所长江站所辖区域为示范区，建设智慧供水管网信息化管理平台（一期），从而形成供水管理者的辅助管理和决策平台。

示范区服务面积约 9.4 平方千米，用户数量 126310 户，管线长度 303 千米，边界流量计 12 个，远传大用户表 88 个，AMR 智能水表约 3600 块；通过 219 个远传考核表实现 167 个 DMA 小区分区（其中单路进水小区 134 个，多路进水小区 33 个）。

（2）案例亮点。

平台将供水服务范围内的营业收费、GIS、SCADA 调度、远传表、现场维修等业务应用系统数据进行统一接入、处理、分析和挖掘。

平台具备以下特色功能。

实现供售水量同周期计算，确保产销差计算结果符合实际情况。

通过主动漏损管理模块，根据不同 DMA 规模，从单位管长和户均可降低漏损等维度，对检漏优先级进行排序，有针对性地提高检漏修漏效率。

通过水平衡分析模块，采用大区整体算法和 DMA 累积算法，计算真实漏损和表观漏损，指导提高非计量收入。

通过配对管理模块，确定各级分区（管理所、站、路格、DMA）、考核表及用户表之间的归属关系，保证产销差统计准确。

通过数据可信度分析模块，辅助诊断 DMA 产销差成因，并对数据质量进行校核和评估，使分析结果真实可信。

（3）效果评估。

智慧供水管网信息化管理平台项目实施之初，便成立了由城投水务技术中心、供水分公司及其下属闸北管理所和云瀚科技组成的工作组，将平台应用与实际工作相结合。工作组通过对示范区数据的分析，发现了在传统供水管网管理中耗费大量人力物力仍难以解决的管网漏损、表计设备、DMA 配对、DMA 封闭和连通性等各类问题共计 248 处，使供水分公司能够有针对性地采取措施，予以解决。

（4）效益评价。

通过平台实施与供水分公司配套管理手段相结合，示范区产销差已从 2015 年 4 月的 46.74%降低至 2017 年 4 月的 30.51%。通过示范区的成功试点，初步形成了对产销差相关问题的数据诊断、现场核查、问题解决和动态跟踪的工作模式，为后续进一步推广应用积累了有益的经验。

（5）数据处理能力。

平台采用微服务的架构搭建业务功能模块，各模块之间采用 Restful 服务进行松耦合的通信，且模块之间通过服务发现机制，同时利用适配器来屏蔽数据源系统的差异性。数据的存储采用基于 Hadoop 大数据平台的实时数据库 HBase 作为非关系型数据（时间序列数据），配以关系型数据库存储设备信息和其他关系型数据。具体性能如下。

在不损失性能的前提下，能够支撑 10 年 × 15000 个（上海市市区所有流量计、考核表、户表）数据；页面能够在 3 秒左右显示一个季度水表（288 × 30 × 3=2.8 万）的实时数据。

（6）补充说明。

在示范区成功实施的基础上，平台后续将逐步推广至市区供水服务范围，成为供水分公司辅助管理决策平台。

4.4　燃气管理

4.4.1　概述

近年来，国内燃气管网的规模逐渐增大，燃气用户的数量及燃气种类不断增加，城市的发展对燃气的需求迅猛增长，因此，对城市燃气监控的要求越来越高。燃气属于易燃易爆气体，现有的监测系统所采用的有线传输方式存在一定的安全隐患。有线传输方式对线路要求较高，当某段线路出现故障时如果不能及时有效地对采集的数据进行传输，会导致监测区域出现盲区，同时有线方式的扩展性较差，因而现有监测系统已不适用于当前的发展。物联网技术的出现为城市燃气监控提供了新的思路，可以有效解决有线传输方式的弊端，提高监测数据的传输性能和效率。

城市燃气信息化也是智慧城市发展中的重要环节。其中，智能燃气抄表系统具有设备数量大、安装环境复杂、生命周期长等特点。NB-IoT 技术的出现，在传统抄表系统中掀起了技术改革浪潮，NB-IoT 技术的应用主要涉及两方面：①NB-IoT 作为低功耗技术应用解决了传输问题；②通信数据需要一个采集抄表平台进行数据处理和业务应用[12]。

4.4.2　架构

在城市燃气监控系统中，GPRS、GPS、ZigBee 等物联网技术能够对城市燃气管网进行实时监控、检测与跟踪，在异常情况下能够及时关闭泄漏点附近的燃气阀门，切断燃气泄漏点，从而防止燃爆事故发生，同时针对燃气泄漏情况第一时间向控制中心发出报警提示，通知抢险人员对泄漏点进行抢修，防止事故范围扩大。因此，以 RFID 系统为基础，应用现有技术中的 GPRS、ZigBee 技术等，将一个由较多联网的识别器和庞大的移动标签进行无线连接，物联网技术成为城市燃气管网监控发展的必然趋势。

燃气作为易燃易爆气体，当出现泄漏情况时，其后果十分严重。另外，在实际工作中燃气传输的路线过长，仅通过人工监测的方式不可能达到全面有效的监控，因而有必要利用物联网技术对人工监测进行改进。城市燃气管网监控系统主要包括远程流量压力监控系统、远程无线抄表系统、远程视频监控系统、燃气泄漏监控系统。智慧燃气架构如图 4-10 所示。

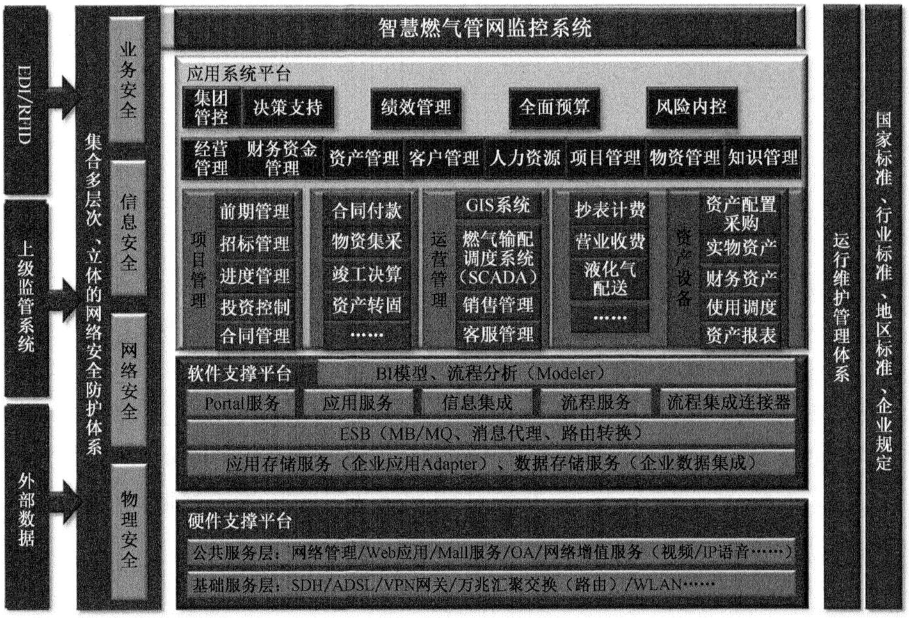

图 4-10　智慧燃气架构

4.4.3　应用案例

1. 应用

物联网燃气管理监控系统是一个采用 CC2530 芯片构建 ZigBee 网络的硬件平台，通信协议采用 ZigBee 协议。该通信网络主要包括终端节点、协调器、调度中心、GPRS 模块。

（1）终端节点。

终端节点是该系统的最底层，包括燃气管网设备 RFID 标签、摄像头、GPRS 功能模块，外接 4 种传感器模块。传感器模块包含燃气泄漏传感器、温度传感器、压力传感器和流量传感器。终端节点和协调器之间通过 ZigBee 协议通信。

（2）协调器。

协调器是连接控制中心和终端节点的纽带，通过无线网络接收由各个终端节点采集的数据，其通信协议遵循 ZigBee 协议。

（3）调度中心。

调度中心主要由控制中心和协调器组成，控制中心主要完成信息传输控制和数据处理，控制中心、协调器的通信接口为串口。

（4）GPRS 模块。

GPRS 模块用于语音电话和短信报警。该模块通常情况下充当普通的语音电话，当温度超过设定的阈值时，则马上短信通知用户。

系统主要通过传感器实现无线传感器网络普通节点的信息采集，当采集的数据超过设定阈值时就会输出控制信号，控制调压站、门站阀门的开关，通过无线网络和互联网完成传感器与感知终端之间的数据传输和接收。阀门的所有状态均经过模数转化后传递给 STM32 微处理器，STM32 微处理器根据之前设定的阈值对获得的数据进行处理判断，并发出控制信号。另外，无线网络将控制的结果反馈给终端管理，终端管理也可以通过无线网络对 STM32 微处理器发出指令。

在监测管理系统的人机界面输入相应的信息后，STM32 处理器通过 GPRS 通信模块接收信息，在人机界面可以设置城市燃气管网阀门开关时间值。同时，通过 STM32 处理器检测阀门的开关状态信息，并经过 GPRS 通信模块传输到终端管理系统。例如，某节点的传感器检测到燃气泄漏，会自动向监控人员发出声光报警，同时将检测到的信息通过无线网络发送到 STM32 处理器，并显示于人机界面，或者直接发送至用户手机终端上，监控人员可以通过手机 App 迅速关闭燃气阀门，抢险人员第一时间赶到现场抢修，防止燃气泄漏事故的发生。

2. 案例

1）西安天然气智能化全方位监控

西安秦华天然气指挥调度中心被称为西安市天然气“大脑中枢”，能够实现对不同场所和不同环节的天然气供应、存储，并对其设施运转情况的数据和画面进行实时监控。天然气“大脑中枢”主要由七大智能系统支撑，每个系统均如人体的一个功能性神经，在保障西安市民安全用气“防风险、除隐患、遏事故”中发挥了巨大作用。

（1）全方位监控天然气管网。

智能系统之一的 SCADA 系统，可以 24 小时不间断地对各场站的运行进行监控，管网运行压力、温度、流量、线路、状况等信息一目了然。在 SCADA 系统的基础上，西安秦华天然气有限公司还开发了中压监控系统，在西安市天然气中压管网末端设置了 80 余个监控点，随时随地掌握市政中压管网的运行压力，保障了市民的正常用气，尤其是在冬季高峰供气期间，用气峰谷比非常大，监控系统就能发挥作用。调度部门根据实时产生的数据，迅速调配资源，给管网补充应急气源，满足市民做饭采暖的基本需求。

（2）传感器指挥抢险维修智慧化。

随着城市的建设发展，地下管网错综复杂，天然气管网周边的密闭空间较多，如电信井、电缆沟等。如果天然气管线发生泄漏，燃气窜入相邻的密闭空间，一旦发生爆炸，后果不堪设想。为了能及时有效地发现泄漏，避免事故的发生，西安秦华天然气有限公司对相邻密闭空间安装了报警系统，一旦检测到有一定浓度的可燃气体，会立即报警，将险情通过网络准确地传递到调度中心，并以短信的方式发送到各级管理人员的手机上。报警系统每 2 小时更新一次数据，在正常情况下，指挥中心显示屏上密闭空间报警系统提示为绿色，假如传感器监测到管线燃气泄漏，指挥中心显示屏上密闭空间报警系统提示为红色，并且会每分钟发出一次警示信息，以声光及短信提醒的方式告知值守人员有险情发生。

（3）管网模拟仿真系统。

随着城市的更新和扩大，管网压力测算、供气量分配、输配气量协调工作量不断加大。过去要解决这些问题需要拿历史数据进行分析，需要根据工作人员的个人经验来确定供气方案、管网优化方案，以及日常的调度方案，而现在将需要条件输入计算机软件，管网仿真系统这个“智能大脑”就会根据工作人员输入的信息，给出相应的操作方案，对气源区域性运行、调度起到重要作用。

（4）物联网智能燃气表。

物联网智能燃气表是基于移动运营商物联网专网，实现数据远传及控制的燃气计量器具。与传统燃气表相比，物联网燃气表以金额作为结算显示方式，支持远程无线调价，并通过手机扫描燃气表上张贴的条码就可以获取一系列查询信息，替代了手工抄表。

2）上海燃气集团的“NB-IoT 抄表系统”

上海燃气集团的信息化整体水平在全国保持领先水平，部分领域达到了国际先进水平。作为城市核心基础设施的燃气行业，提高其智能化水平，也成为推进上海智慧城市建设的重要一环。

NB-IoT 智慧燃气抄表系统主要由智慧燃气表终端模组与智慧燃气应用平台构成。系统通过智慧燃气表终端模组进行实时环境参数采集；再通过 NB-IoT 把采集到的参数或信息发送给智慧燃气应用平台；由智慧燃气应用平台对数据库进行相应处理，并对环境参数进行判断或报警。用户通过网页、App 等连接到智慧燃气应用平台进行监控，实现燃气表读数、报警等功能。

（1）智慧燃气表终端模组。

智慧燃气表终端模组实时采集环境参数，其中包括燃气表读数、电池电量、用气量、开盖状态、阀门状态等，并进行报警。通过 NB-IoT，终端模组把采集到的参数或信息经由运营商网络及物联网专用平台，发送给智慧燃气应用平台。

（2）智慧燃气应用平台。

智慧燃气应用平台主要实现以下功能：配置参数，查看或配置设备上报时间和开关门控制，并根据每个设备的 ID 号录入对应的地址及小区单元号。

（3）终端检测平台。

智慧燃气终端检测平台主要包括 3 个方面的测试内容：一为 NB-IoT 信号发生，负责产生满足 NB-IoT 标准的射频信号；二为 NB-IoT 信号分析，负责检测射频信号及相应的物理层信道、射频参数数据等；三为 NB-IoT 综合测试，在传统的物理层测试以外，增加了信令面上的处理和高层过程，可以通过空口信号分析应用层的信息是否符合上海燃气集团的传输规则。

3）珠海瓶装燃气安全管理平台

原珠海普燃软件科技有限公司致力于燃气安全大数据管理平台建设，借助云服务器，提供智能一体化交换机，为智慧城市和“互联网+”政府公共燃气服务管理提供平台，保障燃气安全使用，最大限度地减少燃气燃烧爆炸事故，减少人民死伤人数。燃气安全大数据管理平台的目标是建立一个平安、有监管、具备可操作性的“互联网+”政府燃气大数据管理平台，用创新科技大数据管理改变燃气安全使用状态。

（1）气瓶角阀安全装置。

针对气瓶阀门的问题，“气瓶角阀安全装置”可以防止现在使用角阀的所有安全隐患，如克服左旋减压阀由于拧不动、上不紧铝制手轮氧化及密封胶圈脱落造成燃气泄漏的事故隐患；可以减少燃气自杀的发生；可以方便地连接泄漏报警器和紧急切断装置，更换不锈钢软管。

（2）储罐无线远程监控。

储罐无线远程监控显示各液化石油气和天然气在公司的总储量和使用量，如安装站点监控系统，能够在超限充装时发出高位报警，并自动关闭压缩机电源，确保充装安全；在超过温度值时，自动开启消防喷淋装置；在发生泄漏报警时，立即启动燃气液体紧急切断阀，确保生产安全。

（3）燃气报警远程无线监控。

燃气报警远程无线监控可以保证燃气企业和重要使用单位的预警和安全防御措施，如切断气源开关，可以使用客户端进入安全监控系统、消防监控系统，遏制重大恶性事故的发生。通过民用燃气泄漏报警器、GPRS 无线远程、气源切断阀，以及可及时派出抢修人员的能力，能够防止燃气爆炸事故的发生。

（4）远红外自动变焦无线视频监控。

将远红外自动变焦无线视频监控安装在充装台（智能云台）储罐区，可以对违法充装和运输进行远程监控并记录，像交通违章摄像一样作为执法依据。

（5）电子芯片 NFC 气瓶标签。

气瓶的使用采用身份证实名制开户管理（身份证拍照和扫描自动识别）。最新的电子芯片 NFC 气瓶标签可粘贴在气瓶手轮上，具有易安装、操作方便、ABS 材料制作、可重复使用的特点。动态跟踪管理系统的应用可防止气瓶的伪造和复制，只要通过扫码就可以查看气瓶的信息和运行轨迹，还可以追根溯源，查询充装记录是否违法，能够确保报废、超期未检验的气瓶不再充装使用[14]。

（6）条形码动态跟踪管理技术。

气瓶动态管理软件采用投入成本最低、操作更方便、适合燃气企业使用的条形码动态跟踪管理技术，完全符合和匹配技术监督局气瓶管理，并且可按照要求提供和上传气瓶管理档案（包括气瓶管理收费功能、来电自动弹屏功能、配送下单功能、安检记录功能、多种报表功能、通知功能）。利用气瓶的出厂钢印编号和企业气瓶钢瓶编号，对气瓶生产日期、生产厂家、气瓶重量、检验日期、检验单位等信息进行加密，编制打印出耐高温、耐晒、耐湿、撕不烂的 PE 材质高强度条形码贴纸。

4.5　供热管理

4.5.1　概述

供热系统是指热源、室外供热管网和热用户的总称。热源包括锅炉房机组、热电厂、工业与城市余热、核能、地热、太阳能等，或者由多种热源组成的多热源联合供热系统。热源设备尽量选择高参数、大容量、高效率的设备，同时分布也要注意尽可能地集中和合理。

供热管网是指负责供热系统中热介质传输和分配的管道系统，热媒是指将热能传递给热用户的介质，一般来说，有两种类型：蒸汽和热水。以蒸汽为热介质的热网称为蒸汽网，以热水为热介质的热网称为热水网，全国大部分地区都采用热水网。供热管网由热分配干线、热传输干线和支线组成。供热管网的布局根据城市布局、地质条件和热负荷分布情况确定。大多数供热网络都是树状的，并铺设在地下，它用于建筑物通风，并为其提供中央供暖、空调、热水，以及工业生产过程中的干燥、加热、烹饪、冷却、熔化、气泵、蒸汽锤等操作。

热用户是指供热对象，也就是供热系统服务的对象。根据供热时间的不同，可分为非季节性热用户和季节性热用户，非季节性热用户全年供热，而季节性热用户在每年的采暖期供热。根据用户的不同性质，热用户又可以分为社会用户和个体居民，社会用户是指学校和单位等社会公共供热。

供热管网系统是集计算机技术、现实传感技术和相关集中供热理论于一体的新型集中供热控制与调节系统。该系统集成地理位置信息，利用室内温度、管网流量、热力机组和居民的温度等参数信息，换热站和热源厂信息，通过可视化展示实现更加精细化和动态化的管理模式，辅助决策，管理供热系统的整个生产、管理和服务过程。为了整合网管地理信息系统、监控系统、巡检系统和客户服务系统的数据，消除数据孤岛，对数据进行标准化分析和显示，实现安全供热、平衡供热、节能降耗、减少泄漏，提高供热服务水平和业务管理水平，实现整个集中供热区域换热站的远程监控和调整，为集中供热系统实现自动化提供支持。

在物联网思想的指导下，利用先进的 GIS 技术、数据采集和通信技术、传感技术和计算机网络通信技术，设计了一种高效的智能供暖解决方案，对传统供暖行业做出了改变：服务模式已经从被动服务转变为主动服务；操作模式已经从经验驱动转变为数据驱动；控制模式已经从后处理转变为对先前数据的预先判断；利润模式已经从单一的传统利润模式转变为传统利润和数据利润的双重利润模式。

4.5.2 架构

随着集中供热技术的发展，集中供热管网逐渐形成了以换热站监控模块、换热站现场控制模块和通信模块为主要模块的结构。然而，在传统系统中，只监控热交换站，热交换站的调整是通过手动设置控制信息，或根据时间点来设置的，不能根据天气和其他条件的变化来动态调整，一旦发生故障，工作人员需要很长时间来锁定故障。因此，传统的集中供热系统还有很大的改进空间。

针对传统集中供热网络存在的问题，结合供热需求，设计了一种基于物联网技术的集中供热监控系统。物联网的基本组成包括 3 个部分：收集、传输和管理分析，因此，集中供热监控系统也分为换热站现场控制、通信中心和控制中心 3 个模块。供热监控系统总体架构如图 4-11 所示。

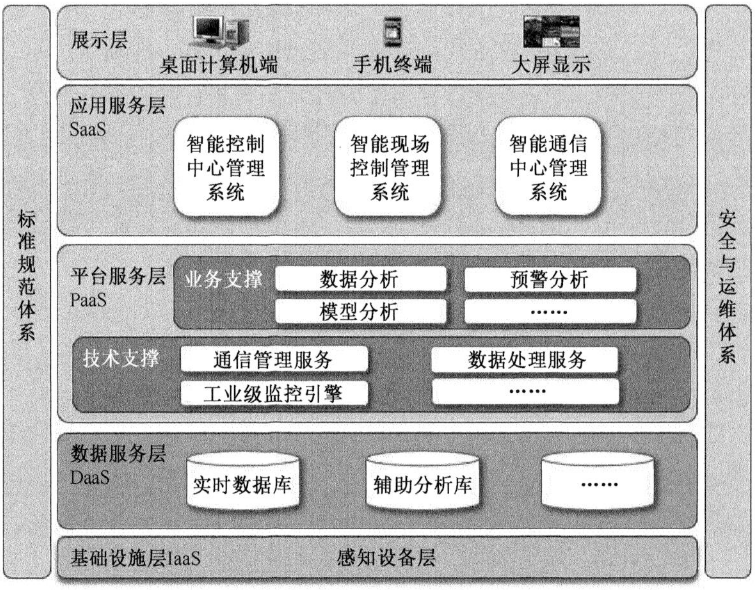

图 4-11 供热监控系统总体架构

与传统的集中供热网络相比，基于物联网的供热网络有了很大的改进。

（1）在以往的集中供热管网中，只有换热站的控制系统负责所有换热站的控制。新型的供热网络是基于物联网的热网系统设计的，控制中心成为独立的模块，由换热站智能实时监控、换热站智能运行模式和智能信息管理系统 3 个部分组成。

（2）在以往的集中供热管网中，换热站包括现场控制和数据采集两大功能。新型的基于物联网的供热网络则有了变化，换热站除了可以在现场进行物理控制，还可以通过智能实时监控在远程进行控制。

（3）在以往的集中供热管网中，换热站通过总线方式、公共交换电话网方式和无线数传电台通信的方式进行数据采集，而在基于物联网的供热管网中，根据实际情况，换热站和控制中心之间采用 ZigBee、LoRa 等协议进行网络传输。

供热管网系统具有点多、面广、距离远、现场差别大等特点，所以需要组建一套分布式的网络系统，满足换热站和控制中心数据交互的需要。

系统通过分布式网络系统将换热站、控制中心、工作人员等与网络连接，然后进行数据信息的交互和传输，实现换热站报警处理、换热站采集数据的分析处理、换热站实时监控和远程控制。

1. 换热站控制中心

新型的基于物联网的供热系统换热站根据热网工况和具体的条件，采用相应的连接方式实现从供热一次网到供热二次网的热交换，将热媒加以转换调节，向系统内的热用户分配热量来满足用户的供热需求。换热站现场监控主要实现的功能是采集数据和换热站控制调节。换热站现场控制调节包括换热站温度调节、换热站循环流量大小调节、换热站恒压点调节、换热站故障报警和保护 4 个部分。

控制中心是整个集中供热节能网络系统的关键部分，主要负责对换热站整体运行情况的监控，以及对换热站的运行情况进行调整，结合用户的供热具体需求，控制中心除了负责对换热站进行实时监控，还提供换热站节能运行模式和基础信息管理模块。

换热站实时监控包括实时智能监测和实时远程控制两个模块。实时智能监测指的是通过换热站现场物联设备采集数据，根据约定通过通信网络定时传输到控制中心，控制中心对这部分数据进行保存及智能分析，通过智能分析，控制中心能够了解所有换热站的实时运行情况。实时远程控制指的是通过控制中心远程对换热站进行实时的控制。通常，实时监控由换热站实时监控系统来实现。

信息管理服务是指控制中心对换热站数据实时监控，若发现有数据异常，则自动报警。

2. 通信

基于 NB-IoT、ZigBee、LoRa、2G、3G、4G 等网络，对部署的传感器进行

统一的网络接入、设备运行管理与维护，提供安全、GIS、通知等基础服务能力，对物联网感知数据进行采集、整合与汇聚，提供物联网感知数据的综合展示分析功能。

4.5.3 应用案例

1. 某市换热站节能运行模式架构

某市为实现换热站节能运行模式，制定了换热站基于室内温度反馈的控制曲线动态调节策略、换热站智能分组分段控制策略等。某市换热站节能运行控制流程如图 4-12 所示。

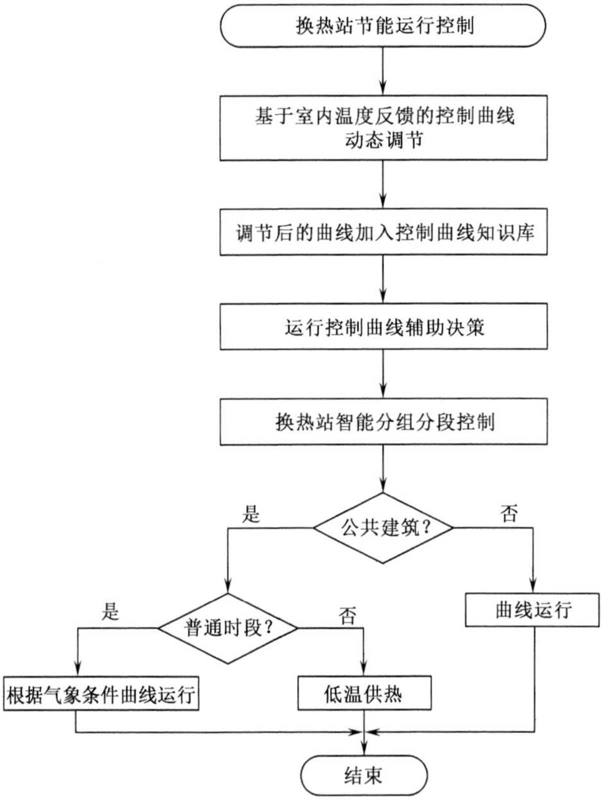

图 4-12　某市换热站节能运行控制流程

首先将换热站进行智能分组分段控制，可以大致分成恒温运行和曲线运行两种方式，对于曲线运行而言，曲线的选择是通过控制曲线辅助决策来提供选择的，而控制曲线辅助决策选择中所有的控制曲线部分都是由基于室内温度实时反馈的控制曲线智能调节获取的。

1）换热站智能分组分段控制策略

换热站智能分组分段控制是针对某市气象数据变化特点，热用户类型和用热具体情况，对某市换热站进行智能分组分段，然后按事先预设的供热运行规则，实现某一特殊时段恒温运行和普通时段曲线运行的智能策略，用于解决以往供热模式下热能源利用率低下的问题。

分组原则是根据公共建筑区域和居民建筑区域的用热特点不同的情况，对它们采取不同的策略进行控制调节。

（1）公共建筑区域：公共建筑有固定的供暖时间区间，即工作时间段，去除工作时间，其余时间都不需要使用。

（2）居民建筑区域：为保证居民居住的舒适性，居民建筑室内温度全天都不得低于 16℃，因为晚上气温较低，故用热高峰时段是在晚上，需要合理提高供水温度，维持室内温度处于一个舒适的区间。

分段是通过智能分析气象数据，将全天分成相应的时段，然后根据相应时段的供热特点，给换热站设置对应的运行参数。将 24 小时分为两个不同的时段：普通时段和特殊时段（用户可以进行自定义的设置），这两个不同时段具有以下特点。

（1）普通时段：普通时段通常是白天，是人们的活动时间，根据对气象数据的分析，此时室内外温差明显，温度波动较大。

（2）特殊时段：特殊时段通常是夜晚，是人们的休息时间，对于大部分的公共建筑，此时基本无人使用。

综合上述内容，换热站分组时段情况如表 4-1 所示。

表 4-1　换热站分组时段情况

换热站类型	普通时段	特殊时段
公共建筑	根据气象条件等来设置控制曲线，然后按照控制曲线来运行	对其进行低温供热
居民建筑	曲线运行	曲线运行

综上所述，要想实现换热站的分组分段控制，首先需要对换热站区域进行分类，然后按上述分类进行相应的控制。假设用户设置普通时段为 6:00—18:00，其余时间段为特殊时段，那么在 0:00—6:00，公共建筑区域采取恒温运行，相当于供水温度是固定不变的，不随室外温度的改变而改变，并且供水温度偏低；居民建筑区域在 6:00—18:00 采取控制曲线运行，控制曲线运行的规则是根据室

外温度来设置供水温度值，室外温度越高，供水温度越低，相反室外温度越低，供水温度越高，18:00—24:00 与 0:00—6:00 的供水温度相同。通过这样的控制，能够在保证供热质量的前提下最大限度地利用能源。

同时，必须对换热站进行编码，确定各换热站是公共建筑还是居民建筑，然后对每个换热站进行时段设置，需要设置普通时段、特殊时段的具体时间，并且保存至数据库中。当控制中心系统判断时间到达普通时段内时，就会自动发送普通曲线运行控制信息给换热站；当判断时间到达特殊时段内时，就会自动发送恒温运行控制信息给换热站。将换热站类型、普通时段，以及特殊时段的设置统一保存至数据库的分组分段表中，按编号分组分段情况如表 4-2 所示。

表 4-2 按编号分组分段情况

换热站编号	换热站类型	普通时段	特殊时段
00102243798	公共建筑	6:00—18:00	18:00—6:00
00201161346	居民建筑	无	无
00317491743	公共建筑	7:00—21:00	21:00—7:00
00402325674	居民建筑	无	无
……	……	……	……

2）基于室内温度反馈的控制曲线动态调节策略

供热系统的最终目的是让室内温度恒定在某个值，所以室内温度的保持是衡量供热系统是否运行良好的一个核心指标。控制中心远程实时对室内温度进行监测，然后根据监测的结果对各个换热站进行远程调节。

首先根据室外温度、日照条件等气象条件选择合适的控制曲线，也可以在供热系统运行期间，预先选定用户的室内温度作为参考值，来对控制曲线进行加权调整，同时当控制曲线稳定运行，且室内温度恒定并达到要求时，训练完成一条对应的控制曲线。

在同一个换热站所属区域内，用户建筑类型是对室内温度影响较大的一个因素。建筑类型对供暖质量有很大影响，如板楼的保温和节能功能不好，和其他建筑相比，要达到或保持同样的室内温度，需要的供水温度更高，而理论上节能型建筑则只需要相对较低的供水温度就能维持同样的室内温度。所以在同一个换热站的所属区域内，同种类型的建筑的室内温度在理论上应该是一致的。目前的情况是无法采集每个用户的室内温度，只能采集典型的建筑类型的室内温度，这里所谓的典型建筑类型是指保温性能较差的建筑，因为如果这些建筑的供热温度能够达到要求，那么说明所有的建筑基本都能达到要求。对这些典型建筑的室内温度进行实时监测，根据监测的结果调整控制参数，在保证供热质量的前提下，可以最大限度地节能减排。

基于室内温度反馈的动态曲线调节需要的室内温度，这里所指的室内温度不是用户的平均室内温度，而是选取的典型建筑的室内温度，通过安装在典型建筑内的测温物联网终端定时采集数据，然后通过 ZigBee 通信网络传送给控制中心，控制中心在接收到数据后对所有的室内温度进行智能分析。按换热站类型分组分时段情况如表 4-3 所示。

表 4-3　按换热站类型分组分时段情况

换热站类型	普通时段	特殊时段
公共建筑	16～18℃	12～14℃
居民建筑	17～19℃	17～19℃

在控制中心对接收的室内温度数据进行智能分析的时候，需要全面地考虑如何选取分组分段的控制策略。每个物联网测温终端都对应唯一的编码，对于一个换热站来说，首先需要将换热站分为公共建筑区域及居民建筑区域，所以每个物联网测温终端的信息都包括所属换热站类型。按照实际情况中这两种区域可能存在的典型建筑类型的种类设置测温终端，假设公共建筑中有 4 种，居民建筑中有 5 种，那么在整个换热站区域有 9 个测温终端，各测温终端定时（每隔半个小时）发送数据到控制中心，数据包括测温终端的编号及当时的室内温度值。控制中心接收到 9 个室内温度，这 9 个室内温度都应在对应情况范围中，若超出此范围，就需要进行相应的调节，若比预设值温度低，则提高供水温度，若比预设值温度高，则降低供水温度，然后在下个预设节点，同样对室内温度进行上述监控调节，使得室内温度始终恒定在最适合的状态。

控制中心调节步骤如下。

（1）控制中心采集所有换热站的典型建筑室内温度，并将这些温度值根据用户性质分成公共建筑类及居民建筑类。

（2）查询分组分段表，判断当前时间是普通时段还是特殊时段，然后获取相应时段内预设的室内温度值范围。

（3）对每个采集到的室内温度进行比对，如温度低于 12℃或者高于 24℃，则说明测温终端采集温度有可能出现错误，测温终端可能已经损坏，此温度忽略不计；当判断温度处于合理范围内时，将换热站公共建筑类及居民建筑类的实时室内温度值与此时段内室内温度的预设范围进行比对，若典型室内温度的平均值小于预设范围的最小值，则远程将换热站的控制曲线各点的温度调高，提高供水温度，然后将调整信息发送到换热站；若典型室内温度的平均值大于预设范围的最大值，则远程将换热站的控制曲线各点的温度都降低，降低供水温度，然后将调整信息发送到换热站。

控制中心在采集到测温终端发送的室内温度数值后，将温度保存在室内温度表中，通过对此表进行定时比对，一旦发现有某处室内温度超出预设范围，则立即按照上述调节方式进行调节。

2. 威海热电集团智慧信息化供热调度系统

威海热电集团负责威海市 80%的供热面积，管辖二级换热站 200 座、虚拟站 116 座、楼宇控制调节阀约 2 万个。该项目分 4 期实施，最终集成了热源生产管理、管网平衡、客服、OA、热计量、地理信息等诸多系统，以控制为中心，兼顾管理功能。在满足热负荷需求刚性指标的基础上，通过科技手段，实现节能环保，节省经济成本。

威海热电集团装机容量 390000 千瓦·时，装炉容量 2800 吨/小时。总供热面积 3000 余万平方米，采暖用户 26 万余户，占全市总供热面积的 80%以上，管网供热半径超过 15 千米，热用户中既有新建的节能建筑，也有老旧建筑改造后的节能建筑，节能 50%以上的节能建筑占公司总建筑面积的 85%。

1）项目亮点

（1）实现以 GIS 地理信息为基础的运行数据展示分析。

全景地图展示一次管网、换热站信息，自由选择展示数据，如热负荷、温度、流量、压力等，全网状态一目了然。点击换热站，进入 3D 虚拟现实工艺画面。

（2）全网平衡分析，实现合理调度，优化用能。

通过专业的算法计算出流量偏差值，根据偏差自动给出阀门开度或提供平衡建议，实现供热系统温度的全网平衡。

（3）数字化管理，结合能耗分析、负荷预测、投诉率结果实现事前控制，指导供热调度。

根据室外温度预测热源、换热站在当天及未来几天的理论需热量，通过预测值指导供热调度。

（4）高效准确地进行数据采集，大数据汇总，多系统数据共享。

将水、电、热计划指标与实际指标值进行对比、分析、统计排序。当能耗超标时站点给出预警提示，通知调度系统及时修正，达到供热需求的同时实现节能降耗、节约成本的目的，为企业创造更大的经济效益。

（5）热用户环节智慧化监控。

将居民热量表的计量参数（供水温度、回水温度、流量等）及典型用户的室内温度（一般为顶楼、边户、底户温度）上传到供热调度监控中心。供热调度监控中心根据热量表上传数据，与目标值进行对比，为热网运行参数的智能调节及进一步细化修正提供科学依据。当热计量运行参数出现异常时可进行报警，供热调度中心可进行远程开关调控。

2）实施效果

（1）节能效果。

2013—2015 年，对辖区内 1500 万平方米的居民采暖用户实施了智慧供热，平均热耗由 40.2 瓦/平方米降至 28.9 瓦/平方米；年耗热量由 0.50 吉焦/平方米降至 0.36 吉焦/平方米（威海供热天数为 145 天）；单位面积标准煤耗量由 17.1 千克/平方米降低到 12.3 千克/平方米，节能约 28%；二级网单位面积循环水量由 5 升/（小时·平方米）降至 3 升/（小时·平方米）左右，由此节电 1.5～2 千瓦·时/平方米；减少运行管理人员约 65 人。

（2）环境效益与经济效益。

威海热电公司一个采暖期可节约标煤约 8.6 万吨，在总耗能不变、保证供热达标的条件下，可新增供热面积近 600 万平方米，相当于新建了一座 400 吨容量的锅炉房，减少热源投资 1.2 亿元。实现年利税 7148 万元，工程投资回收期为 3.27 年。一个采暖期减排二氧化碳 21.12 万吨、二氧化硫 1419 吨、氮氧化物 1341 吨、烟尘 825 吨。

（3）社会效益。

供热系统运行按照室内温度约 22℃需热量的目标值进行热量分配，使用户室内温度基本可控制在 22℃左右。

4.6　市容环卫管理

4.6.1　概述

我国城市化进程正经历着前所未有的发展。根据 2019 年统计公报显示，目前我国城市化率首度超过 60%，意味着我国有 60%以上的人口居住在城市，城镇化也成为推动社会经济发展的强大动力。但现代城市发展也面临环境污染、能源短缺、经济转型、管理复杂、人口增长等实质性问题的挑战。“智慧环卫”依托物联网技术与移动互联网技术，通过物联网技术建设推进环卫生产、生活和管理方式创新，对环卫管理所涉及到的人、车、物、事进行全过程实时管理，合理设计规划环卫管理模式，提升环卫作业质量，降低环卫运营成本，解决环卫发展过程中面临的问题，用数字评估和推动垃圾分类管理实效，从而提升服务价值，创造产业经济价值，体现民生社会价值，最终达到“强政、兴业、惠民”的目标。

市容环卫管理包括环卫作业工具管理、环卫设施日常养护管理、达标排放管理、绩效考核管理、垃圾的收集情况管理和收集量的管理等。环卫运转体系中需管理的内容有作业车辆、作业船只、垃圾中转站、垃圾池、垃圾填埋场、垃圾焚烧厂、公共厕所等；人员有考核人员、清运人员、保洁人员；垃圾种类有收集处理的垃圾和排放的污水、废渣、烟尘等。

为确保环卫作业规范、高效运转，解决传统管理方式存在的问题，通过物联网的综合定位和无线数据传输等技术的运用，实现作业工具自动定位和智能监控。通过在环卫作业工具上安装油量传感器、作业状态采集器、车辆行驶状态记录仪、摄像机等前端信息采集设备，采集环卫作业工具的运行状态，并通过无线数据传输技术，实现对作业工具的实时监控。

4.6.2 架构

物联网技术在市容环卫系统中主要应用于环卫信息数据的远程无人值守采集，为智慧环卫各模块提供运行和决策的数据依据。设计的子系统主要有以下 4 类。

（1）GPS 位置信息管理子系统：主要用于车辆、人员及其他需要位置信息管理应用的设施设备；通过地理信息技术将辖区内所有点、面上发生的事情进行图形化视觉反映；让决策者全面掌握辖区环卫工作运行情况。

（2）射频标签（RFID）管理应用子系统：主要用于垃圾桶、垃圾中转站、垃圾房、公厕、人员、车辆、垃圾称重入口及其他需要标记的设施设备；对环卫设施设备建立电子档案，并通过射频技术进行数据采集及核查。

（3）视频监控系统：用于中转站、建筑工地进出口、垃圾场进出口、重要监测场地及其他需要视频监控的场所。

（4）传感监测系统：用于空气粉尘、二噁英等气候环境监测，便于及时掌控各区的气候环境；重点监测各环境污染点、污染面，从而实时准确地掌握环境污染的具体情况，最终达到重点预防和有效治理的目的；建设上述各类远程信息数据的采集及远程调度指挥管理应用子系统是智慧环卫中的一个重要环节。

系统平台总体架构由网络通信与硬件层、源数据层、数据支撑层、应用层、展现层等 5 个模块组成，如图 4-13 所示。

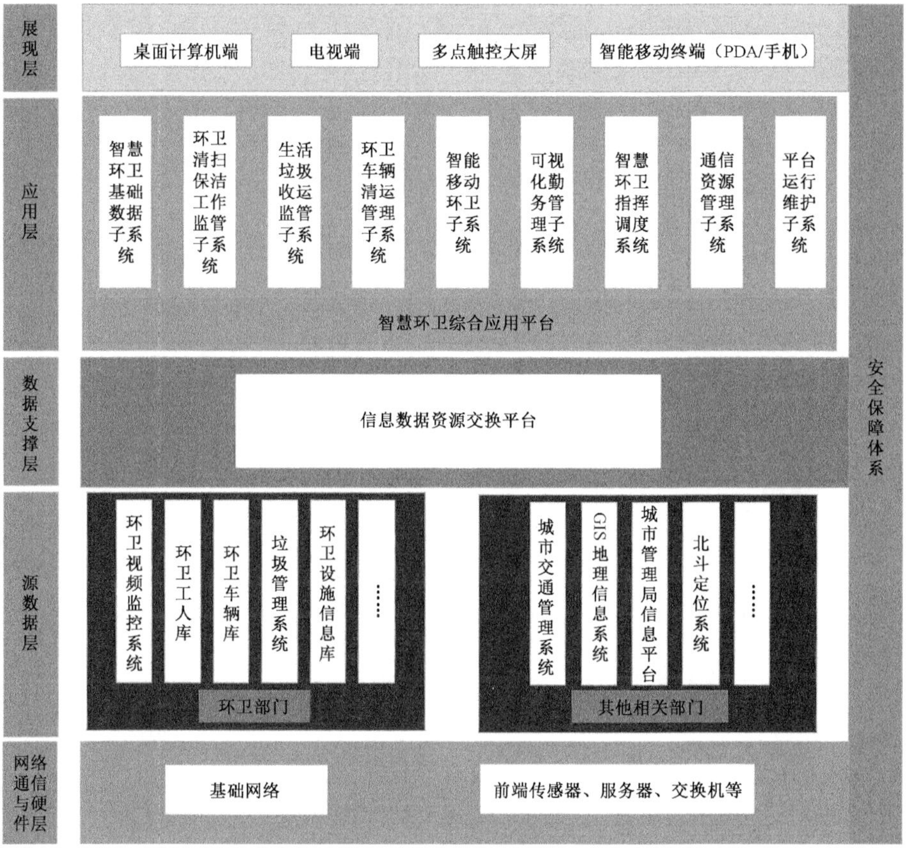

图 4-13　平台总体架构

1. 网络通信和硬件层

通过构建规范化的无线、有线专用网络，为信息数据传输提供安全、顺畅的交换通道。利用前端传感器、视频采集设备、服务器、交换机、存储设备、防火墙等硬件设备，为数据的采集、存储、交换、共享、分析、处理等提供基础硬件介质。

2. 源数据层

通过数据整合模块的建设，同时以数据的共享、交换和融合为数据应用的底层核心，根据业务需求对各环卫业务系统平台的数据进行整合及挖掘，建立各业务系统中各个应用所需的数据池或主题数据库，便于上层应用的分析和调用。

3. 数据支撑层

实现市容环卫各类数据资源的统一汇聚和管理，是市容环卫数据资源整合和管理的平台，实现市容环卫各类数据资源的统一归集、统一治理与管理、统一共享与交换，以及统一编目等，为各类环卫业务应用系统提供数据资源服务。

4. 应用层

通过智慧环卫基础数据子系统、环卫清扫保洁工作监管子系统、生活垃圾收运监管子系统、环卫车辆清运管理子系统、智能移动环卫子系统、可视化勤务管理子系统、智慧环卫指挥调度系统、通信资源管理子系统、平台运行维护子系统等功能模块，实现“管理一体化、调度一体化、设备一体化”的综合管理格局。

5. 展现层

展现层包括桌面计算机端、电视端、多点触控大屏、智能移动终端等多种形式，服务于应用层的各个子系统，对实时态势实现了一体化呈现。

4.6.3 应用案例

1. 应用

通过物联网技术重点对运输车管理调度系统、社区垃圾桶管理系统、可视化社区垃圾综合管理平台系统进行重新设计与改造。

1）垃圾运输车管理调度系统

垃圾运输车管理调度系统针对日常垃圾车的调度，重点解决垃圾车的可视化定位、可视化调度、垃圾车的实时态势等监控业务需求。

重点实现以下两部分内容。

（1）垃圾车调度。

指挥中心根据接收到的数据动态监测垃圾运输车的信息，从而对垃圾车进行科学、合理调配，同时 GSM 模块向工作人员发送消息；当垃圾车到达垃圾处理指定位置时，驱动装置驱动执行机构将垃圾车的后门打开，自动卸载垃圾，大幅提高了垃圾转运的效率。

（2）垃圾车定位及轨迹跟踪。

指挥中心可以查看车辆的实时位置、行车状态及报警信息，发现问题后可以给司机发送语音信息或短信息；对于预设了行车路径的车辆，可以显示实际行驶路径与预设路径的对比情况。

2）社区垃圾桶管理系统

社区垃圾桶管理系统主要利用传感器及视频监控技术，通过社区垃圾桶的设计位置在图上对垃圾桶日常状态进行管理，通过系统实现对垃圾桶的日常承载状态、垃圾桶自身状态评估等应用。

重点实现以下两部分内容。

（1）垃圾桶承载状况（垃圾桶是否装满等）。

通过传感器定期对垃圾桶内垃圾容量进行采集，当垃圾容量高于设定值时，主动上报平台，并通知相关人员对垃圾进行处理，做到快速、及时。

（2）垃圾桶管理（破损、丢失等）。

通过视频监控对垃圾桶进行远程监控，当发现垃圾桶有丢失、破损等情况时，通知相关人员进行及时处理。

3）可视化社区垃圾综合管理调度平台

社区垃圾综合管理调度是将各种社区垃圾环卫设施、设备整合在一起，通过多系统信息的汇聚，实现信息的高度共享，打破传统管理/调度信息壁垒问题。同时，通过可视化的设计，在一个平台上对社区垃圾环卫设施、设备进行综合管理调度，对社区各类垃圾环卫事件进行及时有效的处理。

重点实现以下两部分内容。

（1）多系统统一平台操作管理。

通过统一登录管理对多个系统进行整合，同时统一对通信网络进行部署，将各应用模块整合到同一个平台上，方便用户操作使用。

（2）可视化管理。

通过指挥屏幕，可以清晰地了解所属目标的位置信息及实时工作状态信息，可视化管理融合了多种技术，既满足了管理者的使用需求，又体现了环卫一体化的特点。

2. 案例

1）上海市物联网+智能垃圾分类

2019 年 7 月 1 日，《上海市生活垃圾管理条例》开始正式实施。与此同时，通过引入“物联网”“智能监控”等技术手段，引导居民定时、定点投放垃圾，提升垃圾分类执行效率，解决社区垃圾分类落实不到位的难题。

通过投放基于物联网及人工智能技术的智能垃圾分类回收机，集“智能收集终端”“智慧平台”“智能检测”于一体，具有身份识别、智能识别、防水、防火、防爆、GPS 定位、满桶预警、自动称重、自动结算、防夹手等功能，可以智能识别各种废旧物品，对其进行分类归属，并返还一定的回报金额。

智能收集。在各居民区布放智能垃圾收集系统，对垃圾收集现场进行智能监控，识别居民是否将垃圾放入指定位置，可通过一卡通、手机二维码来识别居民身份信息。居民将垃圾按照标准分类好后扫码放入智能垃圾桶，垃圾桶内安装重量传感器，在垃圾袋进入后系统自动称重，采集到的数据依托于物联网与互联网，自动上传到智慧平台并记入居民档案。

智能检测。为了有效监督居民按照标准进行垃圾分类，在各区的清洁楼建造智能化垃圾分类检测线，利用传感技术和人工智能，按照政府制定的标准要求对比检测各小区运来的居民垃圾，智能判定检测结果是否合格，将检测结果自动上传到智慧平台，并记入居民档案。对于检测不合格的居民垃圾还能自动分流，进入智能分拣或人工分拣通道。

在智慧平台中对管辖区内的所有居民建立档案，智能收集终端、智能检测线采集的数据通过物联网和互联网传送到智慧平台，并记入居民档案，可以对所有数据进行分析、统计、处理等有效管理。

2）长沙市高新区城区清扫保洁项目

长沙市高新区城区清扫保洁项目实施方式为市场化服务，服务期限为 8 年。该项目服务范围主要为长沙市高新区主次干道清扫保洁体系建设与运营，清扫保洁面积约 410 万平方米。

项目全生命周期总投资约 1.95 亿元。投入的设备设施主要包括新能源环卫保洁车辆 104 辆、人工保洁车辆 165 辆、人力三轮车 98 辆、电动三轮车 67 辆、智慧环卫系统 1 套、车载物联网终端 171 个、充电桩 80 座。所有车辆均配置相匹配的信息化设备，项目全面实现信息化数字管理。

（1）项目亮点。

城区主干道主要采用“五位一体”，次干道主要采用“四位一体”机械化立体保洁作业模式，道路清扫保洁主要以机械化作业为主、人工巡回保洁为辅。

实现“管干分离——政府精于管、企业精于干”，减缓政府一次性投入带来的资金压力。

对作业区域进行精细化、网格化划分，作业路线、作业人员、作业量规划合理，对日常作业实施常态化监管，并建立应急管理保障机制，完善监管体系，提高信息化管理水平。建立中联智慧环卫管理云平台，综合利用互联网、物联网、无线射频、大数据分析等技术，实现全区域环卫作业全过程监控，对人、车、物、事实行全方位实时管理。

加强设施设备维护保养，建立精细化管理机制，提高设备的利用效率，专业的人员和设备、严格的作业标准和可视化管理体系能够有效提高作业效果、减少安全事故的发生、降低运营带来的压力和风险，在保证运营质量的同时降低管理成本。

机械化作业设备全部采用新能源类车辆，可有效改善人居环境，提高人民的生活质量与环保意识，改善生态环境，助力蓝天保卫战。

为响应国家和长沙市政府的号召，高新区清扫保洁项目全部采用新能源环卫车辆完成，包括新能源洗扫车、低压清洗车、高压清洗车、护栏清洗车、道路养护车、扫路机。

新能源环卫车在正常环卫作业过程中具有零排放、低噪声、能源转换效率高、循环使用寿命长等特点，推广应用电动环卫汽车，能够降低汽车燃油消耗量、减少汽车尾气排放，从而有效地改善大气环境。

针对城市日益猖獗的“牛皮癣”现象，组建专业清洁队伍，对路段实行定期清洗制度，使用专门的清洁剂清洗各种顽劣的“乱张贴、乱涂画”，发现一处、消灭一处，维护道路的清洁干净。另外，加大清洗力度及宣传力度，采用人工加机械保洁的方法对城市各类“乱张贴、乱涂画”进行清理。

对于部分市民随意乱扔果皮、纸屑等杂物垃圾于草坪、花基上，以及绿化带的落叶清扫难题，采取对绿化带进行巡回保洁的方式，对重点区域，如景点区、商铺周边等附近绿化带垃圾产生量较多的地方加强巡回保洁，对绿化带进行每日清理，确保不会因为落叶的不及时清理，导致沙井盖堵塞、落叶腐败，从而滋生毒虫。

安排专人对本项目范围内垃圾桶等垃圾收集点进行专项检查，定人、定岗、定区域负责本项目范围内所有垃圾桶等垃圾收集点的清洁、维护、检修和管理，对垃圾桶及收集点卫生进行重点监理，同时积极清洗及消毒，确保设置点及周围环境卫生的干净整洁，无散落存留垃圾和污物，垃圾桶无残缺、破损，封闭性好，外体干净。

（2）实施效果。

社会效益：通过投入大量专业环卫设备和专业环卫服务，极大地提升了长沙高新区环境卫生面貌。

环境效益：各级道路的清扫保洁有了明显改观，滴、洒、漏情况全面减少，环卫效果大幅提升。

经济效益：改变原有环卫作业分散、投入产出不对等的模式，在各级考评体系下进行评分付费，在确保环卫效果的前提下最大化节约了政府成本。

3）巩义市农村环卫市场化项目

巩义市农村环卫市场化项目于 2017 年 11 月正式承接运营。服务区域内总户数约 17000 户，常住人口约 61 万人，负责含巩义市辖 15 个建制镇和永安路街道办事处行政区域范围内的国道、省道、县道、乡道，以及农村道路等公共区域的清扫保洁及垃圾收运工作。

针对巩义项目区域大、地况复杂、人口密度不均等状况，一次性投入 5500 万元，购买垃圾桶 25000 个、勾臂箱 1500 个、各类保洁车辆 130 辆、各类收集转运车辆 100 辆、建设深埋桶收集站 101 座、智慧化环卫平台系统 1 套。按照 4‰的标准，共招募保洁员 2200 人（其中建档立卡贫困户 198 人）、各类司机 120 人、各级管理人员 100 人，实现全市农村环卫的统一指挥、统一管理、统一标准、统一质量。

（1）项目亮点。

巩义市地形复杂，垃圾覆盖区域广、分布散，收集、运输难。受地形及生活习惯影响，无法将统一的工艺方案在巩义市进行推广复制，量身定制适合当地地理特征、百姓生活习惯的“巩义模式”。

本项目中主要采用以下 3 种模式。

①地埋桶模式：针对运距大于 15 千米，道路条件较好、人口相对密集的区域。

②直收直运模式：针对运距小于 15 千米、距离填埋场相对较近的区域。

③中转站模式：针对运距大于 15 千米，人口稠密、垃圾产生量大、高峰期集中的区域。

针对巩义农村人居环境整治，以打造美丽宜居乡村为目标、建设三大体系为支撑（清扫保洁管理体系、垃圾收集转运体系、质量监督管理体系），打造一个平台。根据各个村镇人口、道路、交通分布情况和地理特征，采用地埋桶模式、直收直运模式、中转站模式等多模式并用，实行“一镇一策”“一村一策”，实现环卫作业的精细化管理。

巩义项目经过两年的市场化运营，荣获河南省清洗保洁行业优秀示范项目、2018 年设备与技术解决方案示范案例、2018 年整体解决方案入选案例等荣誉称号。2018 年 10 月，财政部向中共中央办公厅、国务院办公厅专期推送“巩义经验”，环卫服务成效显著。

（2）实施效果。

社会效益：巩义项目共聘用环卫工 2279 人，除 194 名农村贫困人口外，其余为农村闲散劳动力，实现了贫困人口就地就近就业，每人每月发放工资约 800 元，年收入近万元，解决了近 200 户农村贫困人口的脱贫问题，促进农村闲散劳动力就业增收。

环境效益：巩义市、县、乡、镇、区道路全部实现机械化清扫，村组道路人工清扫每天不低于一次，科学布置垃圾桶，垃圾实现日产日清，并密闭运输，进行无害化处理，实现垃圾减量化，突破垃圾分类回收难题，扭转农村脏乱差状况。

经济效益：巩义项目要达到目前的清运保洁效果，按原模式，第一年财政需投资 14170 万元（设备 6000 万元、耗材 200 万元、工资 7970 万元），以后每年需投资 8000 万元以上。在郑州傲蓝得环保科技有限公司承接项目后，政府年投资额仅为 4700 万元，年节省约 3300 万元以上。

4）重庆市南滨路市政道路的智慧环卫项目

南滨路市政道路的智慧环卫项目依托物联网和移动互联网技术，对环卫管理所涉及的人、车、物、事进行全流程的实时管理，通过合理的设计规划环卫管理模式，提升环卫作业质量，降低环卫运营成本，用数字评估的方式推动垃圾分类管理实效。

南滨路市政道路的智慧环卫项目在环卫一体化的实际运用上，依托物联网、移动互联网，以及大数据相关技术，管理内容自下而上包括环卫设施、环卫作业车辆、环卫作业人员、环卫管理车辆、环卫管理人员。通过为各级环卫管理元素配备不同的感知设备、智能终端，形成一个信息互联互通的物联网络。通过内部物联网管控，提高企业运营管理效率，降低环卫运营作业成本；通过外部监控平台，提高政府监管效率，并辅助政府进行环卫规划与决策。

（1）项目亮点。

滨南生态环境集团股份有限公司在国内率先提出“家政化”服务理念，并率先在南滨路进行落地实施。滨南生态环境集团股份有限公司还在南滨路项目一线作业过程中总结提炼出“513”快速反应机制，具体指当一线工作人员发现环境问题或影响市容的行为时，如果自己能处理就自行处理，不能处理则第一时间在工作群发布，由后台管理人员协调周边工作人员及作业车辆于 5 分钟内到现场处置，1 小时内反馈处理情况，3 小时内现场复查，形成了“信息畅通、指挥高效、查处及时、督导有力”的快速反应机制。

本项目还使用智慧环卫系统，主要包括垃圾智慧分类管理系统、环卫作业过程智慧管控系统、垃圾转运和处理智能监控系统、环卫公共设施智慧管理系统。

垃圾智慧分类管理系统，包括危害气体智能检测、垃圾量预警预测、全网监测和告警、垃圾分类激励系统、垃圾热图、垃圾满度实时显示等核心功能。

环卫作业过程智慧管控系统，包括实时道路保洁监测、实时垃圾收运监测、管理量化评价、环卫管理事件、视频监控作业状况、环卫工人及车辆管理调度等核心功能。

垃圾转运和处理智能监控系统，包括环卫车辆路线规划、环卫车辆定位、垃圾转运实时监控、垃圾清运路线管理、垃圾中转站监控、垃圾终端处置监管等核心功能。

环卫公共设施智慧管理系统，包括公厕监管、设备运行监管、能耗监管、客流统计、应急报警、实时视频监控等核心功能。

能够实现智能动态指标分析。以作业动态数据为基础，结合建立的系统模型进行分析，可以获取表征作业效果、效率的指标数据，实现业务工作执行情况的量化，通过指标的变化，掌握影响作业效果、效率的关键因素，对其进行针对性的调整，实现业务工作的优化、改进。

能够实现评价考核管理。为判断业务工作是否达到预期的目标，需要设置必要的标准进行考评，通过考评查找工作中存在的问题，以便于有针对性地解决，同时也可以查找是否存在外部条件的变化，使得工作模式不再适合当前阶段的实际情况。

能够实现调度和结算管理。环卫业务涉及供应侧、生产侧、消费侧各行业的参与单位，进行准确的结算是保证各方利益的基本要求，结算的关键在于数据信息的一致性得到各方的认可，传统的结算受限于数据统计工作量大、准确性低的问题，需要反复核算才能达成一致，基于信息系统的数据共享可以完美地解决这些问题，实现快速、准确的结算。

能够实现协同交互共享。要基于标准化的原则实现共享，不同的系统需要遵循共同的规约，避免不同系统之间不能顺畅地进行交互操作或协调工作而导致的信息沟通障碍，消除提供水平与对应接收水平不对称形成的信息烟囱。

系统可以通过移动终端（如手机、平板电脑）进行访问。可实现员工考勤，实现所有员工每天上班签到；实现每个员工作业状态实时监管；可实时对车辆进行监控；可在终端上对垃圾相关业务进行查看；可观察站点实时视频；可根据权限针对不同用户发送不同的推送信息，实现移动办公的功能。

（2）实施效果。

社会效益：①提高了环卫作业管理的工作效率；②推动了环卫管理体制的深刻变革；③促进了环卫管理部门的协作配合；④打造了解决群众切身利益问题的技术平台；⑤环卫工作考核更加科学合理，政府效能明显提升；⑥促进社会和谐，人民群众的满意程度得到极大提高。

环境效益：①无害化，无有害气体、有害液体、废渣等排放，有效地控制了二次污染；②减量化，经过分拣、回收、处理、加工，除资源化利用外，尽最大可能地做到了减量化处理；③资源化，物资回收利用，成为一种再生资源；④快捷化，当日垃圾，当日处理，达到日产日清。

经济效益：对政府主管部门而言，通过云平台打破各自封闭的信息孤岛，把握环卫产业最新的整体动向，掌握真实透明的数据，实现垃圾的可追溯、可监控、可管理，实行有效监管和调控，制定更有效的产业政策。对环卫企业而言，不但可以降低开发、建设和运营成本，提高垃圾资源化利用效率，实现生产运营增效，还可以通过第三方专业的实时数据存储、分析、可视化管理等服务，使垃圾排放数据更有公信力，减少纠纷，实现效益最大化。对广大公众而言，提供行业数据的开放平台及宣传教育平台，提供畅通的垃圾流通渠道，让公众掌握、参与垃圾产生及处理全过程，从而推进大众垃圾分类的普及。

4.7　风景名胜区管理

4.7.1　概述

智慧景区是指景区的管理者运用信息技术和管理学科的科学理论，建设信息化管理平台，从而实现风景名胜区经济、生态的全面协调发展。智慧景区是景区实现科学高效管理的手段之一。例如，在2005年，九寨沟管理局在中国旅游行业内开创了旅游数字化管理的先河，建设了一批数字化景区管理信息系统，如OA系统、门票系统、网络营销系统、视频监控系统等，提升了景区服务水平。如今，基于数字景区的建设成果，更深层次地挖掘风景名胜区智慧旅游的深度，开展风景名胜区智慧旅游建设，实施景区综合绩效评价，是全球旅游业可持续发展的客观需求。

“智慧旅游”是一个全新的概念，它是一种将物联网、云计算、5G、高性能信息处理、智能数据挖掘等技术应用于旅游体验、产业发展和行政管理方面，使旅游信息资源和物理资源得到高度系统化整合和深度开发激活，并服务于公众、企业、政府，面向未来的全新旅游形态。

智慧旅游是以新一代信息技术为基础，以移动终端为应用核心，以体验、互动等高效信息服务为特征的旅游信息化发展新模式，形成“旅游服务的智慧”“旅游管理的智慧”和“旅游营销的智慧”。

4.7.2 架构

在“智慧景区”发展背景的基础上，从5个方面开展“智慧景区”的规划与建设[15]：①信息基础设施（构建网络传输与通信系统，包括传感网、物联网、互联网）；②数据基础设施（构建数据仓库与云数据中心，涵盖空间数据与属性数据）；③共享服务设施（实现信息共享与应用服务）；④应用服务平台（构建众多业务应用系统）；⑤决策支持平台（开展综合分析与辅助决策）。

根据信息技术和信息社会发展的趋势，以及景区资源保护与利用的发展需求，建设“智慧景区”，总体框架如图4-14所示，可以概括为“三个平台、五大系统”。三个平台包括信息基础设施、数据基础设施、共享服务设施；五大系统分别是资源保护系统、业务管理系统、旅游经营系统、公众服务系统、决策支持系统。

1）三个平台

三个平台是指信息感知与传输平台、数据管理与服务平台、信息共享与服务平台。其中，信息感知与传输平台包括信息自动获取与高效传输；数据管理与服务平台包括数据集成管理与计算服务；信息共享与服务平台则借助信息基础设施和数据基础设施，面向五大应用系统提供信息服务与流程服务。

（1）信息感知与传输平台（信息基础设施）。信息感知与传输平台（信息基础设施）包括信息自动获取设施和信息高效传输设施。信息自动获取设施主要是指位于智慧景区信息化体系前端的信息采集设施，如遥感技术（Remote

Sensing，RS）、射频识别技术、GPS 终端、传感器摄像头视频采集终端、地感线圈或微波交通流量监测等。信息高效传输设施是指有线及无线网络传输设施，主要包括通信光纤网络、3G 无线通信网络、重点区域 WLAN 等，以及相关的服务器、网络终端设备等。

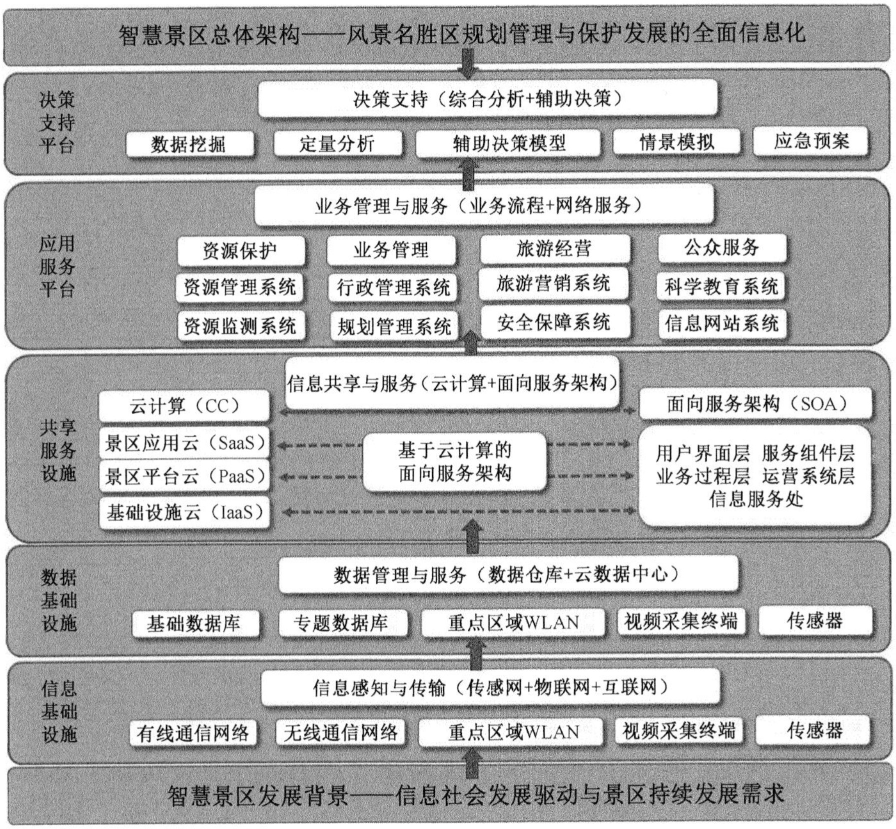

图 4-14　智慧景区总体框架

（2）数据管理与服务平台（数据基础设施）。数据集成管理主要借助数据仓库技术，分类管理组成“智慧景区”的数据库系统，涉及空间数据与属性数据库、栅格数据与矢量数据库、资源数据与业务数据库，以及面向应用的主题数据库；在数据集成管理的基础上，借助云计算技术，通过共享服务平台为五大应用系统提供数据信息与计算服务。

（3）信息共享与服务平台（共享服务设施）。信息共享与服务平台是基于 SOA 和云计算的共享服务中心，平台集成遥感技术、地理信息系统、全球定位系统、虚拟现实技术，面向“智慧景区”的五大应用系统提供技术及信息服务，可以实现整个智慧景区的信息管理、应用请求响应、应用服务提供等功能，保障整个景区信息的共享与服务。

2）五大系统

五大系统是基于风景名胜区资源特点及应用系统功能、系统服务对象、系统使用部门等因素考虑而划分的，包括资源保护系统、业务管理系统、旅游经营系统、公众服务系统、决策支持系统，共同构成“智慧景区”的应用服务系统。

（1）资源保护系统。资源保护系统主要实现对景区资源全面保护与监测的信息化，涉及的主要应用系统可以划分为：自然资源保护与监测系统、人文资源保护与监测系统、自然环境保护与监测系统、人文环境保护与监测系统。

（2）业务管理系统。业务管理系统主要实现对景区业务管理工作的信息化，涉及的应用系统按照业务类型可以划分为：电子政务系统、规划管理系统、园林绿化管理系统、人力资源管理系统、资产管理系统、财务管理系统、视频会议系统等。

（3）旅游经营系统。旅游经营系统主要实现对景区旅游管理与游客服务的信息化，景区旅游经营体系所涉及的应用系统主要包括 3 种类别，即侧重于内部应用的旅游管理系统、侧重于外部服务的网络营销系统，以及游客安全与应急调度系统。

（4）公众服务系统。公众服务系统主要实现景区面向广大民众服务职能的信息化，所涉及的应用系统类型主要包括两个方面，一是面向景区以外广大民众的外部服务类系统，二是面向景区游客的内部服务类系统。两者相辅相成，共同完成景区的社会服务。

（5）决策支持系统。决策支持系统主要在上述 4 大应用系统的基础上，结合专家知识系统、综合数据分析、数据挖掘与知识发现，通过虚拟现实、情境模拟等手段对景区的重大事件决策、应急预案演练等多系统综合应用，提供技术支撑和信息支持。

“智能景区”是景区、风景名胜区建立精细化管理与服务理念的必然要求和必然趋势，包括“智慧景区”硬件设施的建设，如传感网、物联网、通信网等，以及“智慧景区”软件设施的建设，如数据中心、共享服务平台、应用服务系统、综合决策支持系统等，具有以下优势。

（1）构建统一的数据中心，数据管理集成化。数据集成管理主要借助数据仓库等相关技术，分类管理构建智慧景区的数据库系统，并借助云计算技术，通过共享服务平台为五大应用系统提供数据信息与计算服务。统一数据中心的最大特点是集中，通过集中，节约了资源，提高了景区管理、服务等各项工作的效率，并且拓展了服务范围，减少了信息孤岛。

（2）构建完备的业务系统，业务管理信息化。景区的业务管理涉及很多方面，包括电子政务、电子商务、游客管理、公众服务、财务管理等。通过智慧景区的业务管理系统建设，促进管理工作的信息化发展，管理工作的信息化不仅能大大地提高管理工作的效率，还能通过科学的方法有效地控制游客容量与资源利用，有效地管理景区基础设施与人力资源，在保护景区资源与环境的同时达到发展的最大化。

（3）构建资源环境监测系统，资源保护智能化。当建设智慧景区时，特别关注景区资源与环境的保护及监测系统的构建，实现资源环境保护的智能化，旨在基于统一的信息基础设施、数据基础设施和信息共享服务设施，加强资源与环境信息的无缝集成与整合，为资源与环境保护及景区综合决策提供服务，达到风景名胜区保护与利用的可持续发展。

4.7.3　应用案例

1. 应用

物联网技术在风景名胜区的应用相当多样，不仅让游客更加方便舒适地享受风景名胜区带来的体验感，同时让游客可以随时随地制订或改变旅游计划和行程。具体技术的应用如下。

1）风景名胜区环境监测评估技术

目前国内很多风景名胜区对自然生态环境的管理都很严格，通过景区内各类环境监测传感器采集水位、水质、温度、湿度、空气质量、室内烟雾等信息，根据数据量需求，采用有线或无线（光纤专网、广域 4G 网、加密 Wi-Fi、NB-IoT、专属 ZigBee）等多种通信方式传输至后台云计算服务器，进行计算、转换、存储，并展示给管理者进行分析，或计算机根据已编辑的科学算法自主计算分析，评估风景名胜区游客舒适度、文物所处环境状况等，是决策者进行游客调度、文物保护的科学支撑。

2）风景名胜区文物物联防盗技术

风景名胜区中很多人文遗产、历史文物都相当珍贵，在不损坏文物遗产的条件下，也可将物联芯片嵌入文物遗产中，当文物遗产发生位置变化或外观改变时，监测系统发出报警信号，同时相关监控摄像头产生联动，将现场图像送达管理者查看。

3）游客导流技术

每张门票内嵌一颗 RFID 芯片，使其具有可感知功能。当参观者进入园区时，注册的手机上就能收到游览路线建议图；随着参观的进行，参观者可以随时根据需要了解就近的公交车站、餐饮点位置，根据生成的电子导航，引导前往，避免游客绕行或迷路，也有实时定位求助功能。景区管理者也能动态探测到园区内 RFID 芯片的分布情况，实时了解各场馆的游客数量与流动情况，既能及时引导游客参观，又能开展电子预约，有效控制景区流量，提高景区周边交通的效率。同时，参观者还可以用手机下载更多的三维场馆展示，上网浏览各类信息等。

4）场馆景区导览技术

游客在参观时可随时租用移动导览器，当其经过展品时，移动导览器中的 RFID 读取器和蓝牙装置就能自动识别展览物品上的感应信号，读取相关资料、播放相关视频或 3D 动画。例如，展览馆内该项服务扩展了 5000 多项艺术品的信息内容，并实现每件艺术展品都有其 IP，都能连接上网，提供更精细化的服务。

国内自助导览技术也相当成熟，当游客到达景点时，通过电子终端设备、RFID 技术和后台中央数据库匹配数据，形成统一的网络控制系统，将各景点、设施、文化背景，甚至标志植物等信息以文字、图片、语音、视频、VR 等方式储存，游客可通过二维码扫描、微信摇一摇、靠一靠等方式自行浏览。自助导览为游客提供智能的、全方位的游览支持，在一定程度上代替了导游的讲解工作。

2. 案例

1）智慧崂山

青岛崂山风景区根据国家级风景名胜区、国家 5A 级旅游景区对智慧旅游的要求，结合崂山景区的实际情况，从精细化管理、可持续发展、营销与服务的需求入手，量身打造了具有崂山特色的“物联网智慧管理”体系。该系统依托“物联网+”，具有良好的开放性、兼容性和延展性。系统采用 SOA，各系统能够集成到统一的管理平台上，做到系统互联互通，实现统一门户、统一权限。

（1）系统功能。

系统涵盖了景区全部的日常工作，整合开发了大约 100 个功能模块。系统采用了大框架体系，建立了数据中心交换平台、应用集成平台，将景区管理、营销和服务相关的工作整合到系统之中。不仅建立了网上办公自动化（Office Automation，OA）、景区讲解员管理、景区旅游车辆管理、景区安保监控、电子售检票、动态资源管理、行政执法、景管通、护林防火、应急指挥、地理信息系统等内部管理体系，而且建立了网络营销、客户关系管理、电子商务应用等外部管理体系。景区员工通过操作平台或手机 App 完成日常信息的采集、分析及应急事件的上报处理等工作。各工作成果按照人员权限进行分类存储，实现了数据的统一管理，不同的管理者根据不同的管理权限查看不同的信息。系统还定时抽取数据向线上的游客进行发布，为游客在游览全程中提供信息服务。系统也能够收集线上的信息数据，并整合到线下的数据仓库中。可以说，该系统既是一个整合各个应用系统的集成平台，又是一个联通、整合线上和线下信息数据的通道平台。

系统实现了智慧管理、智慧服务、智慧营销三位一体的智慧旅游。

① 智慧管理：建立了在线办公的工作流引擎，为景区无纸化电子办公奠定了基础；通过物联网技术，建立了水位、危石、负氧离子动态实时检测，为景区突发自然灾害预警，处理应急事件提供第一手数据参数；系统集成 300 余路视频监控，使得指挥部能够实时了解景区的运转情况，便于指挥调度，车辆道路管理系统能够实时了解景区内区域车辆的数量，结合道路监控能够掌握景区道路的交通状况，预估环境污染状况，确定车辆管控方案；景区三维地理信息系统应用不断深化，信息采集量不断丰富，景区“一张图”管理模式已经形成，景区各种资源均能在地图上展现，使管理者能够精确掌握景区现状。

② 智慧服务：系统提供了游客和旅行社的自助网上预订、在线支付功能，游客凭借二代居民身份证或二维码就可在景区游客服务中心的自动售取票机上快速、便捷地取到门票，有效提高了游客的旅游舒畅性。无线景区、手机 App、二维码导览、虚拟游等旅游服务模块已为游客提供优质的服务。游客可关注崂山风景区官方微信服务号体验“语音导游”的服务；通过微信摇一摇功能（打开蓝牙），游客可以在景区内体验具有崂山道教文化特色的 4 个互动小游戏（“崂山道教知识问答”“测一测与哪位道教神仙最有缘”“微信上香”“穿墙术大比拼”）。

③ 智慧营销：利用微博、微信等自媒体统计游客的分布地及兴趣点，对自驾游较多的客源地的相关信息进行分析，通过网上旅游舆情监控和数据分析，挖掘旅游热点和游客兴趣点，策划相应的旅游产品，制定对应的营销主题，从

而推动崂山景区旅游行业的产品创新和营销创新。

（2）效益评价。

① 建立集成平台，打破信息壁垒。建立了统一的集成平台，集成原有的应用系统，如门禁系统、视频监控系统、车辆管理系统等，消除信息孤岛。制定了统一的标准并开放接口，为后续的建设统一了规范。建立了数据中心，实现了线上线下数据的同步。如和景区签约的旅行社能够实时了解该社在景区的实际成交量，可以在有效管理导游的同时准确地把握市场情况。

② 信息收集手段丰富多样，积累海量的数据信息。由于该系统集成了所有应用系统，提供了线上与线下信息数据的交互通道，建设了统一的数据中心，应用物联网、云计算、5G 等新一代技术，充分获取景区各项信息数据，因此每项操作和系统的使用者都是在收集、积累数据。这些数据包含了结构化数据和非结构化数据，为以后的大数据分析提供了支持。

景区在各主要景点部署了气候监测（对温湿度、负氧离子、雨量、水位等的监测）、景区环境监测（对危石、滑坡等的监测）、古树名木的生长状况监测等，建立了景区自有的云计算中心，为各类系统稳定高效的运行提供了基础设施的支持，通过物联网技术的应用使管理者能够更全面、细致地把控景区的状况，主动改进景区的服务水平，更好地服务于游客。

③ 线上线下相融合，带动了景区发展。景区综合管理信息系统利用新一代技术解决了景区的难题，提高了精细化管理的水平、精致化服务的品质和精准化营销的效果，给景区带来了良好的知名度，也拓展了景区的发展空间。

此外，系统通过对获取的线上网络票务、网络舆情等信息进行分析，结合线下的车辆管理系统、抽取售检票系统、无线 Wi-Fi 管理系统、环境监测系统等信息系统数据及其他基础数据，深入挖掘其中的有效信息，为线下旅游政策、旅游产品路线的制定等提供决策依据。同时，将线下环保优质的崂山特色商品通过平台免费进行线上推广宣传，实现线上线下无缝对接，拉动了地方经济的发展，促进了景区与社区的和谐发展。

④ 良好的推广性。崂山景区面积较大，景点较为分散，核心景区内居民约 1 万人，发展与保护矛盾共存，与国内其他景区相比，各类矛盾在崂山景区内均有体现。景区自成立以来，不断摸索调整景区的管理模式，从而适应景区的发展，形成了一套行之有效的管理体系，建立了适合景区发展的“互联网+智慧管理”系统，提高了管理水平，解决了管理的难题。车辆管理信息系统、讲解员管理信息系统等，都可以在其他景区进行推广和应用。

（3）项目亮点。

① 实时全面的系统管理特性。“互联网+智慧管理”平台采用大框架体系，建立了数据中心交换平台及应用集成平台，涵盖景区全部日常工作，其中的在线办公工作流引擎，为无纸化电子办公奠定了基础；借助物联网技术建立的水位、危石动态实时检测系统，可提前预警突发自然灾害，为应急处置提供第一手参考数据。系统集成 300 余路视频监控，实时监测景区运转情况，便于指挥调度；车辆道路管理系统实时了解景区内车辆数量及道路交通状况，预估环境污染情况，确定车辆管控方案；高山防火监控及辅助救援系统通过双光谱热成像技术全天候监控高山密林情况，及时发现火情并报警；三维地理信息系统将各种资源在地图上展现，使管理者精确掌控景区现状，形成“一张图”管理模式。

② 利用互联网创新的服务特性。系统提供了游客和旅行社的自助网上预订、在线支付功能，游客可凭借二代居民身份证或二维码在景区游客服务中心的自助售取票机上取到门票，快速便捷，无须排队。利用该系统可实时了解签约旅行社在景区的实际成交量，准确掌握市场，有效管理导游。利用互联网大数据分析技术，结合景区现有电子门票、无线 Wi-Fi、车辆管理等系统采集的数据，微博、微信等自媒体统计出的游客分布地、兴趣点，以及自驾游目的地等相关信息，通过对比分析，挖掘旅游热点，有针对性地策划旅游产品和营销主题。

③ 搭载信息化技术的旅游特征。“互联网+智慧管理”平台采用基于 SOA 的开放式 B/S 架构，将各系统集成到统一的管理平台，消除了信息孤岛，实现统一门户、统一权限系统，互联互通。建立景区云计算中心，为各类系统的稳定高效运行提供硬件支持。通过在各主要景点设置水位、雨量动态监测，负氧离子监测，古树名木生长状况监测等，全面、细致地掌握景区旅游环境状况，合理制定管控措施，更好地服务游客、服务社会。

④ 以人为本的生态宜游特征。崂山景区的生态宜游以“智慧崂山”为契机，使崂山风景区旅客能够享受到更便捷的优质服务，更为旅游公共服务提供了无限可能。

⑤ 科技创新的共享特性。崂山景区面积较大，景点较为分散，核心景区内共有社区 13 个、居民 1 万余人，景区与社区融合发展任务艰巨。系统利用宣传营销平台将绿色优质的农家特色商品进行线上推广宣传，带动农户增收致富，促进了景区与社区的和谐发展，逐步形成高效的景区社区共建共享管理模式。

2）智慧九寨沟

为了缓解景区在旅游高峰到来时遇到的人多拥挤、体验差等问题，九寨沟景区深入探索“物联网+”在景区的创新应用，率先将微信引入景区的运营管理中，建立了微信群指挥中心，结合基于 RFID 技术的“时空分流”导航管理模型，以及基于人脸识别技术的人流量视频智能分析系统，及时全面地掌握景区内人流、车流的时空分布情况，均衡游客分布；通过票务门禁系统对游客实施分时售票、分段进沟、分区游览，为游客提供了舒适的游览环境，提升满意度。为了能够快速实现真正意义上的“智慧景区”，景区管理层和具体运营人员在以下 3 个方面投入了极大的精力和热情。

（1）运用高科技产品，实现智能化管理。

基于 RFID 的门禁系统改造。运用无线射频技术，最终实现了九寨沟景区门票、观光车票、餐票的三票合一，减少了景区运营成本，通过实施分时进沟、分时就餐等策略，缓解旅游旺季对景区环境及基础服务设施造成的压力，大大提高了景区服务质量。

基于实景影像技术的景区管理平台。九寨沟首次在景区的管理和网络营销当中使用了可量测实景影像与电子地图相结合的技术，以移动测量技术为核心，以地理信息系统为基础，构建了一幅可视可量的“九寨景区全息图”，为九寨沟景区提供了一个高效管理的软件支撑平台。

基于人脸识别的视频客流统计系统。该系统依托于人脸识别、数据挖掘和智能视频监控技术，利用较为先进的图像模式识别算法，分析统计实时监控视频中游客的脸部特征，从而计算出客流数据，在不对游客产生干扰的情况下对游客走向及流量进行量化掌握。

基于视频画面的智能森林防火预警系统。该系统通过动态采集实时视频信息，依照烟雾、火焰的特征，利用识别算法和图像处理方法，进行精确的智能图像分析。

（2）通过“大数据”分析，实现智能化服务。

九寨沟在全国率先开展了数字景区建设，景区管理及景区相关产业的信息系统、感知系统、视频监控系统等数字景区系统会时刻产生大量的数字、文字和视频数据。同时，外部互联网也会产生关于九寨沟数以亿计的数据，这些数据具有典型的大数据特征。

依托大数据技术，可以实现景区客流波动预警等功能，分析波动原因及影响因素。与景区营销、景区公共服务、公安、交通、产业规划等体系形成信息共享和协作联动，结合旅游信息数据形成旅游预测预警机制，提高应急管理能力，保障旅游安全，实现智能化服务。

（3）运用新一代 IT 技术，实现智慧营销方式。

营销方面，采用官方网站、微博、微信等新媒体网络营销模式，基本改变了传统的营销方式。九寨沟高度重视新媒体，先后开通了新浪、腾讯微博等，使用微信公众号、微电影等方式开展网络营销；在沟口广场和诺日朗游客服务中心共建设 6 块 LED 信息发布大屏；同亚太旅游协会（Pacific Asia Travel Association，PATA）签订合作备忘录，与美通社、Wendy Wu Tours、Hanatour 和 Modetour 签署战略合作协议，推动了景区的全球化营销战略。

3）乐山大佛

乐山大佛，又名凌云大佛，是我国著名的 5A 级景区，乐山大佛景区网站如图 4-15 所示。大佛为弥勒佛坐像，开凿于唐代开元元年（713 年），完成于贞元十九年（803 年），历时约 90 年，通高 71 米，是我国最大的一尊摩崖石刻造像。

图 4-15　乐山大佛景区网站

乐山大佛景区背靠优越的旅游资源，知名度较高，但在过去，游客自驾游到达景区后常常发现停车场已满、取票要排队、景区工作人员有限、无法及时咨询，以及由于无法及时获取景区相关信息而难以制定最合适的游玩路线等问题。

为了更好地服务游客，乐山大佛景区引入了梦旅程景区触屏系统，传统游玩不畅的问题得到了显著改善。现在游客在前往乐山大佛之前，就可以查看景区停车场的实时状况，提前做好交通安排；在到达景区后，只需在屏幕上轻轻点击，就可以获取景点简介、风土人情等信息，还能获得游玩路线、吃住行购等各方面的智能推荐信息；拿出手机扫一扫触屏系统中的二维码，游客还能预订酒店、购买纪念品。

简单地说，智慧触屏系统的引入不但全方位地满足了游客的自助需求，给予了游客良好的游玩体验，也让景区不必再为人手不足、管理服务不到位而烦恼。

第 5 章

物联网在工程全生命周期管理中的应用

5.1 建筑环境与节能管理

5.1.1 概述

建筑节能是指在建筑物的规划、设计、建设、改造和建筑物的使用过程中，执行节能标准，采用节能型的工艺、技术、设备、产品和材料，提高建筑物隔热保温性能、采暖供热及空调制热制冷系统效率，优化建筑物用能系统的运行管理，合理利用可再生能源，在确保室内热环境质量的前提下，增加室内外能量交换热阻，最终减少因空调制热制冷、照明、供热、水加热而产生的能耗。

5.1.2 架构

建筑能耗监测系统可管理和控制全参数、全过程的能耗使用，是一种实现节能运行管理、能耗实时监测、温度集中控制的综合解决方案。符合国家有关公共建筑管理节能的政策要求、技术要求，更是集节能运行管理、能耗实时监测、空调温度集中控制于一体的解决方案。方案可实现对建筑能耗的动态监测与分析、实现建筑的精细化管理与控制，为用户带来新的价值体验，达到节能减排的效果。

1. 系统结构

通常建筑能耗监测系统采用分层分布式计算机网络结构，主要包括现场设备层、网络通信层、站控管理层 3 层结构。建筑能耗监测系统结构如图 5-1 所示。

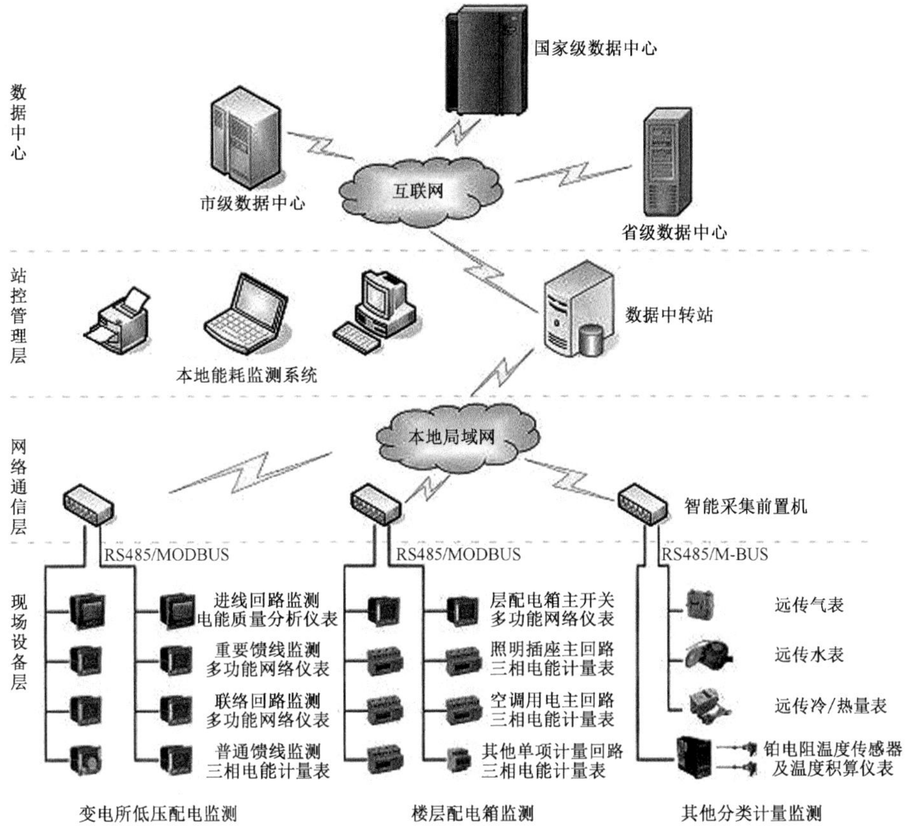

图 5-1　建筑能耗监测系统结构

1）现场设备层

各种传感器承担着最底层的数据采集任务，其监测的能耗数据必须准确、完整、及时。数据采集控制器主要以现场总线连接的分布式输入、输出设备构成，负责按需从各种传感器采集汇总数据，并向数据中心上传，具有高可靠性。

2）网络通信层

网络通信层主要由以太网设备、通信管理机、总线网络组成。该层具体实现数据信息间的交换，负责分类、采集和传送现场设备回送的数据信息，同时传达上位机对现场设备的各种控制命令。

以太网设备主要是工业级以太网交换机。通信管理机负责系统数据处理，是智能通信管理中心。它具有数据采集与处理、通信控制器、前置机等功能。通信介质主要有屏蔽双绞线、光纤、无线通信等，种类较多。

3）站控管理层

站控管理层主要包含系统软件及必要的硬件设施。系统软件具备良好的人机交互界面，对现场采集的各类数据进行汇总、分析、处理，并采用图形、数字显示、声音等方式反映现场实际的运行状况。

监控主机主要用于数据的采集、处理和转发，为系统内、外部提供数据接口，便于系统管理、分析与维护。

模拟屏可使系统通过通信方式与其进行数据交换，形象地展示整个系统的运行状况。

2. 系统特点

系统采用基于无线网络的自组网方式，系统不对房间、区域原有线路做任何改动，也不对现有耗能设备进行任何改造，工程安装与维护简单方便；系统采用模块化结构，具有架构简单、扩展性强等特点，满足未来业务发展及用户的需要；系统功能完善，实现集节能运行管理、能耗监测、空调温度集中控制于一体的功能；系统配置灵活，模块化的功能及组件可为用户按照实际需要自由选择、组合。若将来需求发生变化，可方便地进行功能及组件的扩充或修改。

5.1.3　应用案例

基于无线传感网技术开发的建筑能耗监测系统具备以下特点：一方面，无线传感网节点本身可采集温度参数；另一方面，系统连接各种用能设备上安装的传感器，采用无线自组网方式，自动实时采集分散在各地的水、电、暖、冷等数据，方便用户实时监测耗能设备现场运行的数据，结合数据的存储与处理，实施能耗诊断、能耗评估和能耗改造。该系统已成功应用于上海浦东图书馆、上海华山医院、北京华贸大酒店、海门行政中心等项目，能耗分项实时计量。特别是对于酒店类建筑配电设施及计量相对分散的情况，无线传感的应用优势尤为突出，用户只需点击鼠标，即可实现智能化功能。

5.2　智能建筑与建筑信息模型

5.2.1　概述

1. 智能建筑

智能建筑是智能建筑技术和新兴信息技术相结合的产物，智能楼宇利用系统集成的方法，有机结合智能型计算机技术、信息技术、通信技术与建筑艺术，通过主动监控设备智能建筑终端，提供智能化信息资源管理与信息服务，优化建筑与管理系统功能的组合，获得更加合理的投资，适合信息社会的需要，搭建具有高效、安全、舒适、便利及灵活特点的建筑物。智能建筑已成为建筑行业和信息技术共同关心的新领域。

随着时代的发展，一些新兴的高科技技术出现在大众的视野中，并迅速改变了大众对智能建筑的认知，使智能建筑的未来具有无限的可能性。

1）物联网

建筑实际上是一个基础平台，可实现实物的“装、卸、运、存”，而实物产生的绝大多数变化也都会在建筑物当中发生。因此，获取实物数据应该是智能建筑的首要功能，而智能建筑利用物联网技术可以将这一功能发挥到极致，为智能建筑和物联网技术的结合创造了一个必然条件。

“物联”的理念在智能建筑的技术发展中得到充分的体现。智能建筑的理念与技术可以为物联网的数据交换标准、中间件架构提供支撑，而智能建筑的发展又因物联网的技术与理念得到了提升，两者之间相互作用、推动和发展。

2）云服务架构基础上的 AI 应用

云服务主要包括云计算和云存储等形式，是构建智能建筑资源池、综合信息服务平台、智慧城市应用的基础。云服务为计算和存储物联网技术产生的海量数据奠定了基础，成为推动智能建筑应用更加智能化的核心动力。

在智能楼宇的建设中，系统网络通过大数据的采集分析对物业数据进行自主跟踪，了解物业人员的活动轨迹与偏好，自动设置照明、电梯、暖通等系统逻辑程序和运行机制。原本智能建筑依靠传统的智能大厦管理系统（Intelligent Building Management System，IBMS）只能做到监测、控制、报警等，无法对现状进行分析，预测事故的发生。而当采用云服务架构实时汇总智能建筑的所有数据，并以场景化应用 AI 算法时，则能够实现预测、预警、规划和引导，甚至智能联动，使建筑设备得以安全使用，人的环境舒适度得到提升，人员的工作与生活都可以实现便捷智能的应用，同时还可以通过个人的移动终端共享这些智能分析出的有价值的信息。

因此，未来的智能建筑在某种程度上可理解为一个“云计算+AI”的应用中心，将来完全可以做到小到一个灯泡，大到整栋楼的质量、环境、安全，甚至人的行为，都可以通过云服务系统来预测。

3）移动互联+5G

移动互联技术（如 Wi-Fi、LoRa、NB-IoT、4G）的应用，解决了建筑内系统与人之间的通信问题，把人及其工作真正融入自动化系统中，实现了人机协同。

5G 时代已经到来，在不久的将来，移动互联网会快速过渡进入全面的 5G 时代，这将推动智能建筑朝“互联网+平台应用”发展的新方向转变。这种类似智能手机的构建方式，从需求出发，解决了长期以来弱电系统自底向上脱离使用实际的情况。用户（建筑业主）获得的功能不再是由生产商（弱电总包商、设计院）打包推送的，而是根据实际情况、使用需求和意愿，定制化开发相应的功能模块，而快速的 5G 通信传输，使得弱电智能化的各类模块得以即插即用。

4）大数据

未来的智能建筑是一个富有血脉和神经的生命体，并且拥有丰富的情感和自我学习的能力，而这一切都是大数据带来的发展与进步。在未来，智能建筑会将数据变成图像和符号、将计算融入学习和生活，大数据的可视化和计算的逻辑化将成为未来智能建筑领域的焦点。中控信息将先进的 BIM 技术与设施管理（Facility Management，FM）相结合（BIM+FM），引领行业前进的步伐，真正实现基于建筑大数据的集成运维模式，为未来智能建筑的深度学习和自我修复打下坚实基础。

5）人工智能

人工智能与智能建筑的结合越来越多地融入到了实际场景中。如目前在 AI 领域应用最多的人脸识别技术，有效地将人与建筑及建筑附属设施设备和谐统一地整合起来。人脸本身就是一种生物特征，智能建筑可以将人脸与人员的身份、权限相关联，从而解决各类实际问题。例如，为园区、楼宇提供人员通行管理、访客管理、签到管理、VIP 迎宾、陌生人提醒等特色功能，帮助物业和企业提升综合信息管理水平和用户体验，同时也提供了安全保障。

类似地，人工智能与云计算、大数据技术深度融合，通过在建筑内外部署具有智能特征的传感器，实现原有建筑智能化系统的全连接、全感知，有利于今后将智能建筑作为城市数据单元，融入智慧城市的信息服务平台中。

2. 建筑信息模型

建筑信息模型（BIM）是基于三维数字技术，集成了建筑工程项目相关的各类信息的一种工程数据模型。BIM 通过数字化方式表达工程项目设施实体和功能特性。近年来，BIM 技术作为建筑信息技术的新的发展方向，从一个理念发展成为可操作的应用工具，给整个建筑行业带来了诸多的机遇与挑战。设计师通过运用 BIM 技术，改变了传统的方案设计思维方式；承建方接收到新型的图纸信息，也随之改变了操作流程；管理者则因使用统筹信息的新技术，改变了工作计划、人员安排等一系列任务的管理方法；最后，作为建筑的业主投资方，在整合分析了各方不同阶段的 BIM 应用之后，逐步运营管理了一套统一的数字建筑资产，既可用于建筑全生命周期的运营维护，也可将数字资产与金融系统、智慧城市系统对接，形成一种全新的资产管理模式。

作为一项新的计算机软件技术，BIM 是继计算机辅助设计（Computer Aided Design，CAD）之后的新一代技术，通过支持相关软件得以实现。同时，BIM 从 CAD 扩展到了更多的软件程序领域，如设计优化、质量检测、进度安排、工程造价，包括服务于设备管理等方面的潜力。BIM 为建筑、工程和施工行业（Architecture，Engineering and Construction，AEC）的软件应用提供了更多的智能工具，实现了更多的职能工序。

BIM 是建筑工程信息化史上的一次创新。在实际应用中，BIM 的信息技术有助于所有工程参与者提高决策正确性与效率。如建筑专业是从三维的角度考虑和推敲建筑内外的可实施方案的，而 2D 图纸信息仅通过映像截取就可轻松获得。结构专业则可在其参数化的信息中，获取墙体材料强度及墙上孔洞大小，进行计算。施工单位则可获取其墙上参数化的混凝土类型、配筋等信息，进行施工材料（水泥等）的备料及下料。预算造价单位则可获取门窗类型、制造商的产品数据库等综合信息，进行造价总预算、产品订货等。物业单位则可通过 BIM 技术进行可视化物业管理。在 BIM 技术的支持下，以上过程将大大地减少信息传递过程中的丢失、错误及重建。

BIM 为真正实现建筑全生命周期管理（Building Lifecycle Management，BLM）的理念提供了技术支撑。建筑生命周期主要包括建筑物设计、实施、投入使用、运营，甚至拆除的全过程。总而言之，BIM 是将建筑物规划、设计、实施、运营等各个阶段相关的数据，累积形成一个完整的信息模型，其中包含着三维模型的信息和具体构件的参数数据。BIM 的数据由建筑行业软件程序产生和输入，可用来交换与共享项目的信息，并协助建设项目过程中的整合操作。基于数字化设计信息的创建，与相关技术产品接口，可以改变建设工程信息的管理过程和共享过程，从而实现 BLM。

5.2.2 架构

1. 整体架构设计

系统架构包括数据对接层、标准数据层、应用支撑层、业务应用层、展现层，每一层的服务设计都为下一层提供必要的支撑，以系统稳定性、易用性、安全性及可扩展性为设计原则，整体上满足未来运营管理中多角色、多业务、多终端的统一性管理和个性化服务的需求目标。系统架构如图 5-2 所示。

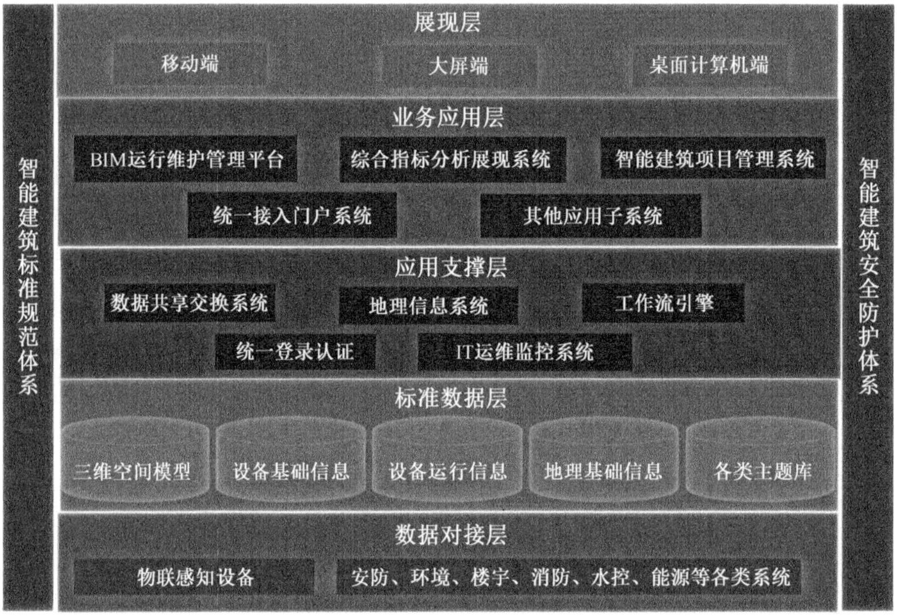

图 5-2 系统架构

1）数据对接层（设备层）

数据对接层（设备层）是以上各层次的基础部分，若项目中需要与系统的终端设备连接通信，通过设备特有的通信协议，实现与终端设备的对接，从而获取相应的设备数据信息，使用前文提到的 LoRa 或 5G 的传输网络，可以快速、有效、安全地保障数据的上传下达。

2）标准数据层

标准数据层是整个系统的基础数据来源，起到了对采集汇聚的核心数据分类入库的作用。标准数据层包括三维空间模型、设备基础信息、设备运行信息、地理基础信息等需要集成接入的数据，并且梳理不同系统、设备的数据，并进行关联、清洗与归档，实现信息的共享与传递，能满足 BIM 运维管理系统不同功能应用调用的需求，由存储设备、接口协议、数据驱动器、文件系统、数据库软件、其他资源库和其数据接口 API 等组成。

3）应用支撑层

强调服务组件化，充分分离组件边界和责任，实现业务数据与业务逻辑解耦、平台与应用解耦、技术架构纵向解耦、产品各模块间横向解耦。提炼公共服务组件，如统一登录认证、地理信息系统等，各组件独立升级和维护，形成标准化应用支撑组件。经过不断完善积累，逐步提高业务应用的开发速度，并且降低业务应用的维护难度。

4）业务应用层

业务应用层由功能单元和逻辑单元组成，负责对用户业务进行逻辑判断、程序指令调度，以及将逻辑规则统一反馈给上层应用端。以场景应用为主的 AI 功能、人员互动体验、智能建筑服务等应用功能将逐步发展成为业务应用层的核心模块，提供业务应用层的算法能力，实现了人与建筑的和谐统一。

5）展现层

展现层是整个系统面向不同终端应用表达的部分，包括在移动端、大屏端、桌面计算机端等多种形式，由交互展示软件、展示屏幕、移动终端、数据分析软件等组成。5G 时代即将来临，手机移动互联将逐步成为主流。

2. 业务架构设计

BIM 管理平台中与建筑相关的第三方系统，如安防安保系统、环境监测系统、消防系统、楼宇自控系统、锅炉系统、电梯系统、水控系统、无线接入点（Access Point，AP）、能源计量系统、停车管理系统存在交互和对接，以“BIM+FM”的综合使用为核心目的，因此需要综合考虑相关架构。具体可从平台划分、网络传输方式、网络划分、第三方系统接入、物理部署划分进行考虑。

1）平台划分

BIM 管理平台应考虑接入安防安保系统、环境监测系统、消防系统、楼宇自控系统、锅炉系统、电梯系统、水控系统、无线接入点、能源计量系统、停车管理系统。

通过与建筑内相关第三方系统对接，汇总建筑内各系统业务数据、服务数据、模型数据及各类统计分析数据。BIM 运维管理平台依托数据中心，实现对建筑内各专业弱电智能化系统和机电设备、物业管理、能源管理、环境监测等信息的集成，形成集约高效的“单系统自主管理和跨系统区域协同相结合”的两级联动管理模式。通过感知、接入、分析、监控、预警、服务“六位一体”的技术体系，实现运行透明化、管理精细化、隐患可视化、保障主动化“四化落地”，最终支撑各类业务综合保障力量的高效统筹部署和动态协调调度，提升建筑综合运行管理、服务及主动保障的能力和水平。

2）网络传输方式

与建筑内相关第三方系统对接的网络传输方式有局域网、互联网两种方式。根据建筑网络现状及平台部署环境要求，采用合理的传输方式，实现 BIM 运维管理平台与外部系统的数据交互。按照建筑网络管理的要求，设计将 BIM 运维管理平台相关系统和软件部署在建筑内部的局域网内，同时预留与外部网络通信的端口。部署包括平台可运行程序、中间件、数据库软件、报表软件、操作系统等。通过内部局域网传输外部系统的网络数据，不同终端的访问浏览将在内部局域网、互联网等网络传输方式之间交叉进行。

3）网络划分

为保证建筑信息内网安全，建议在建筑局域网中重新规划一块网络区域作为隔离区，供各外部终端通过各种网络传输方式接入访问和BIM运维管理平台对外提供数据应用，并供建筑内不同服务对象访问，这里称为“网络隔离区”。在互联网与网络隔离区的网络边界部署防火墙，防止外部恶意攻击、病毒侵入和非法访问。在网络隔离区和建筑信息内网的网络边界也部署防火墙，严格禁止互联网直接访问信息内网，只允许已授权的网络隔离区中的服务器或网络设备访问建筑信息内网。

4）第三方系统接入

建筑管理平台对接的系统包括楼宇自动化系统、门禁系统、电子巡更系统、消防系统、环境监测系统、停车管理系统，采用系统中的数据服务器标准接口获取建筑各部门业务数据、服务数据、空间模型数据及统计分析数据等，有效验证了第三方系统提供各类静态及动态数据信息的状态及准确度。

5）物理部署划分

物理部署包括两类管理服务器，分别为网络隔离区部署系统服务器和数据备份服务器。

5.2.3　应用案例

随着国内多项重大建筑项目的开工建设，企业陆续将BIM技术应用到建筑工程行业，试图解决实际问题。在BIM的实践项目中，通过业主、设计单位、施工单位的不断探索，让BIM技术开始有了实践基础，为之后BIM技术在建筑领域的应用提供了参考经验。

1. 武汉中心 BIM 设计

武汉中心利用 BIM 技术进行外形设计，主要是基于 BIM 技术的参数化找形与幕墙设计。在BIM软件中，按楼层实际高度对方案模型进行切片，得出每个楼层的建筑轮廓线，再对建筑轮廓线转换进行参数化幕墙划分。通过参数的设置和调整实现幕墙板块大小的改变，可以将单元体整合到建筑表皮中，最终确定用空间叠形的单元板块拟合超级空间曲面，呈非线性、渐变型、错缝式的空间错台变化。通过改变每块幕墙玻璃的尺寸和挠度，对幕墙的板块进行调整和优化。将参数化生成的模型导入专业 BIM 软件中，并通过 BIM 软件自带的渲染器对三维模型进行渲染，最终导出三维轴侧图片，同时还要导出 DWG 线型、线框的设置，导出塔顶部分的二维 CAD 剖面图。

在节能方面，武汉中心为达到国家绿色建筑三星级标准和美国 LEED-NC 金级认证的目标，在设计过程中应用 BIM 技术，与绿色、环保、低碳相结合，研究与 BIM 直接相关的绿色建筑评选项目，主要包括室内环境质量、节能与能源利用 3 个方面。BIM 与 LEED 评分项的结合是利用多款软件，设置不同的参数，对建筑进行性能分析，达到优化设计的目的，BIM 与 LEED 相结合，直接与间接影响的评分项高达40多分，实现从无到有、从铜到银、从银到金、从金到铂金的飞跃。

武汉中心建立了为项目参与方（业主、设计、施工等）提供 BIM 数据共享、信息交换的协作平台，该平台可实现项目参与方及时、准确的沟通，达到了参与各方协同工作的目的。通过在BIM软件中安装插件，可将BIM数据模型发布到在线BIM平台，实现在线浏览、旋转、放大、缩小、移动、注释、漫游等功能，还能下载模型到本地，在本地终端上进行操作。利用协作平台实现协同设计，即多专业在同平台、同服务器进行三维设计，有效地避免了沟通不畅造成的漏、错、撞等问题，有效提升了设计的效率、质量及品质。在多专业协同设计时，可实时发现专业间的碰撞问题，并及时地进行优化和调整。整合各专业模型，进行管线综合，导出管线综合平面图和剖面图，对各功能区进行净空分析，有效地优化净空高度，满足业主和设计的需求。

2. 上海欧阳街道智慧社区

欧阳街道地处上海市虹口区中心腹地，辖区面积 1.67 平方千米，划分为 5 个网格片区和 18 个居委会。

“智慧欧阳”社区综合治理管理平台，结合社区实际，针对欧阳街道所在行政区域，依托 BIM 平台，以多元异构技术无缝对接地理空间信息、城市规划信息、倾斜摄影数据、精细化 BIM 模型及数据，将城市建筑、道路、绿化、河流、基础设施无损加载到 1:1 的三维城市场景之中，实现辖区的仿真模拟，并以优异的第三方兼容能力，通过与城管执法系统的对接，以可视化、可计算、可感知的方式打造集感知、研判、组织、处置、反馈于一体的智慧城管管理新模式，进一步细化了城市管理空间、管理对象、管理方式和管理主体，实现了空间、部件、人员、过程、目标管理的精细化，同时基于智能视频分析技术实现跨门营业违法处置（见图 5-3）。

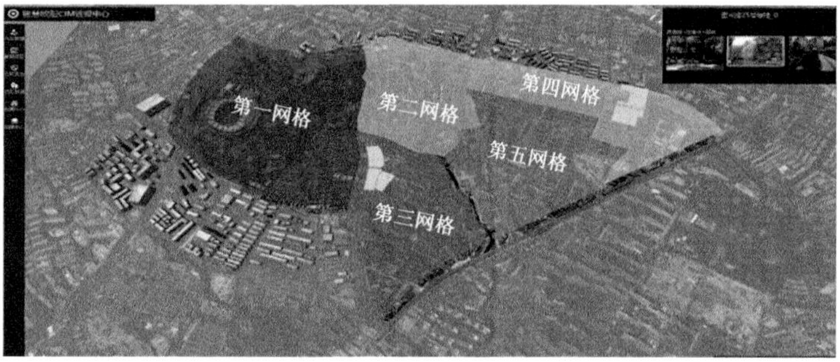

图 5-3　欧阳街道网格划分

基于地理信息系统，可将社区内街道、地标点、建筑物、机动目标、基础设施、视频数据等要素信息进行详细展现，并结合公安、交通、消防、医疗市政等多部门实时数据，实现管辖区域内“人、车、地、事、物”的全面监控，辅助公安部门综合掌控大范围城市治安态势（见图 5-4、图 5-5）。

支持对重点场所周边环境、建筑外观和内部详细结构进行三维显示；并可集成视频监控、周界报警、门禁报警、电子巡更、移动执法终端等系统数据，对场所重点部位、人员、车辆、警力资源、告警事件等治安要素的实时状态进行可视化监测，辅助用户精确有力地掌控微观治安态势（见图 5-6）。

图 5-4　宏观治安态势综合监测

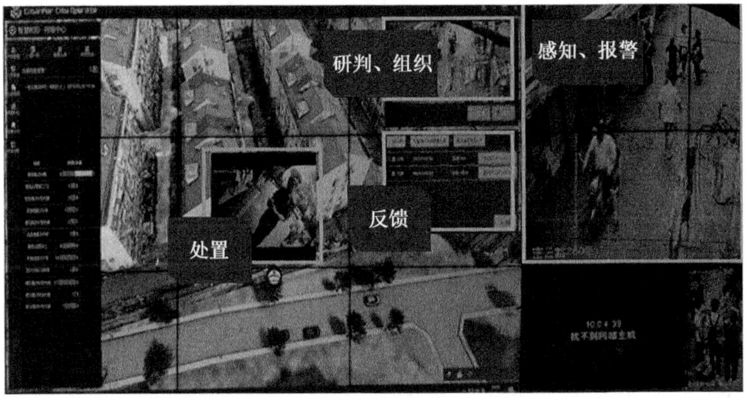

图 5-5　微观治安态势综合监测

图 5-6　违建治理可视化

对社区内沿街的所有店铺信息进行汇总，做到“一店一档一图”（见图 5-7）。

图 5-7　沿街店铺“一店一档一图”

将社区内各小区楼道堆物情况以图标可视化的方式进行呈现，并对整治前后对比照片等进行信息呈现（见图 5-8）。

图 5-8　楼道堆物整治情况可视化

5.3　工程质量检测

5.3.1　概述

工程质量检测是指依据国家有关法律、法规、工程建设强制性标准和设计文件，采用试验、测试、度量等技术手段，确定建设工程的建筑材料、工程实体质量特性的活动。主要分为室内检测和现场检测两类，其中，对试件进行取样、制作，并送至有关试验室检测的为室内检测；在工程现场对工程实体进行抽样检测的为现场检测。

近年来，随着我国经济的发展、社会的进步，以及人民生活条件的改善，施工过程中的质量检测和监管越来越重要。在工程质量监管过程中，随着信息技术在其中的渗透及应用推广，工程化效率越来越高。

5.3.2　架构

物联网在工程质量检测中的应用，就是利用 RFID 或二维码对检测对象（样品或工程实体）进行标识，通过各类传感器与检测设备相连，并与互联网整合起来，从而实现相关质量特性数据的自动采集和实时上传。常用的系统架构如图 5-9 所示。

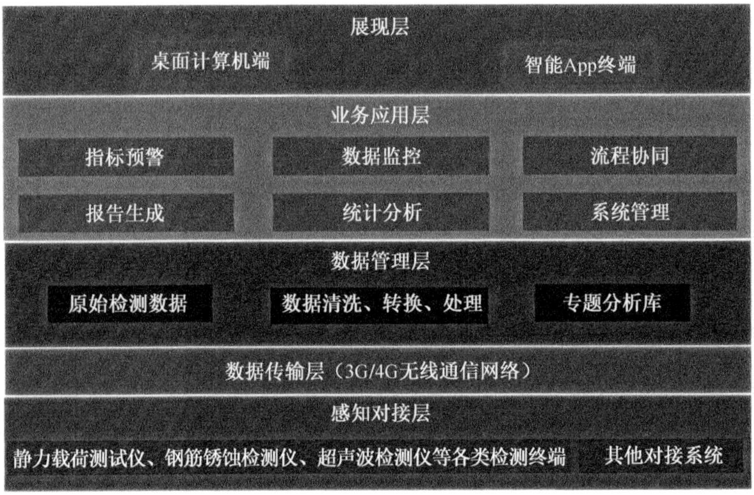

图 5-9　系统架构

1）感知对接层

感知对接层主要对接工程施工现场的测试仪器，如静力载荷测试仪、钢筋锈蚀检测仪、超声波检测仪等，获取现场测量的数据，并将数据上传。

2）数据传输层

数据传输层通过 3G、4G 无线通信网络，将现场测量数据通过移动互联网传送至系统数据库服务器。

3）数据管理层

数据管理层首先将现场的原始检测数据进行入库存储；然后对原始数据按照一定的规则进行清洗、转换、分类和预处理，使其成为方便统计、查询和分析的主题数据。

4）业务应用层

业务应用层一般以工程项目为单位进行分类管理，常用的功能模块包括指标预警、数据监控、流程协同、报告生成、统计分析和系统管理 6 个模块。

5）展现层

展现层主要分为桌面计算机端展现和智能 App 终端展现两类。桌面计算机端主要负责数据的分析展示、实时监控告警、流程协同等功能；智能 App 终端主要负责现场数据的采集、测量、上报，以及少量的移动办公功能。

5.3.3 应用案例

1. 建设工程质量检测监管系统

建设工程质量检测监管系统是结合了工程质量检测管理系统，采用 B/S 架构的检测信息监管系统，实现了工程质量检测数据及报告的采集、上传、标记、分类、归档、在线监管、比对监管等功能。按照工程质量检测监管的具体工作要求，规划设计了机构登录与查询、报告登记、数据监管与查询、实时监控、检测数据管理、系统管理等功能模块。

该系统实时汇集全市建设工程质量检测数据，并连接监督管理信息系统，其中对检测结果不合格的数据自动预警，启动质量问题相关的处理程序，增强了对重点工程项目、保障房项目的实体质量监管。同时，为每个被测材料的单个部品（构件）中植入无线射频芯片，通过芯片可以实现对部品从生产到使用的全过程检测管理，使用者只要通过手机扫描就可以获取供货商、质量保证和其他相关的信息，相当于每个部品都有了自己的“身份证”。

建立统一监管信息平台，该平台覆盖了全市工程质量检测机构和从业人员。平台对检测机构的资质、人员、设备和检测标准等核心要素统一管理，自动预警检测业务量超出能力范围的现象，规范了检测机构的行为和工程质量检测市场。

系统汇总混凝土试块抗压强度检测数据、钻芯法检测混凝土强度数据、回弹法检测混凝土强度数据等第三方检测数据，并直接与“3H 混凝土质量追踪与动态监管系统”数据对接，能够有效地对施工单位、监理单位、混凝土厂等责任主体和有关机构的质量行为进行监管。

系统平台的建设改变了工程质量检测领域传统的行业监管模式，变被动监管为主动监管，实现动态实时和常态化监管。

2. ZBL-ETM 智博联工程检测信息化系统

随着工程质量检测市场化程度日益提高，行业竞争日益加剧。建立健康发展的行业秩序、提高检测单位的综合竞争力成为监管部门和检测单位越来越迫切的需求。传统的工程管理方式存在诸多问题，为了解决这些问题，ZBL-ETM 智博联工程检测信息化系统可实现动态实时监测与管理。如现场检测数据附带时间和位置信息，原始数据及数据处理过程可追溯，保证数据的真实性；现场检测数据，并实时上传到服务器，保证数据实时传递；现场检测数据包含测试仪器和检测人员等信息，数据来源可追溯。

现场感知层通过部署超声波探伤仪、数显回弹仪、裂缝检测仪、智能张拉应力检测仪等设备进行各项信息的采集，并通过传输层 4G 移动网络将采集的信息传送至数据管理层，数据管理层对数据的分析处理为上层应用提供支撑。检测单位通过浏览器即可实现对经营、生产、办公、质量检测等方面的协同化、流程化、专业化、移动化管理。

主要包括如下具体功能。

1）在线检测

管理者、监管部门可以实时参与到实际检测工作中，对检测现场的工作进行指导。

2）在线监管

监管部门可对所属工程、检测单位及检测设备和人员进行实时在线监督，并对已检测数据进行高效、安全的管理。

3）检测数据不落地

原始数据生成、数据处理、撰写检测报告可全程在线完成。

5.4　工地监管

5.4.1　概述

智慧工地是指利用信息化手段，通过三维设计平台对工程项目进行确切的设计和施工模拟，围绕施工全过程管理，建立智能生产、互联协同、科学管理的施工项目信息化生态圈，并将此数据在虚拟现实环境下与物联网采集到的工程信息进行数据挖掘分析，提供过程趋势预测和专家预案，实现工程施工可视化、智能化管理，从而提高工程管理信息化水平，逐步实现绿色和生态建造。

智慧工地将更多人工智慧、虚拟现实、传感技术等新一代技术植入人员穿戴设备、建筑、场地进出关口、机械等各类物体中，并相互连通，形成物联网，再通过互联网，实现工程管理关系人与施工现场的整合。智慧工地的“智慧”是利用新一代信息化技术来改进工程各关系组织和人员交互的方式，以便提高交互的灵活性、效率和响应速度。

5.4.2 架构

1. 整体架构

智慧工地整体架构可以分为 4 个层面，如图 5-10 所示。

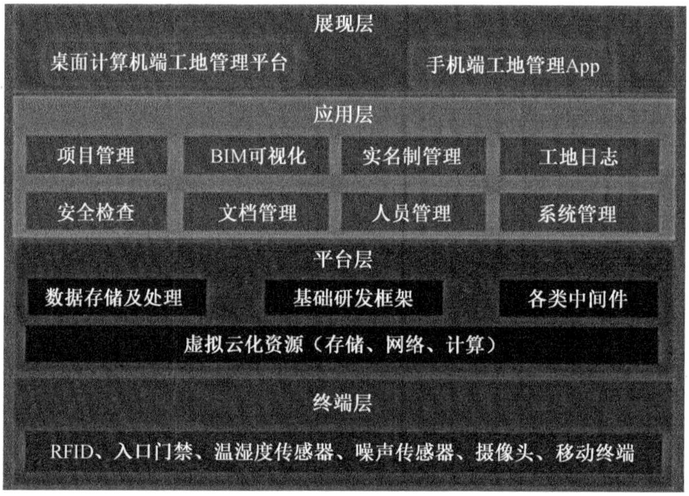

图 5-10　智慧工地整体架构

第一层为终端层。充分利用物联网技术和移动应用提高现场管控能力，通过 RFID、入口门禁、温湿度传感器、噪声传感器、摄像头、移动终端等设备，实现对项目建设全过程的实时监控、数据采集、智能感知和高效协同，提高作业现场的管理能力。

第二层为平台层。利用云计算平台实现数据的高效存储及处理，并通过基础研发框架和各类中间件，提供应用支撑和数据共享交换服务。让各项目参与方更方便快捷地访问数据、协同工作，更加灵活地构建上层应用模块。

第三层为应用层。应用层以提升工程项目管理能力为核心开展应用部署，

PM 项目管理系统是工地现场管理的关键系统之一。BIM 的参数化、数据化、可视化特性让建筑项目的管理和交付更加高效和精准，是实现项目现场精细化管理的有效手段。

第四层为展现层。通常分为手机端工地管理 App 和桌面计算机端工地管理平台。手机端工地管理 App 主要提供项目概览、工地日志、实名制管理、现场监管信息采集和上报等功能。桌面计算机端工地管理平台主要实现人员管理、项目管理、系统管理，以及基于采集到的数据，进行数据的统计、分析和挖掘，最大化地发挥数据的价值。

2. 相关技术

数据交换标准技术是用来规定信息数据交换的一种公开标准格式，是实现智慧工地的基石。要做到不同项目成员之间、不同软件产品之间的信息数据交换，就要建立一个公开的信息交换标准，只有这样才能解决信息数据交换过程中由于项目成员种类多、项目阶段复杂、项目生命周期时间跨度大、应用软件产品数量多等造成的一系列相关问题，实现各类软件产品之间的信息交换，以及不同项目成员和不同应用软件之间的信息流动。这个基于对象的公开信息交换标准格式包括定义信息交换的格式、定义交换信息、确定交换与需要的信息是同一个内容等。

BIM 技术具有空间定位和记录数据等功能，将其应用于运营维护管理系统，可以快速准确定位建筑设备组件。对材料进行可接入性分析，选择可持续性材料，进行预防性维护，制订行之有效的维护计划。BIM 与 RFID 技术相结合，将建筑信息导入资产管理系统，可以高效地进行建筑物的资产管理。BIM 还可进行空间管理，合理有效地使用建筑物空间。

可视化技术能够把测量获取的数值、现场采集的图像或计算中涉及和产生的数字信息数据变为直观的图形化表示，将随时间和空间变化的物理现象或物理量呈现在管理者面前，供他们观察、模拟和计算。该技术是实现智慧工地三维展现的前提。

3S 技术是遥感技术、地理信息系统和全球定位系统的统称，是传感器技术、空间技术、导航技术、卫星定位、计算机技术与通信技术的融合，是多学科高度集成的对空间信息进行采集、处理、管理、分析、表达、传播和应用的现代信息技术，是智慧工地成果的集中展示平台。

虚拟现实是利用计算机生成的一种模拟环境，也是通过多种传感设备使用户“沉浸”到该环境中，实现用户与该环境直接的自然交互的技术。

数字化施工系统是指依托数字化地理基础平台、地理信息系统、遥感技术、工地现场数据采集系统、工地现场机械引导与控制系统、全球定位系统等基础平台的建立，整合工地信息资源，突破空间和时间的局限，打造的一个开放的信息环境，以使工程建设项目的各参与方更有效地进行实时信息交流，利用 BIM 模型成果进行数字化施工管理。

信息管理平台技术的主要目的是整合现有的管理信息系统，充分利用 BIM 模型中的数据来进行管理交互，以便让工程建设的各参与方都在一个统一的平台上协同工作。

BIM 技术的应用将能支撑大数据处理的数据库技术作为载体，适用于大数据技术，包括对大规模并行处理（Massively Parallel Processing，MPP）数据库、分布式数据库、分布式文件系统、云计算平台、互联网和可扩展的存储系统等的综合应用。

网络通信技术是 BIM 技术应用的沟通桥梁，是 BIM 数据流通的通道，构成了整个 BIM 应用系统的基础网络。可根据实际工程的建设情况，利用移动网络、无线 Wi-Fi 网络、无线电通信等方案，实现工程建设的通信需要。

3. 具体功能

工地监管分为工地劳务门禁管理、现场实名制管理、建筑安全教育管理、工地现场监控管理、工地材料管理、企业远程管理及政府管理部门联网实名制管理等多个方面。

1）工地劳务门禁

工地劳务门禁系统是用来管理建筑工地项目务工人员进出的一种专用管理软件系统，可以有效控制和管理务工人员进出项目施工现场，对多个项目工地务工人员进行系统化的管理，统计数据可生成有效的分析报表。

工地劳务门禁管理还具有保障务工人员的各类培训工作落实到位的作用，能够提高务工人员的安全意识和项目的安全性。通过各系统模块的配合，综合分析数据，增强公司管理的准确性，提升可信度，管理效果佳。系统可以帮助总包公司对分包单位人员的投入情况、人员状况等重点关注信息进行数据分析和预警控制工作。

2）工地现场监控

由于建筑施工工地面积大、覆盖面广，需要多重的监控手段来确保施工现场的安全，采用较多的是围墙监控、塔吊监控、主要出入口监控 3 种监控手段。另外，由于工地的特殊性，比较容易出现突然断电、扬尘严重等问题，因此最好采用硬盘录像机加密闭式监控摄像头的监控模式来确保施工的正常运行。

通常在门卫室安装监控的核心控制部分，以便和门禁系统联动，共同管理。同时可以通过连接入网的方法将观察点扩散到多个点，联网内的设备都可以通过远程访问的方式来获取监控图像。

5.4.3 应用案例

1. 深圳“智慧工地监管云平台”建设

深圳市从 2016 年 3 月开始进行“智慧工地监管云平台”试点建设工作，包括视频监控系统、安全监测预警系统等，完善以项目为主线、全市统一的工程建设行政服务平台。

“智慧工地监管云平台”通过对工程进行精确设计和模拟，围绕施工过程建立信息化生态圈，分析挖掘工程信息数据，并对施工过程提供趋势预测及预案，实现工程的可视化智能管理。平台的使用促使工程管理信息化水平大幅度提高，从而实现绿色建造和生态建造。

“智慧工地监管云平台”包含以下 7 个部分。

1）实名制管理系统

依托实名制管理系统平台，收集作业人员的各项基本信息，包含人员身份信息、实际居住信息、联系电话、电子照片、执业资格证书、工种、安全教育信息、考勤信息及工资发放情况等，并建立项目人员信息档案，对建设工程项目人员进行组织化、信息化、系统化管理。系统实现了对现场人员的管理及劳务实名制，配合门禁闸机系统，通过软硬件结合的方式，掌握施工现场人员的出入情况。劳务管理采用“云+端”的产品形式，使用闸机硬件与管理软件结合的物联网技术，实时、准确地收集人员的信息进行劳务管理。

2）人脸识别门禁系统

在“人脸识别门禁系统”应用后，未经安全培训教育的人员将不能进入现场，能够进入现场的作业人员均为经过三级安全教育且考试合格的人员。

3）视频监控系统

通过安装在施工现场的多台高清监控设备，实现全场施工 24 小时监控不留死角，并能够及时进行追溯。智能远程管控系统由前后端硬件及后端软件组成，主要硬件设备有超高清摄像头、无线 Wi-Fi 盒子、无线电源盒子等。项目管理人员可对监控视频进行录入、回放、导出等操作，也能通过手机软件打开监控系统，查看现场施工情况，发现违规行为可以及时予以制止。

4）智能环境监测系统

智能环境监测系统拥有强大的环境监测功能，能够在线实时监测扬尘、$PM_{2.5}$、PM_{10}、风速、风向、风力、温湿度和噪声。除通过自带显示屏在线实时显示数据外，还能通过互联网与手机 App 连接。该系统还可实现与雾炮、喷淋等设备的联动，当 $PM_{2.5}$ 超过设定的预警值时，自动启动喷淋降尘系统，能够有效地降低粉尘浓度，改善施工现场环境。

5）安全施工用电监控系统

安全施工用电监控系统通过物联网传感终端（现场监控模块、传输模块），将供电侧、用电侧的电压和电流等数据实时传送至云平台，通过平台分析及判断，进一步发出调配指令，实现用电安全专业化与统一管理，及时发现电气隐患，预防火灾发生。

6）塔机安全监控管理系统

塔机安全监控管理系统依托起重机械在线监控系统平台而搭建，通过对起重机械高度、幅度、回转、倾角、重量、风速等信息的采集，以及有线或无线网络传输，实时将塔机运行全过程数据留存至平台服务器上和塔吊黑匣子上，不但可以有效预防塔式起重机超重、超载、倾覆等安全事故隐患，而且可以让安全看得见，事故可留痕、可追溯，控防“物的不安全状态”。

7）无人机巡查

在施工现场引入无人机，对工地进行空中巡查，利用无人机小巧轻盈、可以高效机动、可选择视角等优点，将它引入施工现场管理中，利用无人机灵活机动的优势，扩大巡视范围，提高监管效率。同时利用无人机的图像传输技术，实时传输现场影像，通过显示器或手机就可以实时观察现场情况，为施工管理和专家指导等提供有力的技术支持。

2. 江西省保障房建设工地的远程监管

江西省保障性安居工程项目自2011年起就已部署和应用了远程视频监控系统，实现了对质量实时、全过程、可追溯监管。此外，在全过程管理环节，在建成的保障性安居工程建筑物表面的明显部位上安装了永久性标牌，标牌铭刻设计、施工、监理等单位信息。江西省保障房质量实行终身责任制，凡是未实行分户验收和分户验收不合格的保障性安居工程，不得竣工验收，不得交付使用。

第 6 章

物联网在城乡建设中的相关标准

为使城乡建设行业信息化建设工程顺利推进，实现物联网信息资源和服务共享，必须率先制定统一的规范和标准。物联网标准的出台对于强化市场产品的安全质量要求、规范市场运行、保护和促进行业产业的可持续发展、促进生产和经济效益、增强企业竞争力等方面都具有积极的推动作用。

物联网技术在城乡建设行业涉及面广、影响大，主要在智慧城市、智慧住区、智能家居、风景名胜区、智能建筑、建设事业 IC 卡、城市供热 7 个领域颁布并应用了相关标准。

6.1 智慧城市领域的标准

智慧城市领域的标准如表 6-1 所示。

表 6-1 智慧城市领域的标准

标准编号	标准名称	发布部门	实施日期
GB/T 37043—2018	《智慧城市 术语》	国家市场监督管理总局 国家标准化管理委员会	2018-12-28
GB/T 36333—2018	《智慧城市 顶层设计指南》	国家市场监督管理总局 国家标准化管理委员会	2019-01-01

1.《智慧城市 术语》标准

该标准由全国信息技术标准化技术委员会（SAC/TC 28）提出并归口管理。该标准界定了智慧城市领域中常用的术语和定义，适用于智慧城市的规划、设计、实施与运维。

2.《智慧城市 顶层设计指南》标准

该标准由全国信息技术标准化技术委员会（SAC/TC 28）提出并归口管理。该标准规定了智慧城市顶层设计的总体原则、基本过程、需求分析、总体设计、架构设计、实施路径规划的具体要求。适用于智慧城市的顶层设计，也可作为信息化领域的顶层设计指南。

6.2 智慧住区领域的标准

从领域来看，当前智慧住区领域的运行标准主要集中在系统、通信等领域。智慧住区领域的标准如表 6-2 所示。

表 6-2 智慧住区领域的标准

标准编号	标准名称	发布部门	实施日期
GB/T 20299.1—2006	《建筑及居住区数字化技术应用 第 1 部分：系统通用要求》	原国家质量监督检验检疫总局 国家标准化管理委员会	2006-12-01
GB/T 20299.2—2006	《建筑及居住区数字化技术应用 第 2 部分：检测验收》	原国家质量监督检验检疫总局 国家标准化管理委员会	2006-12-01
GB/T 20299.3—2006	《建筑及居住区数字化技术应用 第 3 部分：物业管理》	原国家质量监督检验检疫总局 国家标准化管理委员会	2006-12-01
GB/T 20299.4—2006	《建筑及居住区数字化技术应用 第 4 部分：控制网络通信协议应用要求》	原国家质量监督检验检疫总局 国家标准化管理委员会	2006-12-01
CJ/T 376—2011	《居住区数字系统评价标准》	住房和城乡建设部	2012-02-01
CJ/T 174—2003	《居住区智能化系统配置与技术要求》	住房和城乡建设部	2003-12-01
CJ/T 281—2008	《居住区 DCN 控制网络通信协议》	住房和城乡建设部	2009-02-01

1.《建筑及居住区数字化技术应用》系列标准

该系列标准由全国信息技术标准化技术委员会（SAC/TC 28）、住房和城乡建设部标准定额研究所归口管理。

《建筑及居住区数字化技术应用 第 1 部分：系统通用要求》规定了建筑及居住区数字化技术应用平台的设计和实施要求，平台由通信系统、信息系统、监控系统和基础设施组成，其中基础设施包括基础信息网络、综合布线系统、电源系统、机房与机房环境、接地系统等。本部分也可作为建筑及居住区选择数字化系统配置的依据。

《建筑及居住区数字化技术应用 第 2 部分：检测验收》规定了建筑及居住区数字化技术应用的检测内容、方法及验收要求，主要包括通信系统、信息系统、监控系统和基础设施 4 个部分的检测验收。本部分也适用于系统功能与质量的第三方检测，系统的改建、扩建和其他应用项目也可参照使用。

《建筑及居住区数字化技术应用 第 3 部分：物业管理》规定了物业管理数字化技术应用的组成、管理和其他数字化技术应用服务。本部分可为物业管理企业从事建筑及居住物业管理数字化技术应用管理提供依据，也可作为房地产开发企业和系统集成商在确定物业管理数字化技术应用需求，以及选择智能化系统功能与技术时的参考依据。

《建筑及居住区数字化技术应用 第 4 部分：控制网络通信协议应用要求》规定了建筑及居住区控制网络的管理、通信协议，控制网络的安全性、开放性、可互操作性，控制网络设备的要求及设备对象的分类描述和应用，适用于建筑及居住区数字化系统设计、建设、实施、评估、验收等。

2.《居住区数字系统评价标准》

该标准由住房和城乡建设部标准定额研究所提出并归口管理，规定了居住区数字系统分类要求、功能要求和相应的定义符号等，适用于为居住区提供智能化服务的相关数字系统的设计、验收和运行评估。

3.《居住区智能化系统配置与技术要求》

该标准由住房和城乡建设部房地产标准技术归口单位，上海市房地产科学研究所归口管理，规定了居住区智能化系统配置与技术要求等内容。重点包括定义、技术分类、建设要求、技术要求、安全防范子系统、管理与监控子系统、通信网络子系统等，适用于居住区智能化系统，可作为房地产开发商建设智能化居住区选择系统与子系统的技术依据。

4.《居住区 DCN 控制网络通信协议》

该标准由住房和城乡建设部标准定额研究所提出并归口管理，由数字社区控制网络产业联盟（Digital Community Control Network Industrial Alliance，DCN）

企业共同制定，把居住区范畴内的公共安防设备、家居安防设备、门禁对讲设备、物业服务设施控制设备、信息设备、家用电器及照明设备等，通过各种传输介质，用多种方式连接起来，形成开放性网络，并通过网关与以太网及其他异构网络互连。

该标准规定了居住区 DCN 控制网络的术语和定义、缩略语、体系结构、物理层、数据链路层、网络层和应用层，适用于居住区控制网络的设计及相关产品的开发和生产。

6.3 智能家居行业标准

智能家居行业标准如表 6-3 所示。

表 6-3 智能家居行业标准

标准编号	标准名称	发布部门	实施日期
GB/T 35143—2017	《物联网智能家居 数据和设备编码》	原国家质量监督检验检疫总局 国家标准化管理委员会	2018-07-01
GB/T 35134—2017	《物联网智能家居 设备描述方法》	原国家质量监督检验检疫总局 国家标准化管理委员会	2018-07-01
GB/T 34043—2017	《物联网智能家居 图形符号》	原国家质量监督检验检疫总局 国家标准化管理委员会	2018-02-01
GB/T 35136—2017	《智能家居自动控制设备通用技术要求》	原国家质量监督检验检疫总局 国家标准化管理委员会	2018-07-01
GB/T 36464.2—2018	《信息技术 智能语音交互系统 第 2 部分：智能家居设计》	原国家质量监督检验检疫总局 国家标准化管理委员会	2019-01-01

1.《物联网智能家居 数据和设备编码》

该标准由全国智标委归口管理。规定了家庭自动化系统中家用电子设备自主协同工作所涉及的术语和定义、缩略语、通信要求、设备要求、控制要求和控制安全要求，适用于智能家居电子设备的自动控制要求。

2.《物联网智能家居 设备描述方法》

该标准由全国智标委归口上报及执行。标准规定了物联网智能家居设备的描述方法、描述文件的格式要求，功能对象类型，描述文件元素的定义域和编码，描述文件的使用流程和功能对象数据结构。适用于智能家居系统中的所有家居设备，包括家用电器、照明系统、水电气热计量表、安全及报警系统、计算机信息设备、通信设备等。智能社区公共安全防范系统、公共设备监控系统、家庭信息采集及设备控制系统，以及面向家居设备的应用和服务的各种控制网络系统中的有关设备可参照使用。

3.《物联网智能家居 图形符号》

该标准由全国智标委归口管理。标准规定了物联网智能家居系统图形符号分类及系统中智能家用电器类、安防监控类、环境监控类、公共服务类、网络设备类、影音娱乐类、通信协议类的图形符号，适用于物联网智能家居等类似智能系统的设计文件。

4.《智能家居自动控制设备通用技术要求》

该标准由全国智标委归口管理。标准规定了家庭自动化系统中家用电子设备自主协同工作所涉及的术语和定义、缩略语、通信要求、设备要求、控制要求和控制安全要求，适用于智能家居电子设备的自动控制要求。

5.《信息技术 智能语音交互系统 第 2 部分：智能家居设计》

该标准由全国信息技术标准化技术委员会（SAC/TC 28）归口管理。标准规定了智能家居语音交互系统的术语和定义、系统框架、要求和测试方法，适用于智能家居语音交互系统的设计、开发、应用和维护。

6.4　风景名胜区领域的标准

1. 风景名胜区游客体验标准

游客体验是指通过移动终端（智能手机或定制导览终端），配合二维码，GPS 定位等技术手段，为游客提供全程式的游览服务、丰富的旅游体验、互动的游览方式和拓展的消费形式，游客体验领域的标准如表 6-4 所示。

表 6-4 游客体验领域的标准

标准编号	标准名称	发布部门	实施日期
CJ/T 425—2013	《风景名胜区公共服务 营销平台》	住房和城乡建设部	2013-11-01
CJ/T 426—2013	《风景名胜区公共服务 自助游信息服务》	住房和城乡建设部	2013-11-01
CJJ/T 173—2012	《风景名胜区游览解说系统标准》	住房和城乡建设部	2012-06-01

1）《风景名胜区公共服务 营销平台》

该标准规定了风景名胜区公共服务营销平台的术语和定义、一般规定、基本功能和配套系统，适用于风景名胜区公共服务营销平台的设计开发。

2）《风景名胜区公共服务 自助游信息服务》

该标准规定了风景名胜区数字旅游自助游信息服务的基本内容和服务形式，适用于风景名胜区数字化建设，为自助游游客和风景名胜区管理部门提供信息服务。

3）《风景名胜区游览解说系统标准》

该标准适用于风景名胜区游览解说系统的规划、设计、建设和管理。

2. 风景名胜区景区管理

景区管理是指利用信息化手段将风景名胜区的环境保护、景区管理、游客服务、经济发展等工作有机地结合起来，以提升景区工作的信息化水平、智慧化水平，整合景区各项信息资源，实现信息共享，创新管理模式，实现景区的全程智慧化管理。景区管理领域的标准如表 6-5 所示。

表 6-5 景区管理领域的标准

标准编号	标准名称	发布部门	实施日期
GB/T 30225—2013	《旅游景区数字化应用规范》	原国家质量监督检验检疫总局 国家标准化管理委员会	2014-12-01
CJJ/T 195—2013	《风景名胜区监督管理信息系统技术规范》	住房和城乡建设部	2013-06-01
LY/T 2089—2013	《自然保护区生态旅游管理评价技术规范》	原国家林业局	2013-07-01
LB/T 062—2017	《旅游产品在线交易 基本信息描述和要求》	文化和旅游部	2017-11-01

1）《旅游景区数字化应用规范》

该标准规定了景区数字化技术应用的术语和定义，数字化技术的基础数据平台、应用服务平台及相关体系的标准规范，适用于应用数字化技术的各类景区。

2）《风景名胜区监督管理信息系统技术规范》

该标准规定了风景名胜区监督管理信息系统和数据建设，适用于风景名胜区监督管理信息系统的建设及数据的收集与建库。

3）《自然保护区生态旅游管理评价技术规范》

该标准由北京林业大学提出，并由北京林业大学、保定学院负责，依据 GB/T 1.1—2009 标准起草，由原国家林业局野生动植物保护与自然保护区管理司归口管理。

该标准规定了自然保护区生态旅游管理评价的基本准则、评价指标体系、评价方法等技术性和原则性要求，适用于以林业保护为主的自然保护区生态旅游管理的评价。

4）《旅游产品在线交易 基本信息描述和要求》

该标准由国家旅游局监督管理司、首都经济贸易大学、北京三品画道科技有限公司、同程网络科技股份有限公司、中国国际旅行社总社有限公司、中青旅控股股份有限公司负责起草。

该标准规定了旅游产品在线交易双方信息、旅游产品属性、行程信息、交易流程信息、服务和评价信息的描述和要求，适用于开展旅游产品在线交易的旅游企业及其运营平台和系统。

6.5 智能建筑领域的标准

当前智能建筑领域的标准如表 6-6 所示。

表 6-6　智能建筑领域的标准

标准编号	标准名称	发布部门	实施日期
GB 50314—2015	智能建筑设计标准	住房和城乡建设部	2015-11-01
JG/T 394—2012	建筑智能门锁通用技术要求	住房和城乡建设部	2013-01-01

1.《智能建筑设计标准》

该标准由住房和城乡建设部发布，介绍了工程架构、设计要素、住房建筑等内容，给出了智能建筑设计标准基础通用标准，将智能建筑定义为“以建筑物为平台，兼备信息设施系统、信息化应用系统、建筑设备管理系统、公共安全系统等，集结构、系统、服务、管理及其优化组合为一体，向人们提供安全、高效、便捷、节能、环保、健康的建筑环境”。

2.《建筑智能门锁通用技术要求》

该标准由住房和城乡建设部建筑制品与构配件标准化技术委员会归口管理。标准规定了建筑智能门锁的术语和定义、分类与标记、要求、试验方法、检验规则、标志、合格证书、包装、运输和贮存，适用于民用建筑智能门锁。

6.6 建设事业 IC 卡标准

建设事业 IC 卡标准如表 6-7 所示。

表 6-7 建设事业 IC 卡标准

标准编号	标准名称	发布部门	实施日期
CJ/T 306—2009	建设事业非接触式 CPU 卡芯片技术要求	住房和城乡建设部	2009-10-01
CJ/T 166—2014	建设事业集成电路（IC）卡应用技术条件	住房和城乡建设部	2014-11-01
CJ/T 243—2016	建设事业集成电路（IC）卡产品检测	住房和城乡建设部	2016-12-01
CJ/T 304—2017	建设事业智能卡操作系统技术要求	住房和城乡建设部	2018-05-01

1.《建设事业非接触式 CPU 卡芯片技术要求》

该标准由住房和城乡建设部标准定额研究所提出并归口管理，由住房和城乡建设部信息中心、住房和城乡建设部IC卡应用服务中心起草编制。该标准规定了建设事业 CPU 卡芯片基本要求、建设事业 CPU 卡芯片非接触通信接口、非接触逻辑加密卡兼容性要求和相应的定义符号等。

2.《建设事业集成电路（IC）卡应用技术条件》

该标准由住房和城乡建设部标准定额研究所提出，由住房和城乡建设部信息技术应用标准化技术委员会归口管理，由住房和城乡建设部IC卡应用服务中心、中外建设信息有限责任公司起草编制。该标准规定了建设事业集成电路（IC）卡的卡片技术要求；离线 IC 卡终端设备、在线 IC 卡终端设备和表具类 IC 卡终端设备技术要求；密钥系统、数字证书认证系统、安全机制技术要求；IC

卡应用系统、多应用开放平台、IC 卡应用系统相关定义、符号及验收要求。该标准适用于建设事业IC卡应用相关的卡片、终端设备，以及应用系统的开发、集成、管理和维护。

3.《建设事业集成电路（IC）卡产品检测》

该标准由住房和城乡建设部标准定额研究所提出，由住房和城乡建设部信息技术应用标准化委员会归口管理，由住房和城乡建设部 IC 卡应用服务中心、中外建设信息有限责任公司起草编制。该标准规定了建设事业集成电路卡检测和终端检测、城市一卡通安全域复合型测试和参考实现测试。该标准适用于建设事业 IC 卡卡片和终端设计、制造、管理、发行，以及应用系统研制、开发、集成、应用和维护管理等过程中的 IC 卡检测。

4.《建设事业智能卡操作系统技术要求》

该标准由住房和城乡建设部标准定额研究所提出，由住房和城乡建设部信息技术应用标准化委员会归口管理，由住房和城乡建设部 IC 卡应用服务中心、中外建设信息有限责任公司起草编制。该标准规定了建设事业智能卡文件和命令、应用选择、安全机制及要求、电子存折及钱包应用等。该标准适用于建设事业智能卡操作系统的设计、管理和应用。

6.7　城市供热标准

城市供热标准如表 6-8 所示。

表 6-8　城市供热标准

标准编号	标准名称	发布部门	实施日期
DB11/T 1389—2017	供热计量系统监控管理数据项及编码规范	北京市质量技术监督局	2017-07-01

《供热计量系统监控管理数据项及编码规范》由北京市城市管理委员会提出并归口管理，规定了供热计量系统的数据分类、编码规则、数据要素和数据项说明，适用于民用建筑供热计量系统的数据交换。

参考文献

[1] 姚万华. 关于物联网的概念及基本内涵[J]. 中国信息界，2010(5)：22-23.

[2] 住房和城乡建设部. 住房城乡建设事业“十三五”规划纲要[J]. 居业，2016(9)：4-13，22.

[3] 王仁宏. 智慧城市规划进入新阶段多项科技赋能城市发展[EB/OL]. [2019-06-22]. http://scitech.people.com.cn/n1/2018/0821/c1007-30242508. html.

[4] 笪林梅. 物联网感知层 RFID 和 WSN 信息安全技术研究[J]. 南京工业职业技术学院学报，2014，14(1)：8-11.

[5] 杜向阳. RFID在智能交通管理中的应用[J]. 电子技术与软件工程，2018(07)：100.

[6] 张华，吴欣，吴敏，等. 射频识别系统的应答器测试线圈和阅读器天线设计与实现[J]. 电气应用，2005，24(9)：49-50.

[7] 李朝鑫. 基于大数据时代下的智慧城市建设[J]. 电子技术与软件工程，2017(16)：165-166.

[8] 李健. 云安全技术初探[J]. 网管员世界，2009(16)：83-86.

[9] 张土乔，邵煜. 城镇供水管网漏损监测与控制技术及应用[J]. 中国环境管理，2017，9(2)：109-110.

[10] 于景洋，吴晨光，齐世华，等. 浅谈改进的长距离输水管线爆管位置判定方法[J]. 中国新技术新产品，2013(7)：209.

[11] 张海妮. NB-IoT 很快成主流技术，物联网竞争核心在系统平台[EB/OL]. [2019-06-27]. https://www.toutiao.com/a6650379117491388931.

[12] 深圳三火通信科技有限公司. 上海燃气集团的“NB-IoT 抄表系统”[EB/OL]. [2019-06-24]. http://www.szsanhuo.com/hyzx/405.html.

[13] 珠海普燃. 基于物联网的瓶装燃气安全管理平台[EB/OL]. [2019-06-27]. https://mp.weixin.qq.com/s/kLvsDCWNIOT9eKTTC_L7Aw.

[14] 党安荣，张丹明，陈杨. 智慧景区的内涵与总体框架研究[J]. 中国园林，2011，27(9)：15-21.

[15] 邓贤峰，李霞. “智慧景区”评价标准体系研究[J]. 电子政务，2012(9)：100-106.

[16] 刘洪生. 试论自动控制技术在集中供热换热站中的节能应用[J]. 科技展望，2014(17)：145.
[17] 赵永平. 谈集中供热系统的调节[J]. 山西建筑，2013，39(01)：119-120.
[18] 郑姗姗，李炎峰，贾衡. 智能建筑中建筑设备控制技术与建筑节能[J]. 供热制冷，2005(06)：27-30.
[19] 何江. 北方公共建筑供热节能空间探讨[J]. 山西建筑. 2009，35(10)：256-257.
[20] 王杨. 浅析集中供热系统中换热站运行的优化[J]. 科技展望，2015，25(3)：145.
[21] 蒙海涛，张骥，易晓娟，等. 物联网技术在环境监测中的应用[J]. 环境科学与管理，2013，38(1)：10-12.
[22] 张蕾，席北平，王京刚，等. 系统动力学方法在城市生活垃圾产生系统的应用[J]. 环境科学研究，2007，20(5)：72-78.
[23] 王香治. 最优化方法在生活垃圾车辆调度中的应用[J]. 环境卫生工程，2009，17(4)：1-3.
[24] 谭啸. 数字城市地理空间框架建设基本思路的探讨[J]. 测绘与空间地理信息，2010，33(2):156-158.
[25] 李德仁，黄俊华，邵正峰. 面向服务的数字城市共享平台框架的设计与实现[J]. 武汉大学学报：信息科学版，2008(9)：881-885.
[26] 刘敏. 国土资源信息化建设的现状及对策研究[J]. 安徽农业科学，2009，37(8)：3840-3841.
[27] 刘勇，岳建伟. 基于.NET 的插件式 GIS 应用框架设计与实现[J]. 地理信息世界，2010，8(4)：82-86.
[28] 王超，尹吉祥，程强. 浅谈数字城管系统的建立[J]. 淮海工学院学报，2009，18(S1)：119-121.
[29] 梁金华，李圣权，陈观林. 浅析杭州数字城管信息系统的新需求[J]. 中国城市经济，2010(9)：137-138.
[30] 马征. 浅谈“数字化城市管理”系统的新应用[J]. 中国建设信息，2010(9)：47-49.
[31] 佚名. 叶裕民：创新数字化城市管理[J]. 新经济导刊，2011(Z1)：116-121.
[32] 郭威，杨弘业. 建设房地产长效机制要强化金融监管[J]. 中华建设，2018(8)：8-10.

[33] 付一夫. 区块链如何赋能对资管行业的穿透式监管[J]. 金融科技，2019(7)：45-46.

[34] 陈娉璞. 中国房地产调控中的政府限购政策研究[D]. 广州：华东政法大学，2015.

[35] 陈利燕，林鸿，张劲泉. 物联网技术在不动产登记数据异地备份体系中的应用——以广州市为例[J]. 测绘通报，2018(5)：120-125.

[36] 黄轶文. 应用物联网技术促进房地产业健康发展[J]. 科技信息，2012(18)：271-272.

[37] 陈娉璞. 重庆市公租房智慧社区建设的困境及对策研究[D]. 重庆：重庆大学，2016.

[38] 李家民. 保障性住房建设的融资困境及完善对策分析[J]. 科技经济导刊，2018，26(17)：189-191.

[39] 陈敏. 浅谈中国住房公积金制度的困境及改革措施[J]. 财经界，2015(29)：344.

反侵权盗版声明